2025年版 出る順

中小企業診断士 FOCUS

FOCUS2025

W テキスト＆
E WEB問題
B

4

運営管理

はしがき

＜応用力が問われる１次試験＞

　近年の１次試験の傾向として、ただ知識を問うのではなく、知識の本質を問う問題が多く出題されており、出題形式が「知識確認型」から「実務思考型」へ変化しています。

　その背景として、現在、中小企業庁は中小企業診断士を積極的に活用し、中小企業を支援する動きが出てきているということが挙げられます。厳しい日本経済の中、中小企業は非常に厳しい環境にあります。そのため、中小企業診断士は、いかに知恵を出して問題を解決していくかが求められており、１次試験も単なる暗記、知識詰め込みでは対応が難しい応用問題が出題されるようになってきています。

　このような状況の下、従来の知識網羅型のテキストではなく、各科目の重要項目を整理した『出る順中小企業診断士 FOCUSテキスト＆WEB題』を開発しました。従来のインプット重視のカリキュラムからアウトプットへ比重を置いたことが、幸いにも多くの受験生の方々から好評をいただきました。

　また、引き続き独学の受験生や他校の受講生の方々からは「『出る順中小企業診断士 FOCUSテキスト＆WEB問題』が欲しい」という要望をいただいておりましたので、今回、2025年版を発刊することとなりました。

＜本書の使用方法＞

　『2025年版 出る順中小企業診断士 FOCUSテキスト＆WEB問題』を有効に活用するために、Web上に本テキスト使用ガイダンスを公開いたします。以下のURLからアクセスいただきますようお願いいたします。また、二次元コードからもアクセスいただけます。

https://www.lec-jp.com/shindanshi/book/member/

2024年６月吉日

株式会社　東京リーガルマインド
ＬＥＣ総合研究所　中小企業診断士試験部

本書の効果的活用法

『FOCUSテキスト＆WEB問題』を効果的に使って学習を進めるために、各テーマごとの基本的な学習の流れを解説いたします。

使い方 STEP 1 　要点を捉える

『FOCUSテキスト＆WEB問題』は、まず「テーマの要点」を把握することから始まります。体系図とあわせてテーマの要約を簡潔に説明していますので、セットで理解するようにしてください。

また、学習後の復習や、本試験直前のスピードチェックも、このパートを読み返すだけでよいように設計されています。

使い方 STEP 2 　過去問に挑戦する

要点をつかんだら、すぐに「過去問トライアル」で基本的な過去問に取り組んでください。問題は初めての方でも取り組みやすいように、最も基本的な過去問をチョイスしています。

なお、解答は各テーマの最後に記載しています。

第1分野　生産管理概論

2 生産管理の基礎 生産の管理目標と手法

学習事項 PQCDSME、5S、3S、ECRS、5W1H法、生産性、歩留り、直行率

このテーマの要点

管理目標を立て、目標達成のために管理手法を用いる！

競合他社に勝る生産体質を構築するには、生産性の向上が不可欠です。生産性を継続的に向上させていくには、管理のサイクル（PDCAサイクル）が必要です。PLAN（計画）では、生産管理での管理目標を立て、DO（実行）で管理目標達成のための手法の実行を行い、CHECK（確認）で実行結果を評価し、ACTION（処置）で評価結果を踏まえて従来の手法に戻すのか、別の手法に切り替えるのかといった処置をとります。今回のテーマでは、管理目標を立てる方法・切り口と、管理目標を達成するための手法・考え方について説明します。

PLAN（計画）
→ PQCDSMEの切り口で管理目標を設定

DO（実行）
→ 3Sで企業活動を効率化 / 5Sで生産活動を効率化 / ECRSの原則で作業を効率化

CHECK（確認）、ACTION（処置）を行い、また新たな管理目標設定へ

過去問トライアル	平成25年度　第1問 管理目標
類題の状況	R05-Q1　R05-Q18　R05-Q21　R05-Q1(再)　R05-Q19(再) R04-Q1　R04-Q20　R03-Q1　R02-Q1　R02-Q21　R01-Q17 H30-Q1　H29-Q15　H27-Q19　H25-Q18　H24-Q2 H24-Q19　H21-Q2　H19-Q7　H18-Q8

生産における管理目標（PQCDSME）に関する記述として、最も不適切なものはどれか。

ア 管理目標Pに着目して、生産量と投入作業者数との関係を調査し、作業者1人当たりの生産量を向上させるための対策を考えた。

イ 管理目標Cに着目して、製品原価と原材料費との関係を調査し、製品原価に占める材料費の低減方策を考えた。

ウ 管理目標Sに着目して、実績工数と標準工数との関係を調査し、その乖離が大

12　LEC東京リーガルマインド 2025年版 出る順中小企業診断士 FOCUSテキスト＆WEB問題 運営管理

＋1 STEP　類題に挑戦する

「過去問トライアル」には、テーマに関連する他の「類題」が示されています。テーマを一通り学習したら、類題にチャレンジしましょう！

いつでもどこでもチャレンジできるように、問題と解説はWEBで公開されています。二次元コードをスマホで読み取れば、すぐにアクセスできます！

なお、令和5年度（R05-Q○○）の後に「(再)」とあるのは、12月に沖縄で実施された再試験の問題です。

使い方 STEP 3 基本知識を学習する

過去問に続いて、テーマに関連する理論や知識が、コンパクトに詰め込まれています。限られたスペースで多くの情報を伝えるために図や表を多く用いて構成されていますので、効率よくインプットすることができます。

きい作業に対して作業の□等や標準工数の見直しを行った。

エ　管理目標Mに着目して、技術的な資格と取得作業者数との関係を調査し、重点的に取る資格の取得率の向上に向けて研修方策を提案した。

1　PQCDSME

PQCDSMEは、管理目標を7つの評価軸により検討する考え方であり、その頭文字を並べたもので、それぞれ、Productivity（生産性）、Quality（品質）、Cost（原価・経済性）、Delivery（納期・生産量）、Safety（安全性）、Morale（士気・働きがい）、EnvironmentまたはEcology（環境）を表します。

【1-2-1　PQCDSME】

P（Productivity：生産性）	投入量に対して産出量をできるだけ多くすることです。ＪＩＳでは、「投入量に対する産出量の比」(JIS Z 8141-1238) と定義されています。
Q（Quality：品質）	ねらい通りの品質の製品・サービスを提供することです。
C（Cost：原価・経済性）	資源のムダを減らし、安いコストで製品・サービスを提供することです。
D（Delivery：納期・生産量）	必要なときに、必要な量だけ製品やサービスを提供することです。
S（Safety：安全性）	作業の負担が軽減され、労働災害や事故がなく、安全に作業ができて、さらに安全な製品やサービスを提供することです。
M（Morale：士気・働きがい）	人の能力が開発・向上され、よい職場環境のもとで、働きがいを持って仕事ができることです。
E（Environmentまたは Ecology：環境）	環境に対し、負荷をかけない製品やサービスを提供できることです。

2　5S

5Sとは、整理、整頓、清掃、清潔、しつけ（躾）のローマ字表記の頭文字をとったものです。5Sを徹底することで、生産活動を効率的に行うことができるだけでなく、職場環□が美化され、従業員のモールが高まる効果があります。5Sは、企業利益に直□する現場改善の基本となる活動で、しつけがこの管理活動の根幹となります。

【1-2-2　5S】

整理	必要なものと不要なものを区分し、不要なものを片付けること
整頓	必要なものを必要なときにすぐに使用できるように、決められた場所に準備しておくこと
清掃	必要なものについた異物を除去すること

問題を解いた後だからこそ、知識の吸収も促進されることを実感するでしょう。過去問で実際に問われた知識と、その周辺の知識をあわせて理解するため、一般的なテキストと比べて知識の定着度が断然違います。

---

２ 生産の管理目標と手法

□生産性

□□とは、投入量と産出量の比率で求められます。

□□性＝産出量÷投入量

□□生産性とは基準とするものによって、いくつかの種類に分類されます。

□□生産性＝生産量（付加価値）÷総資本

□□生産性＝生産量（付加価値）÷従業員数

□□向上のためには、産出量を増やす方法と、投入量を減らす方法があります。

□□量を増やす方法例：不良の削減など

□□量を減らす方法例：作業方法の改善、設備投入による作業人数の削減など

□歩留り（ぶどまり）

□□とは、投入した原材料と産出した製品の比のことです。モノの観点で生産□□指標となります。歩留りを上げるためには不良の削減のほか、不良品を手□□良品を産出することも有効です。例えば、100kgの金属を原料として投入し、□□品を産出した場合、歩留りは80%になります。

□□り＝製品の産出量÷原材料の投入量×100（％）

□□行率

□□とは、製品の生産において、最初の工程から最後の工程まで作業のやり直□□□□必要になる原因には、作業の不良や使用部品の不良などがあります。

□□率＝手直しや手戻りなく通過した品物の生産量÷品物の投入量×100（％）

過去問 トライアル解答　ウ

□□ック問題

□□とは清掃が繰り返され、汚れのない状態を維持していることをいう。
⇒×

▶　清潔は清掃のみが繰り返されている状態ではなく、整理、整頓、清掃が繰り返され、汚れのない状態を維持していることをいう。

NEXT STEP　次のテーマに進む

以上で、このテーマの学習が一通り終了いたしました。次のテーマの学習に進んでください！

購　入　者　サポート 専用WEBページのご案内

『FOCUSテキスト＆WEB問題』は、WEBと連動した新しいテキストです。

専用WEBページを用意しており、「過去問トライアル解説」や「類題」の閲覧・演習をはじめとする様々なサポートのご利用が可能です。

 ## 全テーマ詳細解説付きWEB問題【DL対応】

本書記載の「過去問トライアル」の解説の閲覧や、「類題」の演習をすることができます。本書ではテーマごとに「過去問トライアル」を要点・基礎知識とセットで用意（一部テーマはオリジナル問題でカバー）。WEBでは過去問の詳細解説を見ることができます。

さらに、「過去問トライアル」には類題の出題年・問題番号が表記されています。これらの問題と解答解説も公開しています。

これらはPDFでのご利用も可能ですので、通勤中や外出先での学習にお役立てください。

 ## テーマ別ポイント解説動画【無料視聴】

本書に収録されている全テーマのポイント解説動画を公開します。

LEC講師陣が「このテーマの要点」を中心に、本書を読み進めていくにあたってのポイント、注意点などを簡潔に解説し、「FOCUSテキスト＆WEB問題」での学習をサポートします。

※ご利用には、会員・Myページ登録が必要です。

※2024年8月下旬より順次公開予定です。

 ## 応用編テキスト＋5年分の1次試験過去問【DL対応】

『FOCUSテキスト＆WEB問題』（運営管理）の応用編書籍を2点と、『令和2年度～令和6年度1次試験科目別 過去問題集』（運営管理）の合計3点をWEB上で無料提供します。PDFでのご利用も可能です。

※ご利用には、会員・Myページ登録が必要です。

※2024年12月下旬より順次公開予定です。

 ## 令和6年度1次試験解説動画【無料視聴】

直近の本試験過去問を分析することは、試験対策として必須といえます。LECでは過去のデータや令和6年度本試験リサーチ結果を踏まえ、各科目の担当講師による重要問題を中心にした解説動画を配信します。

※令和6年度中小企業診断士1次試験終了2ヶ月後より配信開始予定です。

ご利用方法

サポート①：全テーマ詳細解説付きWEB問題【DL対応】
サポート②：テーマ別ポイント解説動画【無料視聴】
サポート③：応用編テキスト＋5年分の1次試験過去問【DL対応】

1 以下の二次元コードかURLから「運営管理 ログインページ」にアクセスしてください。
【運営管理】

URL：https://www.lec.jp/shindanshi/focus2025/unnei/

2 以下のID・PASSを入力して専用WEBページにログインし、案内に従ってご利用ください。
【運営管理】
ID：shindanO25
PASS：unnei

※②・③のご利用には会員・Myページ登録が必要です。

サポート④：令和6年度1次試験解説動画【無料視聴】

以下の二次元コードかURLから専用WEBページにアクセスし、「令和6年度1次科目別解説動画」をご視聴ください。

URL：https://www.lec-jp.com/shindanshi/book/member/

購入者サポート専用WEBページの
閲覧期限は **2025**年**11**月**23**日迄です。

目次 Contents

はしがき
本書の効果的活用法
[購入者サポート]専用WEBページのご案内

生産管理

店舗販売管理

生産管理

第 **1** 分野

生産管理概論

生産管理概論

1 各テーマの関連

```
生産管理
  └─ 生産管理概論
        ├─ 生産管理の基礎 ──┬─ 1-1 生産管理の基本機能
        │                   └─ 1-2 生産の管理目標と手法
        ├─ 生産形態 ────────┬─ 1-3 受注生産と見込生産
        │                   ├─ 1-4 多種少量生産と少種多量生産
        │                   └─ 1-5 個別生産・ロット生産・連続生産
        └─ 生産方式 ────────┬─ 1-6 ライン生産方式
                            ├─ 1-7 セル生産方式
                            ├─ 1-8 ＪＩＴ／トヨタ生産方式
                            └─ 1-9 その他の生産方式
```

　生産管理の分野では、最初に生産管理概論として、生産管理の基礎、生産形態、生産方式、の３つのテーマを学習します。生産管理とは、生産性向上のために、有限である経営資源の有効活用を図り、品質（Q）、コスト（C）、納期（D）の最適化を目指して全社的なコントロールを行うことです。「１－１　生産管理の基本機能」で、企業が保持する経営資源（人・材料・機械・方法）、ＱＣＤなどの具体的な内容や意義を、「１－２　生産の管理目標と手法」では、生産性向上のための目標・管理手法を学習します。

　生産形態は、注文の時期、生産数量と品種、仕事の流し方などによって、「１－３　受注生産と見込生産」、「１－４　多種少量生産と少種多量生産」、「１－５　個別生産・ロット生産・連続生産」などの生産形態に分類することができます。生産形態によって、生産計画、生産実施など生産管理の方法が異なるため、それぞれの

形態に応じた管理方法を理解する必要があります。

生産方式では、製品の生産方法を学習します。少種多量生産、および連続生産に適した「1-6　ライン生産方式」、多種少量生産に量産効果を与える「1-7　セル生産方式」、中間在庫を極力削減し、ムダの排除を目指した「1-8　JIT／トヨタ生産方式」、アジャイル生産などの「1-9　その他の生産方式」など、各生産方式の特徴をおさえる必要があります。また、**生産方式**と**生産形態**は関連性が強いため、合わせて理解した上で、**生産方式**と**生産形態**がQCDの最適化にどのように貢献するのかを理解する必要があります。

2 出題傾向の分析と対策

❶出題傾向

#	テーマ	H26	H27	H28	H29	H30	R01	R02	R03	R04	R05
1-1	生産管理の基本機能	1	1		1		1	1			
1-2	生産の管理目標と手法		1		1	1	1	2	1	2	5
1-3	受注生産と見込生産		1								
1-4	多種少量生産と少種多量生産			1		1					1
1-5	個別生産・ロット生産・連続生産			1	1						
1-6	ライン生産方式	1		1			1			2	2
1-7	セル生産方式										
1-8	JIT／トヨタ生産方式	1		1	1			1		1	
1-9	その他の生産方式	1		1	1		1	1		1	1

❷対策

　生産管理概論の分野では、毎年3〜5問ほどの出題が行われています。生産の管理目標と手法、および生産形態・生産方式の分野は出題頻度が高く、特に、「生産における管理目標（PQCDSME）」、「5S」、「ライン生産方式」などに関する問題が高頻度で出題されています。生産管理分野全体の特徴として新しい理論や分野が出題されることが少なく、過去に出題された論点が繰り返し出題されることが多いため、過去問題を繰り返し学習することが有効です。

　当分野においては、基本的な語句や内容の理解を問う問題が多いため、まず基本的な内容や特徴をおさえておく必要があります。目的や意義、メリット・デメリットなどを意識しながら学習することで、1次試験対策として記憶の定着が図れるというメリットが得られるほか、2次試験対策としても有効な学習方法となります。

また、ＱＣＤへの影響や、生産形態・生産方式の関連性など、各個別論点が他の論点にどのように影響・貢献するのかを意識し、各論点の位置付けを整理することが有効です。

1 生産管理の基礎
生産管理の基本機能

学習事項 生産活動の基本要素，QCD，4M

このテーマの要点

４Ｍを駆使してQＣＤの最適化を行う

生産管理とは、所定の品質（Quality）の製品を、期待される原価（Cost）で、所定の数量および納期（Delivery）で生産するように組織的に需要を予測し、生産のための諸活動を計画し統制・調整して、生産活動全体の最適化を図ることです。生産活動の最適化を図るには、企業の限られた経営資源である４Ｍ（人・材料・機械・方法）を最大限に活用する必要があります。本テーマでは、生産活動の主なプロセス、生産管理で重要な観点であるQＣD（品質・原価・納期）、４Ｍの考え方に触れていきます。

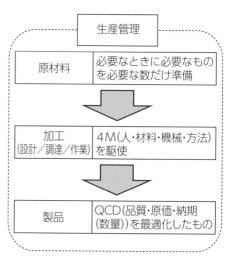

過去問トライアル	平成26年度　第6問
	4M
類題の状況	R02-Q4　R01-Q1　H29-Q1　H27-Q7　H25-Q5　H23-Q7　H18-Q1　H18-Q20

工程管理で用いられる用語および略号に関する記述として、最も適切なものはどれか。

ア 改善を行うときの問いかけとして、「なくせないか、一緒にできないか、順序の変更はできないか、標準化できないか」があり、これらを総称して「ECRSの原則」と呼ぶ。

イ 職場の管理の前提として、「整理、整頓、清掃、習慣、躾」があり、これらを総称して「5S」と呼ぶ。

ウ 生産活動を効率的に行うための考え方として、「単純化、専門化、標準化」が

あり、これらを総称して「3S」と呼ぶ。

エ　生産管理が対象とするシステムの構成要素として、「Man, Machine, Management」
があり、これらを総称して「3M」と呼ぶ。

1 生産活動の基本要素と生産管理

生産活動の基本要素は、設計・調達・作業からなります。設計では、顧客要求を
満たす設計、安全が確保された設計、作りやすい設計を行うことなどが課題になり
ます。調達では、必要なときに必要なだけ調達を行う、タイムリーな調達が課題と
なります。作業では、作業の平準化や標準化、作業自体の簡素化などが課題となり
ます。

生産管理とは、生産計画、生産指示、工程管理、実績管理のサイクルを回し、品
質のよい製品を、適正なコストかつ適正な期間で生産していく活動全般を意味して
います。広い意味では、製品企画、販売予測、資材調達なども生産管理に含まれます。

【1-1-1　生産活動の基本要素】

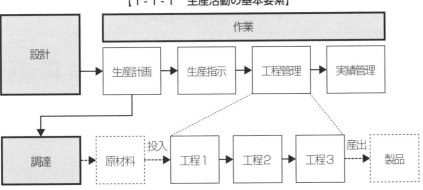

❶ 設計

製品の設計は、主に、製品の構造や形状を定める製品設計、製品に必要な機能を
定義する機能設計、生産のしやすさや経済性などを考慮する生産設計に分けられま
す。詳しくは、「2-7　製品の設計・開発とVE」で解説しています。

❷ 調達

調達は、製品の生産に必要な原材料などを準備する活動です。必要なときに、必
要なものを、必要な数だけ準備することが重要になります。

❸ 作業

作業のプロセスは、さらにいくつかのサブ・プロセスに分割されます。生産計画は、
何を、いつまでに、どれだけの量を、どの程度のコストで生産するかの計画を立て
るプロセスです。生産指示は、生産計画を各工程に伝達して生産を開始させるプロ
セスで、生産計画に基づいて必要な設備や人員の割当を行うとともに、必要な原材

料や部品が準備されて生産が開始されます。工程管理は、生産の各工程で計画された予定通りに作業が進むようにコントロールするプロセスです。実績管理は、実際に生産した製品数量や作業時間、設備使用時間、原材料の投入量などの実績を収集し、生産計画と実績との差異を分析し、改善点を次の生産計画や工程管理に反映するプロセスです。

2 QCD（品質・原価・納期）

　生産管理では、QCDを最適化するために各種の管理が行われます。そのため、このQCDは「生産管理の三要素」と呼ばれます。

　生産管理の三要素を高めるために、「品質管理」・「原価（価格）管理」・「納期管理」といった様々な管理活動を行います。

❶ Quality（品質）

　あらゆるものに備わっている特性が、求められた仕様を満たす程度のことを品質といいます。品質は、設計品質と製造品質に大別することができます。

【1-1-2　設計品質と製造品質】

設計品質	ねらいの品質ともいい、製品・サービスの製造・提供の目標としてねらった品質です。設計品質とは、顧客・使用者のニーズに対して企画・設計の内容がどれだけ合っているかを示すものです。設計品質は、顧客・使用者の満足度調査で測定します。
製造品質	設計品質をねらって製造・提供した製品・サービスの実際の品質です。できばえの品質、適合の品質ともいい、ねらいの企画・設計に対して実際の製品・サービスがどれだけ合っているのかを示すものです。製造品質は合格率・不良率などで測定します。

　また、品質評価の対象となる性質や性能を品質特性といいます。品質特性は、真の特性と代用特性に分けることができます。

【1-1-3　真の特性と代用特性】

真の特性	実用特性ともいい、顧客の要求をそのまま表現した品質特性のことです。通常、真の特性は、定性的、感覚的な特性（きれい、使いやすい、など）となることが多いため、代用特性を用いて品質を判断します。
代用特性	真の特性に代えて、直接・具体的な尺度で評価する品質特性のことです。例えば、「テレビがきれい」という真の特性に対し、物理的な精細度の画素数や明るさなどの代用特性を用いて品質を評価します。

❷ Cost（原価）

　製品の生産や販売およびサービスを提供するために、必要とされる製品やサービスの原価のことです。原価差異（計画値と実績値の差）発生原因の把握、原価の測定・分類・分析等および報告などを行うために、製品別原価計算や部門別原価計算

を行います。

③Delivery（納期）

製品を顧客に、仕掛品を次工程に引き渡す時期または期限です。納期は予定通りとなることがよい状態です。納期が遅延すると顧客あるいは下流工程に迷惑をかけ、早すぎると在庫や仕掛品が滞留することになります。

3 生産活動の基本要素と4M

設計・調達・作業を実行するために、4M＝Man（人）・Material（材料）・Machine（機械）・Method（方法）を投入することになります。設計・調達・作業のすべてが、ムリ・ムダ・ムラなく進められるように、4Mを最適に分配することが重要です。

4Mは、Man・Material・Machine・Moneyと呼ばれることもあります。

過去問 トライアル解答　　ウ

☑チェック問題

設計品質は、品質特性に対する品質目標であり、「できばえの品質」と呼ばれている。　⇒×

▶ 設計品質は、「できばえの品質」ではなく、「ねらいの品質」と呼ばれる。製品の製造・提供の目標としてねらった品質であり、設問前半部分の「品質特性に対する品質目標である」という記述は正しい。設計品質とは、設計図において規定された品質で、製造の商品価値（売価）、工程能力（技術的な能力）、原価などを考慮し、顧客・使用者を明確にした上で、顧客ニーズに基づく製品設計を行うことが必要となる。

---

2 生産管理の基礎
生産の管理目標と手法

学 習 事 項　PQCDSME、5S、3S、ECRS、5W1H法、生産性、歩留り、直行率

このテーマの要点

管理目標を立て、目標達成のために管理手法を用いる！

競合他社に勝る生産体質を構築す
るには、生産性の向上が不可欠です。
生産性を継続的に向上させていくに
は、管理のサイクル（PDCAサイ
クル）が必要です。PLAN（計画）
では、生産管理での管理目標を立て、
DO（実行）で管理目標達成のため
の手法の実行を行い、CHECK（確
認）で実行結果を評価し、ACTI
ON（処置）で評価結果を踏まえて
従来の手法に戻すのか、別の手法に
切り替えるのかといった処置をとり

ます。今回のテーマでは、管理目標を立てる方法・切り口と、管理目標を達成す
るための手法・考え方について説明します。

過去問トライアル	平成25年度　第1問
	管理目標
類題の状況	R05-Q1　R05-Q18　R05-Q21　R05-Q1(再)　R05-Q19(再) R04-Q1　R04-Q20　R03-Q1　R02-Q1　R02-Q21　R01-Q17 H30-Q1　H29-Q15　H27-Q19　H25-Q18　H24-Q2 H24-Q19　H21-Q2　H19-Q7　H18-Q8

生産における管理目標（PQCDSME）に関する記述として、最も不適切なものは
どれか。

ア　管理目標Pに着目して、生産量と投入作業者数との関係を調査し、作業者1人
　当たりの生産量を向上させるための対策を考えた。

イ　管理目標Cに着目して、製品原価と原材料費との関係を調査し、製品原価に占
　める原材料費の低減方策を考えた。

ウ　管理目標Sに着目して、実績工数と標準工数との関係を調査し、その乖離が大

きい作業に対して作業の改善や標準工数の見直しを行った。

エ　管理目標Mに着目して、技術的な資格と取得作業者数との関係を調査し、重点的に取る資格の取得率の向上に向けて研修方策を提案した。

1 PQCDSME

PQCDSMEは、管理目標を7つの評価軸により検討する考え方であり、その頭文字を並べたもので、それぞれ、Productivity（生産性）、Quality（品質）、Cost（原価・経済性）、Delivery（納期・生産量）、Safety（安全性）、Morale（士気・働きがい）、EnvironmentまたはEcology（環境）を表します。

【1-2-1　PQCDSME】

P（Productivity：生産性）	投入量に対して産出量をできるだけ多くすることです。JISでは、「投入量に対する産出量の比」（JIS Z 8141-1238）と定義されています。
Q（Quality：品質）	ねらい通りの品質の製品・サービスを提供することです。
C（Cost：原価・経済性）	資源のムダを減らし、安いコストで製品・サービスを生産することです。
D（Delivery：納期・生産量）	必要なときに、必要な量だけ製品やサービスを提供することです。
S（Safety：安全性）	作業の負担が軽減され、労働災害や事故がなく、安全に作業ができ、さらに安全な製品やサービスを提供することです。
M（Morale：士気・働きがい）	人の能力が開発・向上され、よい職場環境のもとで、働きがいを持って仕事ができることです。
E（EnvironmentまたはEcology：環境）	環境に対し、負荷をかけない製品やサービスを提供できることです。

2 5S

5Sとは、整理、整頓、清掃、清潔、しつけ（躾）のローマ字表記の頭文字をとったものです。5Sを徹底することで、生産活動を効率的に行うことができるだけでなく、職場環境が美化され、従業員のモラールが高まる効果があります。5Sは、企業利益に直結する現場改善の基本となる活動で、しつけがこの管理活動の根幹となります。

【1-2-2　5S】

整理	必要なものと不必要なものを区分し、不必要なものを片付けること
整頓	必要なものを必要なときにすぐに使用できるように、決められた場所に準備しておくこと
清掃	必要なものについた異物を除去すること

清潔	整理・整頓・清掃が繰り返され、汚れのない状態を維持していること
しつけ（躾）	決めたことを必ず守ること

3 3S

3Sとは、「標準化、単純化、専門化の総称であり、企業活動を効率的に行うための考え方」（JIS Z 8141-1105）と定義されています。

【1-2-3 3S】

標準化 (Standardization)	繰り返し共通に用いる設計や業務に標準を設定し、標準に基づいて管理活動を行うことです。
単純化 (Simplification)	設計、構造、手法、システムなどの複雑さを減らすことです。
専門化 (Specialization)	生産工程、生産システム、工場または企業において、特定の機能や品種に特化することです。

4 ECRSの原則（改善の原則）

ECRSの原則とは、E（Eliminate：排除）、C（Combine：結合）、R（Rearrange：順序変更）、S（Simplify：単純化）の、4つの原則の英語の頭文字を表現したもので、工程、作業、動作を対象とした分析に対する改善の指針として用いられます。

【1-2-4 ECRSの原則】

改善検討の順番

E：排除	なくせないか
C：結合	一緒にできないか
R：順序変更	順序変更できないか
S：単純化	簡素化・単純化できないか

手順として、改善にかける手間の少ない順、つまり、はじめにE（排除）の「なくせないか」による問いかけを行い、次に、C（結合）、R（順序変更）、S（単純化）の順序で問いかけを行うことで、対象の工程、作業、動作の合理化、単純化を行います。

5 5W1H法

5W1H法は、Why（なぜ行うのか（目的））、When（いつ行うのか（時期、時間））、Who（誰が行うのか（人））、Where（どこで行うのか（場所、位置））、What（何を行うのか（対象））、How（どのように行うのか（方法））による問いかけであり、改善案の検討の際に用いられます。

6 生産性

生産性とは、投入量と産出量の比率で求められます。

　生産性＝産出量÷投入量

また、生産性は基準とするものによって、いくつかの種類に分類されます。

　資本生産性＝生産量（付加価値）÷総資本

　労働生産性＝生産量（付加価値）÷従業員数

生産性向上のためには、産出量を増やす方法と、投入量を減らす方法があります。

- 産出量を増やす方法例：不良の削減など
- 投入量を減らす方法例：作業方法の改善、設備投入による作業人数の削減など

7 歩留り（ぶどまり）

　歩留りとは、投入した原材料と産出した製品の比のことです。モノの観点で生産性を測る指標となります。歩留りを上げるためには不良の削減のほか、不良品を手直しして良品とすることも有効です。例えば、100kgの金属を原材料として投入し、80kgの製品を産出した場合、歩留りは80％になります。

　歩留り＝製品の産出量÷原材料の投入量×100（％）

8 直行率

　直行率とは、製品の生産において、最初の工程から最後の工程まで作業のやり直しや手直しを行うことなく、順調に生産できたかどうかを示す指標です。作業のやり直しが必要になる原因には、作業の不良や使用部品の不良などがあります。

　直行率＝手直しや手戻りなく通過した品物の生産量÷品物の投入量×100（％）

過去問 トライアル解答　**ウ**

☑チェック問題

清潔とは清掃が繰り返され、汚れのない状態を維持していることをいう。

⇒×

▶　清潔は清掃のみが繰り返されている状態ではなく、整理、整頓、清掃が繰り返され、汚れのない状態を維持していることをいう。

3 生産形態
受注生産と見込生産

学 習 事 項 受注生産，見込生産，デカップリングポイント

このテーマの要点

生産形態は大きく2種類。でも、いいとこ取りの生産方法も

受注生産は、注文を受けてから生産する形態であり、注文生産とも呼ばれています。JIS（日本工業規格）では、「顧客が定めた仕様の製品を生産者が生産する形態」（JIS Z 8141-3204）と定義されています。見込生産は、注文を受ける前に生産する形態です。JISでは、「生産者が市場の需要を見越して企画・設計した製品

＜生産形態式と作り方の関係＞

生産形態	作り方
受注生産	注文後に作る
見込生産	注文前に作る
中間的な生産	注文前に途中まで作っておく

を生産し、不特定な顧客を対象として市場に出荷する形態」（JIS Z 8141-3203）と定義されています。このテーマでは、受注生産と見込生産について、それぞれの生産方式の特徴とメリット・デメリットを整理します。また、受注生産と見込生産のいいとこ取りをする、中間的な生産方式にも触れます。

過去問 トライアル	平成22年度　第1問
	デカップリングポイント
類題の状況	H27-Q2　H23-Q19

生産管理において、受注生産と見込み生産の分岐点であるデカップリングポイントに関する記述として、<u>最も不適切なもの</u>はどれか。

ア 顧客が注文をしてから製品を受け取るまでの期間を短縮できる。

イ 在庫を置くべき適切な中間製品と、その在庫量を明確化する必要がある。

ウ 最終製品の在庫を必要以上に持つことにより発生する、死蔵在庫（デッドストック）を減少できる。

エ 製品を作り始めてから完成するまでの製造期間を短くできる。

1 受注生産と見込生産

❶受注生産

造船や大型機械など、個々の顧客の要求するデザイン、品質、規格に応じた注文を受け、生産する形態のことをいいます。

受注生産では、オーダーを基本とした生産管理を確立する必要があります。注文後に製品仕様に関する設計を行います。設計が顧客の承認を受けると、この設計に合わせて資材調達を行い、生産します。

❷見込生産

家電品、食品、衣料品などの市場を想定し、この市場の需要に応じられるように、デザイン、品質、規格などを見込んで生産する形態のことをいいます。

見込生産では、過去の情報や市場での売れ行きから、売れ筋を想定し商品企画を行います。実際の生産では、販売量を予測して販売計画や生産計画を設定し、これに応じた資材調達を図ります。

❸受注生産と見込生産の違い

受注生産と見込生産の違いをまとめると下表のようになります。

【1-3-1 受注生産と見込生産の違い】

受注生産	見込生産
・受注の後に生産が行われる ・多種少量生産が多い ・資材は受注による生産計画に従って調達する ・製品をストックする必要がない ・生産リードタイム短縮と受注平準化が課題となる ・機能別レイアウトを採用することが多い	・生産の後に受注が行われる ・少種多量生産が多い ・資材は需要予測による生産計画に従って調達する ・製品をストックする必要がある ・需要予測と適正在庫の維持が課題となる ・製品別レイアウトを採用することが多い

⚷ Keyword

▶ 個別受注生産

注文に応じて1回限りの生産を行う形態を個別受注生産といいます。

▶ 生産リードタイム

生産リードタイムとは、生産の着手時期から完了時期に至るまでの期間のことをいいます。

　他にも、受注生産と見込生産の中間的な生産方式があります。色にバリエーションのある家具を想像してみてください。塗装前の中間品を保持(在庫)し、注文が入ってから塗装を行うといった生産方法があります。すなわち、部品や仕掛品などは需要予測に基づいて生産を行いますが、最終製品の生産は、顧客の注文を受けてから開始する、という生産方式です。このような見込生産と受注生産の中間的な生産方式において、見込生産と受注生産の分岐点をデカップリングポイントと呼びます。なお、デカップリングポイントは、計画が実際の需要に引き当てられるポイントでもあるので、受注引当ポイントと呼ばれることもあります。

　メリットとして、注文を受けてから完成品を製造するため、デッドストックのリスクを低減でき、顧客が受け取るまでの期間を短縮することができます。

【1-3-2　ＢＴＯのデカップリングポイント】

設計 〉調達〉製造〉組立〉出荷

■▶ 受注前作業　■▶ 受注後作業
▼デカップリングポイント

　また、中間的な生産形態として、代表的なものは次の通りです。

(1)　ＢＴＯ（**受注加工組立生産**：Build to Order）
　　受注後に生産を開始する生産形態です。リードタイムを短縮するために、仕掛品・部品レベルでの在庫が必要となります。

(2)　ＡＴＯ（**受注組立生産**：Assemble to Order）
　　受注後に最終組立を行う生産形態です。

(3)　ＣＴＯ（**受注仕様組立生産**：Configure to Order）
　　受注後に仕様仕上げを行う生産形態です。例えば、パソコンにおいて受注後に言語別ソフトをインストールするような形態です。

⚷ **Keyword**

▶　デッドストック
　売れ残り品のことで、死蔵在庫ともいいます。

過去問 トライアル解答　　**エ**

☑チェック問題

受注生産において重点管理すべきものは、需要予測の精度と、在庫管理である。
⇒×

▶　需要予測の精度と在庫管理を重点管理するのは見込生産の場合である。受注生産の場合、受注してから生産を開始するため、見込生産と比較して需要予測が重視されない。また、在庫をストックする必要がないため、在庫管理の重要度も低い。受注生産で重点管理すべきものは、生産リードタイム短縮と受注平準化である。

生産形態
多種少量生産と少種多量生産

学習事項 多種少量生産，少種多量生産，中種中量生産，段取り替え

このテーマの要点

製品の種類と量で生産形態を選択する！

製品の種類と生産量に着目すると、多種少量生産と少種多量生産の大きく2つに分類することができます。多種少量生産とは、名前の通り様々な種類の製品を少しずつ作る生産形態であり、少種多量生産とは、少ない種類の製品を大量に作る生産形態です。

少種多量生産と多種少量生産とでは、適する生産方式（個別生産・ロット生産・連続生産など「1-5 個別生産・ロット生産・連続生産」で詳述します）が違うため、時には工場のレイアウト自体を変更する必要が出てくる場合もあります。生産量・生産品種のシフトは、製造業にとってそれだけ大きな影響を与えることもあります。

＜製品の生産量と種類が変わり生産品種も変化している＞

- 少種多量生産
  - ・管理が楽
  - ・生産効率もいい

物が売れない、顧客要求の多様化などで徐々にシフト

- 多種少量生産
  - ・管理が複雑
  - ・生産効率も低下する

ここでは、種類と生産量に着目した生産形態の概要と課題、およびそれぞれの生産形態に適する生産方式などを説明します。

過去問 トライアル	平成20年度　第11問
	生産形態と仕事の流し方
類題の状況	R05-Q2(再)　H30-Q2　H28-Q2　H21-Q3

生産形態は、生産の時期、品種と生産量の多少、仕事の流し方によって分類される。生産形態の組み合わせとして、<u>最も関連性の弱いもの</u>はどれか。

ア　受注生産 ― 多品種少量生産 ― 個別生産

イ　受注生産 ― 多品種少量生産 ― ロット生産

ウ　見込生産 ― 少品種多量生産 ― ロット生産

エ　見込生産 ― 多品種少量生産 ― 連続生産

1 多種少量生産

多種少量生産とは、多くの種類の製品を少量ずつ生産することで、多品種少量生産ともいいます。多種少量生産の特徴として、次のものが挙げられます。

(1) 製品の種類が多く、生産数量や納期が多様であり、加工順序は製品によって異なることが多いため、工場内では物の動きが錯綜します。

(2) 受注の変動により生産設備の能力の過不足が生じ、さらに受注製品の仕様・数量・納期の変更や短納期注文の発生、購入部品の納期遅れなどが起こりやすくなります。

(3) 上記の問題点に対する対策として、部品の共通化・標準化やグループテクノロジー（ＧＴ）の適用などを行い、製品や加工順序の多様性を吸収するための取り組みが有効となります。

(4) 生産方式は、個別生産かロット生産を採用します。

2 少種多量生産

少種多量生産とは、少ない品種の製品を数多く生産することをいいます。少種多量生産の特徴としては、次のものが挙げられます。

(1) 製品の種類が少なく、大量に同じものを作るため、工場内では物の動きが安定します。

(2) 段取り替えが少ないため、工場にとっては効率的に製品を製造できるメリットがあります。

(3) 生産方式は、大ロット生産や連続生産を採用します。

(4) 少種多量生産では、複数の作業を要求されない反面、多種少量生産に比べて習熟を必要としない単純な作業を長期にわたって続けるため、そこで働く作業者は単調感を感じることがあります。

3 その他の製品の種類・生産量特性に基づいた生産形態

その他の製品の種類・生産量特性に基づいた分類として、次の生産形態があります。

• **中種中量生産**：少種多量生産と多種少量生産の中間となる生産形態です。

• **変種変量生産**：生産対象となる製品の種類が期間ごとに変化するとともに、生産量が生産の都度変化する生産形態です。生産量・種類を変動的に生産することを強調した、"多種少量生産"の別称、として定義されています。今日のグローバル競争の時代では、国内のみならず海外の消費者も視野に入れ、世界の消費者の多様なニーズにきめ細かく対応する生産活動が求められています。需要のある商品を即座に大量供給するには、変種変量生産が有効となります。

4 段取り替え（段取り）

　段取り替えとは、製造する製品を切り替える際の事前準備のことです。事前準備には、材料や部品の準備や機械の準備、図面の準備などがあります。段取り替えを効率よく改善する方法として、①内段取りを外段取り化する方法、②段取り時間を短くする方法、の2つが挙げられます。

【1-4-1　段取り替えの種類】

外段取り	機械またはラインを停止しないで行う段取り替え
内段取り	機械またはラインを停止して行う段取り替え

5 生産形態の分類

　注文の時期、生産数量と品種、仕事の流し方（生産方式）は次のように分類されます。

【1-4-2　生産形態の分類】

注文の時期	生産数量と品種	仕事の流し方
受注生産	多種少量生産	個別生産
	中種中量生産	ロット生産
見込生産	少種多量生産	連続生産

⚗ Keyword

▶ **ロット**

　ロットとは、一度に同一の製品を作ったまとまりのことです。一度に作る数量のことをロットサイズといいます。

▶ **シングル段取り**

　10分未満の内段取りのことです。

▶ **単能工**

　単一の工程のみを担当する作業者のことです。少種多量生産では単能工が多く求められます。

▶ **多能工**

　複数の工程を担当できる作業者のことです。多種少量生産では多能工が多く求められます。

過去問 トライアル解答 ▶ **エ**

☑チェック問題

レイアウトの類型とその特徴に関する記述として、最も適切なものはどれか。

ア 機能別レイアウトでは、製品ごとの加工順序や設備の利用順序に従ってレイアウトが構成される。

イ 工程別レイアウトは、P－Q分析の結果、製品の品種Pに対し、生産量Qが大きい場合に主に採用される。

ウ 製品別レイアウトでは、製品ごとの需要の大小に関わらず、工場全体の稼働率を高めやすいメリットがある。

エ 固定位置レイアウトとは、生産対象は定位置にあり、そこへ生産設備を運んで加工を行うレイアウトであり、作業空間が限られている場合などに用いられる。

⇒エ

▶ 工場の設備レイアウトと製品の品種と量（少品種多量生産、多品種少量生産など）に関する問題である。設備レイアウトは、製品のP-Q分析（品種と生産量の分析）を行い、また、生産方式（連続生産、ロット生産や個別生産など）の選択によって、製品別レイアウト、工程別（機能別）レイアウト、固定式レイアウトという大きく3つのパターンに分類される。また、製品別レイアウトと工程別レイアウトの中間形態として、グループ別レイアウト（GT的レイアウトともいう）がある。

製品の品種と量が違えば、採用する生産方式が異なり、それぞれの生産方式で効率性や生産性が最も高い設備レイアウトが選択される。

ア 適切でない。 製品別レイアウトに関する記述であり誤りである。機能別レイアウトは、多種少量生産の場合など製品ごとにラインを編成することが困難な場合に、設備や機械を工程や機能ごとにまとめて配置し、加工物を加工順序に合わせて流す（ジョブショップ）レイアウトである。

イ 適切でない。 工程別レイアウトは製品の品種Pに対し生産量Qが小さい、つまり多種少量生産の場合に用いられるため誤りである。製品の品種Pに対し生産量Qが大きい、つまり少種多量生産の場合は、主に製品別レイアウトが用いられる。

ウ 適切でない。 製品別レイアウトの場合、製品ごとの需要の大小が工場全体の稼働率に影響を与えるため誤りである。例えば、全く受注がない場合は、その製品の製造ラインは稼働しなくなるため稼働率が低下する。

エ 適切である。 選択肢の記述の通りである。固定位置（固定式）レイアウトは主に船舶や大型機械の生産などに採用される。また、生産対象の移動が最小限となるため、作業空間が限られる場合などにも採用される。

よって、エが正解である。

第1分野 生産管理概論

5 生産形態
個別生産・ロット生産・連続生産

学 習 事 項　個別生産，ロット生産，連続生産

このテーマの要点

それぞれの生産方式の特徴をおさえよう！

本テーマでは、「1－4　多種少量生産と少種多量生産」で少し触れた個別生産、ロット生産、連続生産について詳しく説明します。それぞれの生産形態（生産時期、生産品種、生産量など）との関連性を把握することと、それぞれの生産方式の特徴を理解する必要があります。

＜生産方式の特徴＞

生産方式	特徴
個別生産	個別に作る。顧客の仕様に細かく対応できるが、たくさんは作れない。
ロット生産	個別生産と連続生産の中間
連続生産	少ない品種に絞って、一定の期間同じものを大量に作り続ける。

個別生産、ロット生産、連続生産のいずれの生産方式でも、品質・コストを保ちながら生産効率を上げることが課題となります。生産効率を上げる方法としては、多能工を育成し、手早く作業を遂行することによって作業効率を上げる方法や、段取り替えを改善することで、作業の手待ちを減らす方法などが挙げられます。特に複数種の製品を交互に生産するロット生産では、生産効率の向上のために段取り替えの改善が重要視されます。

過去問 トライアル	平成18年度　第3問
	生産方式
類題の状況	R01-Q2　H29-Q20　H27-Q14　H23-Q19　H22-Q2 H21-Q20

生産方法に関する記述として、最も適切なものはどれか。

ア　個別生産は、個々の注文に応じて、その都度生産を行う方法である。

イ　モジュール生産は、共通部品を用いて途中まであらかじめ生産しておき、受注後に顧客仕様により、その先の生産を行う方法である。

ウ　連続生産は、1個の製品を第1工程から最終工程まで途切れることなく生産する方法である。

エ　ロット（バッチ）生産は、単一の品種だけを連続して長期間生産する方法である。

1 個別生産

個別生産とは、個々の注文に応じて、その都度1回限りの生産を行う形態で、連続生産の反義語とされています。個別生産の特徴として、次のものが挙げられます。
(1) 顧客の仕様に合わせて製品を製造することができます。
(2) 標準化されていない製品を個別に設計・調達・製造するため、コストや納期の見積もりが難しく、生産リードタイムも長くなります。
(3) 顧客の要求によって細かく仕様を変更する必要のある受注生産に適した生産方式です。

2 ロット生産

ロット生産とは、品種ごとにまとめて複数の製品を交互に生産する形態です。言い換えると、1つの生産ラインで2種類以上の製品を製造します。個別生産と連続生産の中間的な生産方式です。ロット生産では、複数品種の製造を行う際、何個ずつか経済的に最適な数（ロットサイズ）だけまとめて生産を行います。

ロットサイズを大きくするほど、段取り替え（ラインや機械を止めて行う準備作業や、加工後の後片付け）の回数が減り、効率的な生産を行うことができます。ロットサイズを小さくするほど、生産リードタイムが短縮でき、作業者の手待ちが減り、仕掛品在庫を減らすことができます。そのため、ロットサイズは、上記2つを加味して最も効率がよいサイズにします。

3 連続生産

連続生産とは、ある一定の需要を見込んで、同一の製品をある期間中、連続的に生産する形態です。連続生産の特徴として、次のものが挙げられます。
(1) 生産者側が仕様を決め、設計した製品を繰り返し生産するため、生産性が高い、生産リードタイムが短い、量産化によるコストダウン効果が大きい、というメリットがあります。
(2) ある程度十分な需要量を確保できる、見込生産型の製品の製造に適しています。
(3) 製品在庫を持つため、正確な需要予測に基づいた生産計画の作成が重要となります。

4 個別生産、ロット生産、連続生産の特徴比較

個別生産、ロット生産、連続生産の特徴をまとめると、次の図表のようになります。

【1-5-1 各生産方式の特徴】

	個別生産	ロット生産	連続生産
生産量	小	中	大
主な生産形態	受注生産	受注・見込生産	見込生産
品種と生産量	多種少量生産	中種中量生産	少種多量生産
製品の流し方	ジョブショップ型	ジョブショップ型、フローショップ型	フローショップ型
段取り頻度	大	中	小

♂ Keyword

▶ プロセス生産

装置を用いて、原材料に化学的・物理的な処理を加えて製品を作る方法のことです。あらかじめ製品の生産量を計画して設備投資を行い、大量生産することが多い生産方式です。

▶ ジョブショップ

機械設備や装置の利用順序が異なる多数の仕事（ジョブ）を対象として加工を行う工場あるいは生産形態を指します。

▶ フローショップ

すべての仕事（ジョブ）について、機械設備や装置の利用順序が同一である工場あるいは生産形態を指します。

過去問 トライアル解答 　ア

☑チェック問題

ロット生産は断続生産ともいい、ロットサイズを大きくすると、生産効率を高めることができる反面、段取り替えが多く発生する。　　　　　　　　　⇒×

▶ 段取り替えが多く発生するという点が誤りである。ロットサイズを大きくすると連続生産に近い生産形態なるため、段取り替えの数を減らし、生産効率を高めることができる。一方、1ロット当たりのリードタイムの長期化や仕掛在庫の増加が発生しやすくなる。

生産方式

6 ライン生産方式

学習事項 ライン生産方式，ラインバランシング，サイクルタイム，ピッチダイヤグラム

このテーマの要点

生産効率を上げ、新人を即戦力にできるライン生産方式

工場といえば、原材料や仕掛品がベルトコンベアで運ばれてきて、それを人手で作業を行うといった想像をする人も多いでしょう。ライン生産方式は、まさにそのイメージ通りの方式です。

ライン生産方式は、大量生産用の生産方式として開発されました。徹底的な分業化を進めた結果、大幅に生産効率を上げ、単数の工程しか担当する能

＜ライン生産方式導入の効果＞

- ・単能工でも作業可能
- ・徹底した分業体制
- ・高い生産性
- ・複雑な加工や組立も可能

社会的な変化

- ・多くの企業が採用
- ・工業製品が量産化され安く手に入る時代に

力を持たない新人でも、単能工として戦力化することができるようになりました。そのような特徴から、現在でも多くの産業で採用されている生産方式です。

今回のテーマでは、ライン生産方式の仕組みについて理解します。さらに、ライン生産方式において、生産効率を測定するにはどのような分析方法があるか、また生産効率を上げるためには、どのような方法を検討すべきかについて解説します。

過去問 トライアル	平成26年度　第7問
	ライン生産方式
類題の状況	R05-Q6　R05-Q4(再)　R04-Q2(1)(2)　R03-Q5　R01-Q5 H28-Q6　H25-Q8　H25-Q9　H23-Q8　H22-Q8　H21-Q10 H20-Q17　H17-Q2

ライン生産方式に関する記述として、最も適切なものはどれか。

ア 混合品種組立ラインでは、生産する品種により作業ステーションの構成を切り替え、多品種が生産される。

イ 混合品種組立ラインの編成効率は、一般に、すべての品種の総作業時間の総和を（作業ステーション数×サイクルタイム）で除すことで計算される。

ウ サイクルタイムは、ピッチタイムとも呼ばれ、生産ラインの生産速度の逆数として計算される。

エ ライン生産方式では、一般に、生産設備をライン上に配置し、作業者がライン

を移動するにつれて製品が加工される。

1 ライン生産方式

ライン生産方式は、生産ラインを構成する各工程にあらかじめ所定の作業を割り付け、各工程上を加工対象物が通過する際に、所定の加工を順次進めていく生産方式です。

ライン生産方式のメリットとしては、特定の製品を流れ作業で大量に生産することによって、大幅にコストを下げることができることが挙げられます。また、徹底的な分業により、作業者は所定の作業のみを担当するため、経験の比較的少ない単能工でも生産を担当することが可能です。

一方で、作業者は単一の作業を長時間にわたって行うために肉体的・精神的に疲労しやすく、製品の製造工程が変わると装置の配置換えが必要になるなどのデメリットがあります。

【1-6-1 ライン生産方式の仕上げ工程の作業イメージ】

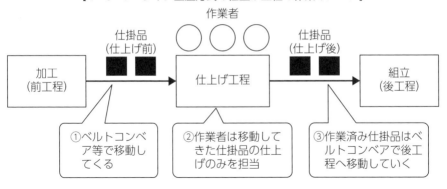

【1-6-2 ラインの作業方式】

作業方式名	作業方式の特徴
移動作業方式	作業者が、コンベア上を移動している品物に対して、作業を行う方式です。
静止作業方式	作業者が、コンベア上の品物を一度作業台に移し、静止した品物に対して作業を行う方式です。

生産ラインの各工程でサイクルタイムが異なると、仕掛品の滞留や作業者の手待ちが発生します。生産ライン上に割り付けられた各工程の作業時間のバラツキを極力減らし、均等化することをラインバランシングといいます。ラインバランシングを行うには、次の手順を実施します。

(1)　現状の作業に関してピッチダイヤグラムを作成し、最も時間のかかっている作業を発見します。

(2)　最も時間のかかっている作業ステーションの作業の一部を、別の作業ステーションに割り振ることによって、作業時間が均等になるようにします。

　　最終的に、各作業ステーションの作業時間が均等になるように、この手順を繰り返します。作業編成の効率性を示す尺度として、ライン編成効率とバランスロスがあります。ライン編成効率は次式で表され、この数字が大きいほど、編成効率がよいとされます。一般的には、ライン編成効率90%以上、バランスロス10%以下を目標にします。

(3)

$$ライン編成効率 = \frac{作業時間の総和}{(作業ステーション数 \times サイクルタイム)} \times 100 \ (\%)$$

$$バランスロス = 100 - ライン編成効率 \ (\%)$$

【1-6-3　ラインバランシングのイメージ】

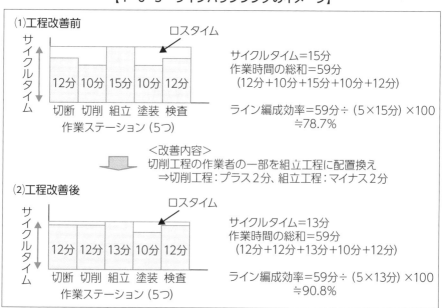

1
生産管理概論

3 様々なライン生産方式

　ライン生産方式は、単一の品種のみを流す単一品種ラインと、複数の品種を流す多品種ラインに分類されます。さらに、多品種ラインは、段取り替えにより特定の複数の品種を生産するライン切替方式と、段取り替えをせずに特定の複数の品種を交互に生産する混合品種ラインに分類されます。さらに、混合品種ラインは、一定の時間間隔で品物をラインに投入する固定サイクル投入方式と、品物に応じて時間間隔を変えてラインに投入する可変サイクル投入方式に分類されます。

【1-6-4　様々なライン生産方式】

▶ 作業ステーション

　生産ラインを構成する作業場所です。ライン生産では、作業ステーションに作業要素を割り付けます。

▶ ステーション長

　移動作業方式における作業ステーションの長さのことです。

▶ ステーション時間

　品物がステーション長を通過するのに要する時間のことです。通常、サイクル時間より長く設定され、ステーション時間とサイクル時間の差が、作業時間の変動に対するバッファとして機能します。

▶ サイクルタイム（サイクル時間）

　生産ラインに資材を投入する時間間隔のことで、ピッチタイムともいいます。

▶ ピッチダイヤグラム

　横軸に作業ステーション、縦軸に要素作業時間をとり、作業ステーションの要素作業時間を示した図表です。

▶ タクト生産方式

　すべての工程が同時に作業を開始し、一定時間間隔で、品物を同時に次の工程に移動するライン生産方式です。

過去問 トライアル解答 ▶ **ウ**

☑チェック問題

　サイクルタイムを長くすることや、コンベアラインの速度を速くすることによって、ステーション時間は短くなる。　　　　　　　　　　　⇒×

▶ サイクルタイムを長くするという点が誤りである。正しくは、サイクルタイムを短くすることやコンベアラインの速度を速くすると、ハイピッチとなりステーション時間が短くなる。

7 生産方式
セル生産方式

学習事項 セル生産方式，グループテクノロジー（GT），U字ライン生産方式、1人生産方式

このテーマの要点

多種少量生産に適するも、熟練が必要なセル生産方式

前テーマのライン生産方式では、分業と流れ作業による徹底的な作業効率向上を追求してきました。

ライン生産方式は、少種多量生産に向いた生産方式であるということは前テーマで説明しました。ただ、現在販売されている製品は、少種多量生産から多種少量生産へ変化しているものも多く見受けられます。そういった製品は、ライン生産方式の特徴を十分に活かせないことになります。

セル生産方式は、後述するGT（グループテクノロジー）を利用した生産方式です。セル生産方式は、繰り返し性のある複数の種類の部品をまとめて、さらにその部品を生産するための

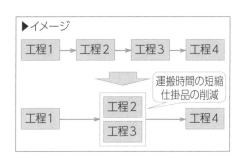

機械もグループ化して生産するものです。セル生産方式をとることによって、部品の運搬の手間や時間が省かれ、仕掛量が減少し、生産能率の向上が図れ、生産リードタイムを短縮することができます。

過去問 トライアル	平成19年度　第20問
	セル生産方式
類題の状況	H25-Q8　H21-Q10　H18-Q15　H17-Q7

セル生産方式に関する記述として、最も適切なものはどれか。

ア セル型レイアウトでは、GTの原理を適用して類似工作物がグループ化される。

イ セル型レイアウトでは、類似機械がまとめて配置される。

ウ セル生産方式は、多能工を必要としない生産方式である。

エ　セル生産方式は、高価な設備が必要な場合に適した生産方式である。

1　セル生産方式

　グループテクノロジーを用いて、複数の異なる機械をまとめて機械グループを作りますが、この機械グループのことをセルといいます。この機械グループ工程を編成して加工する生産方式を、セル生産方式といいます。セル生産方式をとることで、工程間の運搬と仕掛在庫の低減、生産リードタイムの短縮による生産能率の向上が可能となります。

【1-7-1　セル生産方式の特徴】

部品の運搬時間、および仕掛在庫の低減	部品の類似性に基づいて部品をグループ化すると、その部品を加工する機械との間に、高い関連性を見いだすことができます。したがって、類似部品を加工する機械をグルーピングしたセルを構成することで、部品の運搬時間および仕掛在庫の低減が可能となります。
生産能率の向上	セル化を行った製造システムのことをセル製造システム（CMS）といいます。CMSでは、各部品の加工手順が単純化されるので、より高い生産能率を得ることができます。

● OnePoint　セル生産方式とライン生産方式

　セル生産方式は、必ずしもライン生産方式と対極する生産方式ではありません。生産リードタイムの短縮を目的として、ライン上の機械の共有化を行うために、セルをラインに組み込むことがあります。中小企業診断士試験においては、セル生産方式は、ラインを用いずに1人や少人数で作業エリアを構成する「組立セル」と区別されているので留意が必要です。

2　グループテクノロジー（GT）

　グループテクノロジー（GT）とは、「多種類の部品をその形状、寸法、素材、工程などの類似性に基づいて分類し、多種少量生産に大量生産的効果を与える管理手法」（JIS Z 8141-1217）と定義されています。形状や加工方法の類似した部品をグルーピングすることによって、多種少量生産であってもロットサイズを大きくでき、段取り替えの回数を減らすこともできます。

3 U字ライン生産方式

❶ U字ライン生産方式

U字ライン生産方式とは、「U字型の形状をとる生産方式で、この形状をとることによって、1人の作業者に割り付ける作業の組み合わせ方が豊富になる」（JIS Z 8141-3406）生産方式です。U字ライン生産方式では、狭いスペースを有効活用できる、作業者の投入人数によって生産速度をコントロールできるなどのメリットがあります。

【1-7-2　U字ライン生産方式】

4 1人生産方式

1人生産方式とは、「1人の作業者が通常静止した状態の品物に対して作業を行う方式で、複数の作業者が協働して作業を行う場合もある。また、ライン生産方式の対極をなす方式」（JIS Z 8141-3405）と定義されています。作業者が1人ですべての工程を受け持つ1人生産方式は、自分のペースで仕事ができるため、作業者の努力がそのまま出来高にただちに反映される、能力を適正に評価できるというメリットがあります。その反面、作業者はすべての工程に習熟する必要があるため、習熟までにかかる時間が長いというデメリットがあります。

⚙ Keyword

▶ 組立セル

ラインを用いずに1人または複数の作業者が製品を組み立てる方式です。この生産方式は、グループテクノロジーが利用されていないため、学術的にはセル生産とは区別されます。

▶ 1個流し

「1個を加工したら次工程に送る製造方式で、工程間に仕掛りを作らず1個ずつ流す生産方式」（JIS Z 8141-4204）です。

▶ 複数台持ち作業

　1人または複数の作業者が複数台の機械を受け持って行う作業のことです。複数台持ち作業には、作業者が単に複数台の機械を受け持つ多台持ち作業と、作業順に複数台の機械（工程）を受け持つ多工程持ち作業の2つがあります。

過去問 トライアル解答　　ア

☑チェック問題

　機械加工におけるセル生産方式では、グループテクノロジーの手法を用いて部品および機械をグループ化し、セルを構成する。　　　　　　　　　　⇒○

▶ 　セル生産方式は、グループテクノロジー（GT）を利用した生産方式である。類似性の高い部品のグループからセルを構成すると、部品の運搬の手間や時間を削減でき、仕掛量が減少して生産リードタイムが短縮する。日本では、ラインを用いずに1人の作業者や複数の作業者が製品を組み立てる方式（1人屋台方式）をセル生産と呼ぶことがあるが、グループテクノロジーが利用されていないため、学術用語としてのセル生産方式と区別される。

8 生産方式
JIT／トヨタ生産方式

学習事項 JIT生産方式，押し出し方式，引っ張り方式，トヨタ生産方式，かんばん方式

このテーマの要点

JITと自働化を基本思想とするトヨタ生産方式

トヨタ生産方式という言葉は、生産管理に携わることのない人でも耳にしたことがあると思います。高品質で高収益を上げることのできるトヨタ生産方式は、脚光を浴びるようになって長い年月が経ち、多くの企業が採用するようになってきました。トヨタ生産方式は7つのムダ（作りすぎのムダ、不良をつくるムダ、手待ちのムダ、動作のムダ、運搬のムダ、加工そのもののムダ、在庫のムダ）を排除するという基本思想があります。それを実現するために、ジャ

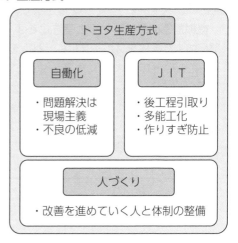

ストインタイム（JIT）と自働化の2本の柱を整備しました。

また、トヨタ生産方式では、人の能力を最大限活用するために、省人化、多能工化を進め、機械でできる作業は人にやらせずに、人には「人間」にしかできない作業を任せます。そのため「人づくり」を重視します。このように、トヨタ生産方式を導入している企業では、改善のできる人が育っており、ムダを排除でき、改善を進めていく体質が整っています。

過去問トライアル	平成16年度　第1問
	JIT（ジャストインタイム）生産方式
類題の状況	R05-Q17(再)　R03-Q6　H30-Q11　H29-Q9　H28-Q3 H26-Q8　H18-Q16

　ジャストインタイム（JIT）の基本的な考え方に関する次の記述のうち、最も適切なものの組み合わせを下記の解答群から選べ。

　a　設備の稼働率を最大にするために、中間仕掛品の滞留を増やして対処する。

　b　ねらいの1つとして生産リードタイムの短縮がある。

　c　後工程が使用した量だけ、前工程から引き取る。

　d　消費者の需要に合わせて生産量を細かく追従させる。

〔解答群〕

ア　aとb　　**イ**　aとd　　**ウ**　bとc　　**エ**　bとd　　**オ**　cとd

1　ジャストインタイム（JIT）

　ジャストインタイム（JIT）とは、「すべての工程が、後工程の要求に合わせて、必要な物を、必要なときに、必要な量だけ生産（供給）する生産方式」（JIS Z 8141-2201）と定義されています。

　JITのねらいは、作りすぎによる中間仕掛品の滞留抑制、工程の遊休の削減、生産リードタイムの短縮が挙げられます。特にJITの実現には、最終組立工程の平準化が不可欠となります。後述のかんばん方式は、ジャストインタイム生産を実現する仕組みです。

2　押し出し方式と引っ張り方式

　生産管理システムは、情報の流し方、および製品の流し方から、押し出し方式と、かんばん方式に代表される引っ張り方式に分類されます。

❶押し出し方式（プッシュシステム）

　押し出し方式（プッシュシステム）とは、前工程から後工程に物を送り込んでいく生産管理方法のことをいいます。押し出し方式は、生産管理機能が1箇所に集約されているため、生産計画の変更がしやすい特徴があります。そのため、仕様変更、納期変更等に対応しやすく、個別受注生産（在庫が不可能な個別色の強い製品）を対象とすることができます。一方、計画の変更や需要変動などに細かく対応しなければ、過剰在庫や欠品が起きることがあります。

❷引っ張り方式（プルシステム）

　引っ張り方式（プルシステム、後工程引取方式）とは、後工程が前工程から必要

とする量だけ引き取る生産管理方法のことをいいます。前工程は、後工程から引き取られると、引き取られた量を補充するように生産します。そのため、決まった仕様の仕掛品在庫を保有する必要があり、見込生産に向いています。しかし、時期によって大きく需要の変動する製品には向いていません。

3 トヨタ生産方式（リーン生産方式）

　トヨタ生産方式はリーン生産方式ともいわれ、ジャストインタイムと自働化の2本の柱から成り立っています。ジャストインタイムの基本思想は、かんばん方式によって実現しており、過剰在庫の危険性が低く抑えられています。また、不具合が生じたら、ただちに機械を止め、原因を究明する自働化により、現場主導による不良の撲滅（不良品を見る、不良発生状況を観察するなど）につながり、トラブル改善が容易になります。この方法により、改善を進めて省人化につなげます。

❶ かんばん方式

　かんばん方式とは、トヨタ生産システムにおいて、後工程引取方式を実現する際に、かんばんと呼ばれる作業指示書を利用して生産指示・運搬指示を行う仕組みです。かんばん方式では、かんばんと物がほぼ同時に動くため、物の需要が発生してから、情報が時間差なく流れます。そのため、生産計画の変更に柔軟に対応でき、ムダが生じないという特徴があります。かんばん方式の目的として、下表の3つが挙げられます。

【1-8-1　かんばんの目的】

品質の向上	必要なものを必要なときに必要な数量だけ流すということは、不良品が許されず、不良品発生時はただちに是正を行います。
作業の改善	かんばんが、ある工程に溜まったり、全然なかったりする状態をつかむことで、停滞している作業を検知します。
在庫の低減	前工程は後工程が使った量だけ生産するため、仕掛品在庫をかんばん数以下にとどめ、余分な在庫発生や作りすぎなどを防ぎます。

　また、かんばんは、「生産指示かんばん」と「引き取りかんばん」の2種類に大別されます。

【1-8-2　生産指示かんばんと引き取りかんばん】

生産指示かんばん（仕掛けかんばん）	後工程から引き取られた製品や部品を補充するための、製品の種類や量を記載した作業指示票のことです。
引き取りかんばん（運搬指示かんばん）	前工程から製品や部品を引き取るための、必要な種類や量を記載した引き取り指示票のことです。

　かんばん方式を行う前提（導入条件）として、継続性・反復性がある製品であること、導入に際して小ロット化・平準化が必要であることが挙げられます。

【1-8-3 かんばん方式（イメージ）】

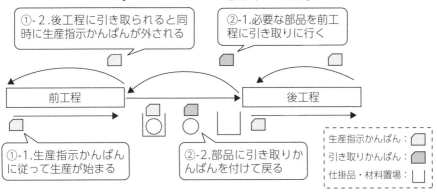

① -2.後工程に引き取られると同時に生産指示かんばんが外される

②-1.必要な部品を前工程に引き取りに行く

前工程

後工程

①-1.生産指示かんばんに従って生産が始まる

②-2.部品に引き取りかんばんを付けて戻る

生産指示かんばん：
引き取りかんばん：
仕掛品・材料置場：

②自働化

　生産ラインや機械で不良品や異常が発生した時点で、それらの異常を検知して作業者や機械が自ら生産ラインや機械の自動運転を止める仕組みのことです。

　自働化を目に見える形にする方式として、あんどんがあります。あんどんとは、各工程の状況をランプなどで表示することによって、工程でどのような異常が起きているかを監督者や作業者に知らせる工程管理の方式です。

🔑 Keyword

▶　省人化

　生み出す付加価値を変えないまま、所定の経済活動に対する労働時間を削減することです。

▶　平準化

　作業負荷を平均化し、かつ、前工程から引き取る部品の種類と量が平均化されるように生産する行為と定義されています。

過去問 トライアル解答　**ウ**

☑チェック問題

　「平準化」は、前工程から引き取る部品の種類と量を平均化させることで、工程への負荷変動の抑制を狙った改善施策である。　　　　　　　　　⇒○

▶　平準化とは、「作業負荷を平均化させ、かつ、前工程から引き取る部品の種類と量が平均化されるように生産する行為」（JIS Z 8141-1213）と定義されている。平準化によって、工程間の作業負荷が均衡化されるため、負荷変動を抑制することができる。

第1分野 生産管理概論

9 生産方式
その他の生産方式

学習事項 製番管理方式，追番管理方式，オーダーエントリー方式，生産座席予約方式など

このテーマの要点

他にもいろいろな生産方式がある

前テーマまでに、代表的な生産方式であるライン生産方式、セル生産方式、トヨタ生産方式、ＪＩＴ生産方式について説明してきました。

それ以外にも、おさえておくべき管理方式としては、製番管理方式と追番管理方式があり、生産管理システムとしては、オーダーエントリー方式、生産座席予約方式、モジュール生産方式、アジャイル生産方式があります。

＜その他の生産方式＞

管理方式	製番管理方式
	追番管理方式
生産管理システム	オーダーエントリー方式
	生産座席予約方式
	モジュール生産方式
	アジャイル生産方式

管理方式、生産管理システムのどちらについても、①どのような特徴を持つのか、②どのような場合に用いられるのか、という２つの観点から説明できることを目標に理解する必要があります。

過去問トライアル	平成22年度　第9問
	工程管理方式
類題の状況	R05-Q6(再)　R04-Q4　R02-Q8　R01-Q6　H29-Q4　H28-Q7 H26-Q8　H24-Q7　H17-Q13

工程管理方式に関する記述として、最も適切なものはどれか。

ア 追番管理方式では、製作番号が異なれば同じ部品であっても違った部品として管理される。

イ 常備品管理方式は、部品の調達リードタイムが長い場合に有効である。

ウ 生産座席予約システムでは、完成品や仕掛品の現品管理が容易である。

エ 製番管理方式は、受注見積りの時点で信頼できる納期を提示できる。

1 製番管理方式

　製番管理方式とは、受注ごとに「製造指図書」（製造命令書）を発行する生産方式で、「製造命令書を発行するときに、その製品に関するすべての加工と組立の指示書を同時に準備し、同一の製造番号をそれぞれにつけて管理を行う方式」（JIS Z 8141-3211）と定義されています。

　製番管理方式では、製品に対して最初に部品を引き当てます。製品単位での確実な発注や加工手配ができ、工程進度管理が容易であるというメリットの反面、部品が1点でも遅延すると生産計画が遅れ、需要変動に対応するのが困難というデメリットがあります。

　日本では古くから利用されてきた管理方式であり、主に個別生産や、ロットサイズが小さい場合のロット生産で使用されます。

2 追番管理方式

　追番管理方式は、同一製品の追番（累計製造番号）を用いた生産管理方式です。通常、完成品の数量と追番は一致するため、追番に対して、工程ごとの着手・完成時期を示して進捗管理や現品管理を行います。

　主に見込生産、連続生産で同一製品を繰り返し生産する場合に採用されます。

3 オーダーエントリー方式

　オーダーエントリー方式は、「生産工程にある製品に顧客のオーダーを引き当て、製品の仕様の選択または変更をする生産方式」（JIS Z 8141-3206）と定義されています。オーダーエントリー方式は、乗用車の受注生産時に多く用いられています。乗用車をライン生産方式で生産する場合に、仕掛中で、まだ顧客の決まっていない乗用車に対して顧客の受注を引き当て、顧客のオプション選択や変更に対応します。

4 生産座席予約方式

　生産座席予約方式は、「受注時に、製造設備の使用日程・資材の使用予定などにオーダーを割り付け、顧客が要求する納期どおりに生産する方式」（JIS Z 8141-3207）と定義されています。この生産方式では、あらかじめ生産数・納期が決まっており、そこに顧客のオーダーを割り当てるため、受注時に信頼できる納期を回答することができます。また、基準日程計画（これを座席表と見立てる）を決め、そこに顧客の受注を割り当てていく方式のため、需要予測を正確に行うことが重要となります。

5　モジュール生産方式

モジュール生産方式は、「部品またはユニットの組み合わせによって顧客の多様な注文に対応する生産方式」（JIS Z 8141-3205）と定義されています。複数種類の部品を組み付けたモジュール部品をあらかじめ組み立てておき、受注後にモジュール部品の組み合わせによって多品種の最終製品を生産する方式です。組立工程で取り扱う部品点数の削減、納入リードタイムの短縮、製品品質の安定化などの効果があります。

6　アジャイル生産方式

アジャイル生産方式とは、「コアコンピタンス（核となる固有技術）を持つ複数の企業が連帯して、特定の顧客のために高品質の製品をスピーディーに開発し、限られた量を生産する方式」（JIS Z 8141-3214）と定義されています。特定の顧客や受注ごとにプロジェクトを組んで生産活動を行うことで、顧客の要望の変化にスピーディーに対応することが特徴です。

⚭ Keyword

▶　追番

追番とは、繰り返し生産の場合に、製品や部品の生産された数を累計で記録したもので、累計製造番号ともいいます。

過去問 トライアル解答　　イ

☑チェック問題

オーダーエントリー方式とは、受注時に、製造設備の使用日程・資材の使用予定などにオーダーを割り付け、顧客が要求する納期どおりに生産する方式である。　　　　　　　　　　　　　　　　　　　　　　　　　　　　⇒×

▶　生産座席予約方式に関する記述であり、誤りである。オーダーエントリー方式とは、「生産工程にある製品に顧客のオーダーを引き当て、製品の仕様の選択または変更をする生産方式」である。

生産の設計・計画

生産の設計・計画

1 各テーマの関連

```
生産管理
  └ 生産の設計・計画
        ├ 工場レイアウト ──────── 2-1  工場レイアウト（設備配置）
        │                        2-2  ＳＬＰ
        │                             （システマティックレイアウトプランニング）
        ├ 生産計画と生産統制 ──── 2-3  生産計画の概要
        │                        2-4  ジョブショップスケジューリングと
        │                             フローショップスケジューリング
        │                        2-5  プロジェクトスケジューリング
        │                        2-6  需要予測
        ├ 製品の設計・開発とＶＥ ── 2-7  製品の設計・開発とＶＥ
        ├ 資材管理 ────────────── 2-8  資材管理の概要と需給計画
        └ 在庫管理・購買管理 ──── 2-9  定量発注方式
                                 2-10 定期発注方式
                                 2-11 購買管理・外注管理
```

　生産の設計・計画では、生産計画、設計・開発、発注プロセスなどにおける具体的な取り組み内容、および管理手法を学習します。「２－１　工場レイアウト（設備配置）」では、製品の種類と生産量（多種少量生産、少種多量生産など）に応じた機械設備の配置手法を学習し、「２－２　ＳＬＰ（システマティックレイアウトプランニング）」では、適切な設備の配置と効率的な物の流れを計画する方法を学びます。**生産管理概論**で学んだ生産形態（見込生産・受注生産、個別生産・ロット生産・連続生産など）に応じて選択するレイアウトが変わるため、生産形態と関連

付けて学習することが効果的です。

生産計画と生産統制では、「2−4　ジョブショップスケジューリングとフローショップスケジューリング」、「2−5　プロジェクトスケジューリング」などの具体的なスケジューリング手法を学習します。生産形態によって選択するスケジューリング手法が異なるため、生産形態との関連性を理解することが重要です。また、「2−6　需要予測」では、特に見込生産と関連が深い需要予測の手法を学習します。

製品の設計・開発とVEでは、製品開発・設計の一連のプロセスを学習します。製品価値向上のための製品開発・設計段階の取り組みが、顧客満足度と企業の収益向上にどのように貢献するかを意識して学習することが大切です。

資材管理、在庫管理・購買管理では、資材標準化や適正な在庫保持、的確な購買活動が、QCD最適化にどのように貢献するかを学習します。また、**在庫管理**では、適正な在庫量保持を図るため、資材の特性などを考慮した「2−9　定量発注方式」、「2−10　定期発注方式」などの発注方式について、詳細に学習します。

2　出題傾向の分析と対策

❶出題傾向

#	テーマ	H26	H27	H28	H29	H30	R01	R02	R03	R04	R05
2-1	工場レイアウト（設備配置）		1					1	1		
2-2	ＳＬＰ（システマティックレイアウトプランニング）	1	1		1	1	1	1			2
2-3	生産計画の概要			1	1		2		1	2	3
2-4	ジョブショップスケジューリングとフローショップスケジューリング				1		1	1		1	2
2-5	プロジェクトスケジューリング	1		1	1	1	1	1	1	1	1
2-6	需要予測			1		1	1	1	3		1
2-7	製品の設計・開発とＶＥ	2	1		1				1		2
2-8	資材管理の概要と需給計画				1				1		
2-9	定量発注方式	1	1	1	3	2	2	2	2	1	4
2-10	定期発注方式					2	1		2		2
2-11	購買管理・外注管理				1	1					

❷ 対策

　生産の設計・計画の分野では、7〜10問程度と、高い出題頻度となっています。出題傾向としては、一部のテーマに偏ることなくまんべんなく出題されているため、幅広い学習が有効です。「経済的発注量」など、短時間では対応が難しい問題や、難度の高い問題が出題されることもあります。しかし、総じて基本レベルの問題が多く、生産管理概論の分野と同様に、本テキストで基本論点をおさえ、過去問題を繰り返し学習することが効果的です。また、年度によって計算系の問題の増減はあるものの、生産管理分野における計算系の出題は今後も続くと想定されるため、移動平均法などの需要予測手法、定量発注方式の発注点や定期発注方式の発注量など、基本的な計算問題については確実に得点できるように、習得しておく必要があります。また、「フローショップスケジューリング」や「プロジェクトスケジューリング」は、設問で作業リストが与えられ、そこから工程表を描くことが求められています。単なる用語の暗記だけではなく、過去問演習を中心にアウトプットできる状態にしていきましょう。

　定量発注方式、定期発注方式に関しては、小売店舗や物流センターの在庫管理を対象として出題される傾向が見られます。ただし、定量発注方式、定期発注方式の考え方に関しては、生産管理の分野と店舗運営、あるいは物流管理の分野間での差異はないため、問題を解くに際しては、特に違いを考慮する必要はありません。

1 工場レイアウト
工場レイアウト（設備配置）

学習事項 固定式レイアウト，機能別レイアウト，製品別レイアウト，セル型レイアウト

このテーマの要点

作る製品によって異なる工場レイアウト

工場レイアウトの効率を考慮する上で重要な点は①作業・運搬・移動が合理的に行えること、②生産品種に合わせた生産レイアウトを選択することです。①について、合理的な作業・運搬・移動が行えるようレイアウトを決定しなければ、作業スペースが狭く効率的に作業を行えなかったり、移動に費やすコストが大きくなり、生産性が低くなってしまいます。また、②についても工場が生産する製品の生産形態（少種多量生産、多種少量生産など）が違えば、採用する生産方式（個

＜工場レイアウトの類型＞

レイアウト	P-Q分析のタイプ
固定式 レイアウト	基本的に大型製品向け （航空機、船、家屋など）
機能別 レイアウト	基本的には多種少量型
製品別 レイアウト	基本的には少種多量型

業種や生産対象の製品に合わせて選択

別生産、ロット生産、連続生産）が異なります。そのため、それぞれの生産方式で、効率性や生産性を最も高めるよう工場レイアウトを選択する必要があります。

工場レイアウトは、業種や作るものによって多種多様な形態をとるものの、基本的には、工場で作っている製品のP-Q分析（P：製品、Q：生産量）を行い、その分析結果によって大きく3つのパターンに分類します。本テーマでは、基本的な工場レイアウトの類型について説明します。

過去問 トライアル	平成23年度　第2問
	工場レイアウト
類題の状況	R03-Q7　R02-15　H27-Q5　H24-Q9　H21-Q7　H18-Q11

機能別職場の特徴に関する記述として、最も不適切なものはどれか。

ア 熟練工を職長にすることにより部下の技術指導がしやすくなる。

イ 職場間での仕事量にバラつきが生じやすい。

ウ 職場間の運搬が煩雑である。

エ 製品の流れの管理がしやすい。

1 固定式レイアウト

　固定式レイアウト（固定位置レイアウト）は、船舶や大型機械など、生産対象は定位置にあり、そこに生産設備を運んで加工するためのレイアウトです。生産対象の移動は最小限となり、設計や工程の変更に対応しやすいことが特徴として挙げられます。下記の図のように、いったん基本的な枠組みが構築されると、必要な機能（設備）が対象物の周りに配置されることとなります。

【2-1-1　固定式レイアウト例】

2 機能別レイアウト

　機能別レイアウトは、工程別レイアウトとも呼ばれ、設備や機械を工程や機能ごとにまとめて配置するレイアウトです。多種少量生産においては、各製品はそれぞれの種類によって加工経路が異なるため、設備を製品の流れに合わせて配置することが困難となります。このような場合に機能別レイアウトが有効となります。機能別レイアウトでは、物が設備間を移動することが多いため、注文数の増加に伴って物の移動が錯綜し、設備の管理が煩雑となります。機能別レイアウトでは、運搬管理が重要な課題となります。また、1種類の製品の段取り替えによる停滞が、複数種類の製品の流れを停滞させる、というデメリットがあります。一方、設備の稼働率向上が図れ、加工順路変更時における柔軟な生産工程の対応が可能、というメリットがあります。

【2-1-2　機能別レイアウト例】

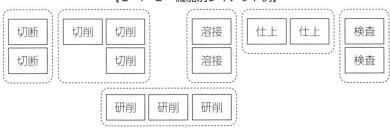

3　製品別レイアウト

　製品別レイアウトは、材料の投入から製品完成まで直線的に設備を配置するレイアウトであり、対象物がその流れに沿って加工されていきます。製品をもとにレイアウトを決めることから、少種多量生産に適したレイアウトです。

　工程管理・進捗管理が容易になる、仕掛在庫が減少できる、というメリットがあります。一方、一部の機械が故障するとライン全体を停止しなければならない、工程変更の柔軟性に乏しいため製品の変更に対応しづらい、というデメリットがあります。

【2-1-3　製品別レイアウト例】

⚲ Keyword

▶　セル型レイアウト

　設備を複数工程（機能）のかたまり別に配置するレイアウトです。中種中量生産で多く適用されています。製品別レイアウトと機能別レイアウトの中間的な設備配置をとります。

過去問　トライアル解答　エ

☑チェック問題

　設備レイアウトに関する記述として、<u>最も不適切なものはどれか</u>。
ア　グループ別レイアウトでは、グループ内の運搬頻度は高く、グループ間の運搬頻度は低くなる。
イ　工程別レイアウトでは、工程グループ間の運搬頻度は高く、工程グループ内の運搬頻度は低くなる。
ウ　製品固定型レイアウトでは、形状、材料構成、必要工具、運搬などの項目に基づいてグループ化が行われる。
エ　製品別レイアウトでは、素材から製品への変換のプロセスに従ってライン状に生産設備が配置される。

⇒ウ

▶ 製品固定型レイアウトは、大型機械などの組立工程で使われるレイアウトで、生産対象へ生産設備を運んで加工を行う。製品の周りに必要とされる機能が配置されるため、異なった作業段階で異なる種類の資材が必要となる。したがって、グループ化は行われない。

　よって、ウが正解である。

2 工場レイアウト SLP（システマティックレイアウトプランニング）

学習事項 P-Q分析，物の流れ分析，アクティビティ相互関係ダイアグラム，面積相互関係ダイアグラム

このテーマの要点

SLPのレイアウト決定までの手順をおさえよう

前テーマでは、工場レイアウトについて学習しました。

本テーマでは、実際に工場レイアウトを決めるための手法の１つである、SLP（システマティックレイアウトプランニング）について学習します。SLPとは、「物の動きとアクティビティを考察する」ことにより、適切な設備の配置と効率的な物の流れを計画する方法で、リチャード・ミューサーによって提唱されました。

SLPでは、右図のように段階を踏んで工場レイアウトを決定していきます。ここでは、各段階で行う分析方法や描く図表について詳しく説明していきます。

なお、レイアウトは、通常複数の代替案を作成し、それぞれを比較検討する中で最適なレイアウト案が決められていきます。

```
P-Q分析
  ├→ 物の流れ分析
  └→ アクティビティ相互関係
        ↓
  アクティビティ相互関係ダイアグラム
        ↓
必要スペース → ← 利用可能スペース
        ↓
  面積相互関係ダイアグラム
```

過去問トライアル	平成19年度　第2問
	SLP（システマティックレイアウトプランニング）
類題の状況	R05-Q2　R05-Q5(再)　R03-Q3　R02-Q3　R01-Q3　H30-Q3 H29-Q5　H27-Q4　H26-Q2　H25-Q3　H24-Q8　H16-Q2

システマティック・レイアウト・プランニングに関する分析として、<u>最も不適切</u><u>なものはどれか。</u>

ア P-Q分析

イ アクティビティ相互関係の分析

ウ 基準日程の分析

エ 物の流れ分析

1 Ｐ−Ｑ分析

　Ｐ-Ｑ分析とは、何を（Ｐ）、ど
れだけ作るか（Ｑ）、を明確に把
握する分析です。ＰはProducts（製
品）、ＱはQuantity（生産量）の
略で、グラフの横軸に製品の種類、
縦軸に生産量をとって生産量の大
きな順に並べたグラフを作成しま
す。レイアウトの改善や工場の新
設の計画を行う場合に、既存の生
産形態を分析し、計画に反映され
ることを目的に実施する分析手法
です。

【2-2-1　Ｐ−Ｑ分析の類型】

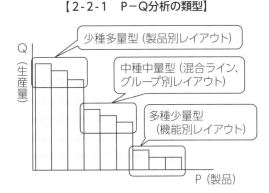

2 物の流れ分析

　物の流れ分析は、工場内を材料・部品・仕掛品ま
たは製品が移動する際に、最も効率がよくなるような
順路を決定するための分析です。物の流れ分析の手
法として、単純工程分析、多品種工程分析、フロム
ツウチャートがあります。単純工程分析は大まかな流
れを確認する目的で、多品種工程分析は、複数の品
種を製造している工程の流れを確認する目的で、フ
ロムツウチャートは、工程間の前後関係をマトリック
スで表すことで工程間の相互関係を分析する目的で、
使用されます。

【2-2-2　単純工程分析】

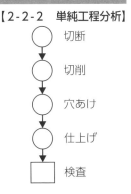

　単純工程分析、およびフロムツウチャートを、右図、および次ページ図に示します。
また、多品種工程分析については、「３−１　工程分析」を参照ください。

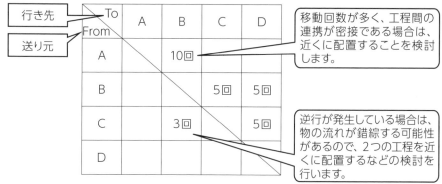

【2-2-3 フロムツウチャート】

行き先

送り元

To From	A	B	C	D
A		10回		
B			5回	5回
C		3回		5回
D				

移動回数が多く、工程間の連携が密接である場合は、近くに配置することを検討します。

逆行が発生している場合は、物の流れが錯綜する可能性があるので、2つの工程を近くに配置するなどの検討を行います。

※対角線から上は順行を、対角線から下は逆行を表します。

3 アクティビティ相互関係

アクティビティ相互関係とは、生産に必要なすべての構成要素（アクティビティ）間の相互関係を分析するものです。アクティビティ同士を近接して配置するべきか、あるいは離して配置すべきかを検討することを目的とします。

【2-2-4 アクティビティ相互関係図表例】

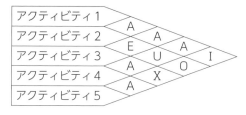

アクティビティ1				
アクティビティ2	A	A		
アクティビティ3	E	U	I	
アクティビティ4	A	X	O	
アクティビティ5	A			

※ 図表のアルファベットの文字は近接の重要性を表します。
（A：絶対必要、E：特に必要、I：重要、O：通常、U：重要でない、X：望ましくない）

✏ Keyword

▶ アクティビティ
人・機械・材料・加工場・倉庫・入口・トイレ・窓など、レイアウトを構成する要素のことです。

4 アクティビティ相互関係ダイアグラム

アクティビティ相互関係ダイアグラムは、物の流れ分析とアクティビティ相互関係から、アクティビティおよび工程を図表に展開したもので、各アクティビティの地理的な配置を図示することで、アクティビティ同士の近接性や干

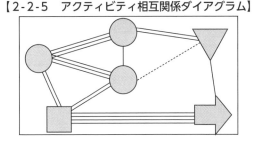

【2-2-5　アクティビティ相互関係ダイアグラム】

渉有無について、精査することを目的とします。

近接性の重要性は線の本数や線の種類で表します。また、図形の形は加工場、輸送場などアクティビティの内容を表します。

5 面積相互関係ダイアグラム

アクティビティ相互関係ダイアグラムを作成し、アクティビティ同士の干渉などの有無を確認したら、次にアクティビティに必要な面積を考慮します。面積相互関係ダイアグラムでは、アクティビティ相互関係ダイアグラムに各アクティビティの面積情報を組み入れ、利用可能なスペースの調整、確認を行います。

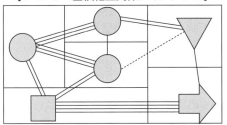

【2-2-6　面積相互関係ダイアグラム】

過去問 トライアル解答　**ウ**

☑チェック問題

工場計画は、敷地選定、建屋の設計、職場の設計、設備の設計、治工具の設計などが相互に関連して進められる。　　　　　　　　　　　　　⇒○

▶ ＳＬＰを想起して解答したい。工場計画は、部品や材料などの物の動きと、設備や治工具などのアクティビティを考慮し、必要なスペースや利用可能スペースを検討した上で、レイアウトや各施設の配置・面積が決定される。

第2分野 生産の設計・計画

3 生産計画と生産統制
生産計画の概要

学習事項 期間別計画，要素別計画，進捗・現品・余力管理

このテーマの要点

生産計画を立て、生産統制で計画通りに実行する！

　工場で予定通り生産を行うには、生産を計画（生産計画）し、それを予定通りに実行（生産統制）する必要があります。本テーマでは、この生産計画と生産統制について掘り下げて学習します。期間別計画では、大日程計画、中日程計画、小日程計画の順番に生産計画を立案します。まず、大日程計画でおおよその必要な人員や設備、資材の必要量を決めておき、中日程計画、小日程計画で具体的な

＜生産計画の種類＞

人員配置や資材の調達時期まで決めていきます。要素別計画は、生産に必要な要素に着目して生産計画を行うものです。その作業を完了するにあたり、手順、工数、日程の切り口から計画を立てていきます。

　また、立案された生産計画が実行段階に入ったときに、実際に計画通りに実行されているかどうかを的確に把握し、必要であれば是正処置をとる生産統制が必要になります。生産統制では進捗管理、現品管理、余力管理を行います。

過去問トライアル	平成25年度　第11問
	日程計画
類題の状況	R05-Q10　R05-Q13　R05-Q11(再)　R04-Q14　R03-Q13　R03-Q14　R02-Q10　H30-Q7　H30-Q14　H28-Q11　H27-Q17　H25-Q14　H23-Q3　H21-Q1　H21-Q6　H18-Q1

　工場における製品や部品の生産量と生産時期を定める日程計画に関する記述として、最も不適切なものはどれか。

ア　小日程計画は一般に、作業者や機械などの稼働率の最大化、仕掛在庫量の最小化などを目的に作成される。

イ　大日程計画は一般に、将来必要とされる設備能力、作業者数、資材量などの算

定に用いられる。

ウ　大日程計画は一般に、月単位の各工場の生産計画を作成することから、月度生産計画と呼ばれることもある。

エ　日程計画は一般に、大日程計画、中日程計画、小日程計画に分けられる。

1　期間別計画

　期間別計画は、大日程計画、中日程計画、小日程計画の3種類の計画があり、それぞれ下表のような目的のために作成します。

【2-3-1　期間別計画の比較】

計画の種類	計画の期間	目的
大日程計画（期間生産計画）	半年～1年	設備、人員、資材の必要量を求める
中日程計画（月度生産計画）	1～3ヶ月	設備、人員、資材の入手時期を求める
小日程計画（日程計画）	1～10日	生産の着手、完了時期を決める

2　要素別計画

　要素別計画は、生産に必要な要素を対象とした計画で、主に中日程計画で立案します。要素別計画は、手順計画、工数計画、日程計画に分類されます。

①手順計画

　手順計画は、製品を生産するにあたり、その製品の設計情報から、必要作業、工程順序、作業条件を決める活動のことで、顧客や設計部門から提示された仕様書や設計図などから、設計仕様、作業方法、治工具などを決める活動のことをいいます。

②工数計画

　工数計画は、一定の期間内に生産する製品の納期や生産量から負荷を計算し、それを現有の人員や機械の能力と照らし合わせ、余力が最小になるように、人員や機械の能力と負荷を調整する活動のことです。

③日程計画

　日程計画は、納期や手順計画に基づいて、各種の作業や関連業務の着手と完了の時期を決める活動です。また、具体的な作業日程が明確になることで、作業ごとの優先順位を決定する活動も当計画で行います。

♂ Keyword

▶　**工数**

　仕事量の全体を表す尺度で、仕事を1人の作業者で遂行するのに要する時間のことをいいます。

❶進捗管理

　進捗管理とは、「仕事の進行状況を把握し、日々の仕事の進み具合を調整する活動」（JIS Z 8141-4104）と定義されています。進捗は遅れないように調整することも大事ですが、進捗状況が早すぎると仕掛品や製品在庫が増えるなどのデメリットがあります。したがって、計画通りに進捗状況を調整することが重要になります。

❷現品管理

　現品管理とは、「資材、仕掛品、製品などの物について運搬・移動や停滞・保管の状況を管理する活動」（JIS Z 8141-4102）と定義されており、現物管理ともいわれます。現品管理を行うことで原材料や部品、製品などの数量を正確に把握できるだけでなく、現品を探す手間の削減や過不足のない資材発注が行える、デッドストックが明確になるなどのメリットがあります。

❸余力管理

　余力管理とは、「各工程または個々の作業者について、現在の負荷状態と現有能力とを把握し、現在どれだけの余力または不足があるかを検討し、作業の再配分を行って能力と負荷を均衡させる活動」（JIS Z 8141-4103）と定義されています。余力とは、負荷と能力の差のことをいいます。

● OnePoint　進捗管理

　進捗管理は、進度管理、納期管理とも呼ばれます。
　進捗管理のツールとして、ガントチャートやカムアップシステム、流動数曲線（流動数グラフ）、製造三角図などがあります。

4　進捗管理のツール

❶ガントチャート

　ガントチャートとは、計画に対する実績の進捗度を管理する目的で使われる図表です。横軸に月、週、日数などの時間をとり、縦軸に工程、個人別または機械別の仕事、標準工数などをとります。

【2-3-2　ガントチャートの例】

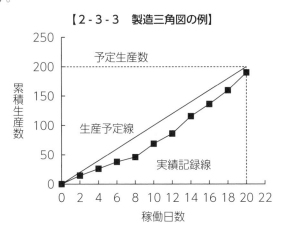

累計日数

	0	1	2	3	4	5	6	7
設計			予定 実績					
生産計画								
資材調達								
加工								
検査								

❷ カムアップシステム

　カムアップシステムとは、作業指示書などの伝票を完了期日順に整理しておき、担当者が毎日チェックして完了期日の迫ったものを間違いなく処理できるようにする方法をいいます。

❸ 製造三角図

　製造三角図とは、縦軸に累積生産数をとり、横軸に稼働日数をとった図で、連続生産で用いられる管理図表です。計画の累積生産数は、対角線で表されます。稼働日ごとに累積生産数の実績を書き込むことにより、計画線と実績線のズレをつかむことができます。

【2-3-3　製造三角図の例】

④ 流動数曲線

　流動数曲線とは、横軸に期間、縦軸に数量をとったグラフです。受入の累積線と完成数の累積線の差が仕掛残を表し、横の差が停滞日数（リードタイム）を表します。この方式により、職場の手持ち仕事量（受注残）を表すことができます。

【2 - 3 - 4　流動数曲線の例】

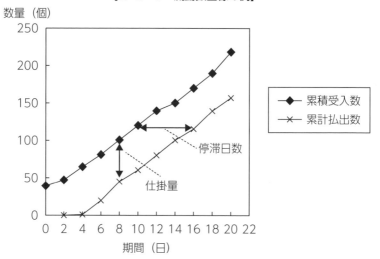

過去問 トライアル解答　　**ウ**

☑チェック問題

　小日程計画では一般に、作業者や機械などの稼働率の最大化、仕掛在庫量の最小化などを目的に作成される。　　　　　　　　　　　　　　　　　⇒○

▶　小日程計画は、作業者や機械などの稼働率の最大化、仕掛在庫量の最小化、生産リードタイムの最小化、納期遅れの最小化などの目的を達成するために作成される。小日程計画は、1日、1週間、10日など直近の期間を対象とし、中日程計画を踏まえつつ、生産量・受注量の確定した個別の製品・部品に対し、それぞれをいつ、どの工程のどの機械で、誰が加工・処理するのかを、時間単位など、具体的にかつ詳細にスケジュールする。

生産計画と生産統制

4 ジョブショップスケジューリングとフローショップスケジューリング

学習事項　ジョブショップスケジューリング，フローショップスケジューリング

このテーマの要点

生産スケジューリング方法をおさえよう

スケジューリング手法とは、日程計画を作成する手法のことで、工程の型によって生産スケジューリングとプロジェクトスケジューリングに分類されます。

前テーマで学習した日程計画を立案するために、各種のスケジューリング手法が用いられます。本テーマでは生産スケジューリングについて学習します。

生産スケジューリングとは、どの製品をどの工程で、誰がいつ加工するかといったような計画を、作業者や機械単位で、作業の着手時刻や完了時刻といった、そのまま作業指示のできるレベルまで分解して計画する活動のことです。

＜スケジューリング手法の体系図＞

※青網掛け部分が今回の学習対象

生産設備の構成や配列によって、生産スケジューリングの方法はいろいろありますが、ここではジョブショップスケジューリングとフローショップスケジューリングについて学習します。

過去問トライアル	平成20年度　第18問
	ジョンソン法
類題の状況	R05-Q9　R05-Q3(再)　R04-Q8　R03-Q11　R01-Q9　H30-Q4　H27-Q10　H23-Q10　H21-Q11　H19-Q14

2つの生産設備M1、M2が直列に連結されたフローショップ工程で、5つのジョブの総処理時間を最小にする生産スケジュールについて考える。すなわち、各ジョブは、まず、生産設備M1で処理され、次にM2で処理される。ただし、各生産設備は、1度に1つのジョブしか処理できないものとする。

各ジョブの各生産設備における処理時間が下表に示されるとき、最小の総処理時

間（すべてのジョブの処理を完了するまでの時間）を下記の解答群から選べ。

表　処理時間データ

	M₁	M₂
ジョブ1	5	5
ジョブ2	6	4
ジョブ3	4	3
ジョブ4	2	8
ジョブ5	5	7
合　計	22	27

〔解答群〕
ア 27　　イ 29　　ウ 31　　エ 33

1 ジョブショップスケジューリング

　ジョブショップスケジューリングとは、利用する設備や、設備の利用順序がジョブ（仕事）ごとに異なる場合に用いられるスケジューリング方法で、後述するフローショップスケジューリングよりも複雑なスケジューリングを行う際に用いられる手法です。代表的なスケジューリング法として、ディスパッチング法があります。

❶ディスパッチング法

　ディスパッチング法とは、1つのジョブにあらかじめ優先度の基準（ディスパッチングルール）を決めておき、生産現場では、次に処理する仕事をその優先度に応じて選択して処理を行うスケジュール方法です。

　ディスパッチングルールの設定方法としては、先着順、最小加工時間順、最早納期順、スラック順（納期までの余裕が短い順）などがあります。

Keyword

▶ 最小作業時間規則（Shortest processing time first rule）
　ディスパッチングルールの1つで、当該機械での加工時間最小のジョブを優先する規則のことです。略してSPTともいいます。

フローショップスケジューリングは、全工程で作業が類似しており、設備の利用順序が同一の場合に用いられるスケジューリング方法です。フローショップでは、作業順序に従って設備が配置される、という特徴があります。代表的なスケジューリング法として、ジョンソン法があります。

❶ ジョンソン法

ジョンソン法は、「工程の数が2つで、加工手順も同じ」という条件下で、複数の生産オーダーにおいて、最初の仕事の開始から最後の仕事の終了までの総所要時間を最小にするスケジュール方法です。ジョンソン法では、以下の手順でスケジューリングを行います。

① すべての仕事について、工程1および工程2の加工時間表を作成する。
② 全体の中から作業時間が最小の仕事を選ぶ。
③ 上記最小の仕事が工程1の場合、1番目に加工する。
④ 上記最小の仕事が工程2の場合、最後に加工する。
⑤ 上記②で選んだ最小の仕事を加工時間表から消す。
⑥ 上記②～⑤までの手順を繰り返す。

次のような例を考えます。まず、最小の仕事はDの工程1なので、最初にDの仕事に着手します。残った仕事のうち、最小の仕事はCの工程2なので、Cの仕事を最後に行います。残ったA、Bのうち、最小の仕事はBの工程2なので、Bの仕事はCの前、つまり3番目に行い、最後に残ったAの仕事は2番目に行うことになります。

【2-4-1　加工時間表】

仕事	工程1	工程2
A	5	5
B	6	4
C	4	3
D	2	8

【2-4-2　スケジューリング結果】

工程1	D 2	A 5	B 6	C 4	
工程2		D 8	A 5	B 4	C 3

総所要時間は 2 + 8 + 5 + 4 + 3 = 22 となります

💬 OnePoint　フローショップとジョブショップ

　フローショップは、ジョブショップの特殊な形態とみなすことができます。

　ジョブショップでは、利用する設備や、設備の利用順序がジョブごとに異なります。しかし、利用順序が同一であり、かつ類似性が高いジョブが複数存在する場合、フローショップを適用することができます。

過去問　トライアル解答　**イ**

2　生産の設計・計画

☑チェック問題

　2段階フローショップ工程の生産スケジュールを示した次のガントチャートにおける5つのジョブの工程間での仕掛時間の合計を、下記の解答群から選べ。

| 工程1 | J₁ | J₂ | J₃ | J₄ | J₅ | |
| 工程2 | | J₁ | J₂ | J₃ | J₄ | J₅ |

（目盛り 0　5　10　15　20　25）

〔解答群〕

ア　5　　　イ　10　　　ウ　15　　　エ　20　　　オ　25

⇒ウ

▶　仕掛品とタイムチャートの理解度を問う問題である。

　タイムチャートをJ1から順次追いかける。工程1と工程2のタイムチャートのズレは次表のようになるため、仕掛時間の合計は15である。

　公式不要の計算問題であることを前提に、見た目に誤魔化されないように落ち着いて考えてみてほしい。

	J₁	J₂	J₃	J₄	J₅	
工程1終了	2	7	12	18	22	
工程2開始	2	10	17	22	25	合計
仕掛時間	0	3	5	4	3	15

5 生産計画と生産統制
プロジェクトスケジューリング

学習事項 アローダイヤグラム，CPM（クリティカルパスメソッド）

このテーマの要点

複雑な工程のスケジューリング方法を学ぼう

前テーマでは、枝分かれや合流などのない、比較的単純な工程をスケジューリングする方法について学習しました。

本テーマでは、枝分かれ、合流がある複雑な工程順序となる作業をスケジューリングする、プロジェクトスケジューリングについて学習します。

プロジェクトスケジューリングの代表的な手法として、PERTとCPMがあります。

PERTは、多数の作業からなるプロジェクトに対し、各作業をいつからいつまでに行う必要があるのか、作業を行う前に完了しておかなければならない作業は何なのか、プロジェクト全体を終了するまでにどれくらいかかるのか、などを明らかにするものです。

＜スケジューリング手法の体系図＞

※青網掛け部分が今回の学習対象

CPMは、PERTによって明らかになったプロジェクト日程を短縮するために、どの作業を短縮すれば最も費用をかけず、効率的に全体の日程を短縮できるのかを明らかにするものです。目的の納期を満たすよう、クリティカルパスを重点的に管理します。

過去問 トライアル	平成19年度　第17問
	PERT図
類題の状況	R05-Q8　R04-Q7　R03-Q10　R02-Q11　H30-Q6　H28-Q10 H26-Q10　H24-Q14

PERTでは、アクティビティ間に定められた遂行順序に従ってアクティビティを連結し、一つのアローダイアグラムを作成する。

次の図の結合点9から結合点10へのアクティビティ（9，10）の最早開始時刻として、最も適切なものはどれか。なお、円内の数値は結合点の番号を、結合点i，j

間の矢線上の数値はアクティビティ（i，j）の所要時間を表している。

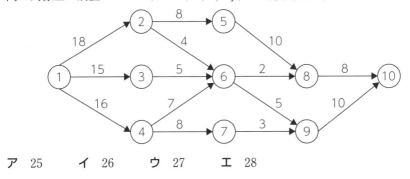

ア 25　　イ 26　　ウ 27　　エ 28

1 P E R T（Program Evaluation and Review Technique）

　PERTとは、複数のアクティビティ（作業）で構成されるプロジェクトを効率よく実行するためのスケジューリング方法のことをいいます。PERTでは、アローダイヤグラムと呼ばれるネットワーク図を用いることで、プロジェクトの完了予定時間を守るために必要な日程と、プロジェクトを完了させるために最も余裕のない経路（クリティカルパス）を明らかにします。クリティカルパスの作業が遅れると、プロジェクト全体の日程が遅延するため、クリティカルパスの作業を重点的に管理することが重要になります。

　アローダイヤグラムの作成には、次の構成要素が使用されます。

【2 - 5 - 1　アローダイヤグラムの構成要素】

記号	名称	説明
$\xrightarrow[\text{4日}]{A}$	アクティビティ	個々の作業を表します。上段に作業名、下段に所要時間を記入します。
①	ノード（結合点）	作業の開始点、終了点を表します。
- - - - - - - ▶	ダミー作業	作業の先行関係だけを表します。つまり、所要時間は０となります。

　アローダイヤグラムの作成手順は次の通りです。
⑴　プロジェクトを構成する各作業の先行関係と所要時間をまとめた表を作成します。
⑵　それらをアローダイヤグラムの構成要素を使用したネットワーク図として表します。
⑶　各アクティビティに所要時間を入れます。
⑷　最早結合点時刻を記入します。

2
生産の設計・計画

(5) 最遅結合点時刻を記入します。

(6) クリティカルパスを確認します。

【2-5-2 アローダイヤグラムの例】

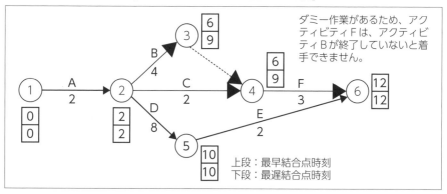

上記の(1)～(3)の手順を踏まえることで、クリティカルパスを確認することができます。図表2-5-2の例では、A→D→Eがクリティカルパスとなります。

♂ Keyword

▶ 最早結合点時刻
　作業を最も早く開始できる日付を表します。

▶ 最遅結合点時刻
　作業を最も遅く開始できる日付を表します。最遅結合点時刻より開始が遅れると、全体の作業完了が遅れることになるため、この日までに作業を開始する必要があります。

2　CPM（Critical Path Method）

　CPMとは、費用を投入して時間短縮を図ることを前提に、プロジェクトを構成する各作業の中から、投入した費用に対して時間短縮効果が最も高い作業を抽出する方法のことをいいます。CPMでは、クリティカルパス上の各アクティビティに対し、短縮可能時間と、必要となる費用を求め、その関係を表した費用勾配を求めます。費用勾配が最小となるアクティビティに費用を投入することで、期待されるスケジュールを導きます。

3 PERTとCPMを使用した日程短縮の手順

PERTとCPMを使用してプロジェクトの日程短縮を行う手順は次の通りです。

(1) PERTでプロジェクトのクリティカルパスを求めます。

(2) クリティカルパス上の各作業に対して、費用勾配を求めます。

(3) 費用勾配の最も小さい作業に着目して、費用をかけることによってプロジェクトの日程を短縮する方法を検討します。

費用勾配が小さいということは、かける費用に対して、日程の短縮効果が大きいということを表します。CPMでは、所定の費用内において、費用勾配が最小となるアクティビティを選出して日程の短縮を繰り返すことで、最終的なスケジュールを求めます。

【2-5-3 CPMの例】

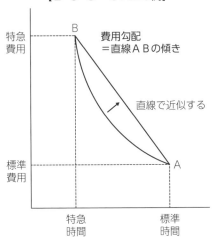

過去問 トライアル解答 **エ**

受注したジョブは、7つの作業要素A～Gをもっている。各要素の作業時間と作業要素間の先行関係が下表に与えられている。このジョブの最短処理時間に最も近いものを下記の解答群から選べ。

作業要素	作業時間	先行作業
A	6	
B	5	
C	4	A
D	3	A
E	5	B
F	3	C
G	2	D, E

〔解答群〕

ア　11

イ　12

ウ　13

エ　14

⇒ウ

▶ アローダイヤグラムに関する問題である。アローダイヤグラムは、プロジェクト・ネットワーク図の代表的な表記法で、各作業（アクティビティ）をアロー（→線）で、その両端をノード（○印：結合点、イベント）で示している。作業の順序や依存関係を左から右へのネットワーク図とし、ノードの○印の番号を結合点番号という。

　クリティカルパスとは「プロジェクトの所要日数を決定する作業の列」（JIS Z 8141-3317）のことで、最初のイベントから最終イベントまでの最長となる連続経路である。これによりプロジェクトに要する期間が決定され、クリティカルパス上の遅延は、プロジェクト全体の遅延に直結することを意味する。与件文の表に示す作業時間と作業要素間の先行関係から、アローダイヤグラムを作成すると次ページのようになる。なお、各作業のアルファベットと数値は、それぞれの作業要素名と作業時間数を示す。

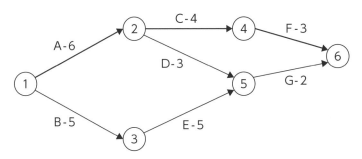

　この結果、クリティカルパスは、A→C→Fの順序で、その所要時間（最短処理時間）は、それぞれの所要時間の合計で、13時間（6＋4＋3）となる。

　よって、ウが正解となる。

6 生産計画と生産統制
需要予測

学習事項 需要予測の対象期間，移動平均法，指数平滑法，線形計画法

このテーマの要点

ＫＫＤに頼らない需要予測手法を学ぼう！

需要予測とは、ある製品がいつ頃、どれくらい注文が入るかを前もって推測することをいいます。「1－3 受注生産と見込生産」でも学習したように、特に見込生産において需要予測は大変重要な位置付けとなります。受注生産では、見込生産に比べて需要予測の必要性は低くなるものの、需要動向の把握を行うという観点では必要なものとなります。

需要予測の精度が低くなると、欠品や納期遅れを起こし、見込生産では大量の在庫を抱えるなど、経営の安定性が損なわれるおそれがあります。

<需要予測の方法と特徴>

方法	特徴
単純移動平均法	需要変動の少ない商品の需要予測に用います
加重移動平均法	最近の販売データの影響を強く受けるため、最近の動きに敏感に反応します
指数平滑法	少ないデータで予測できるため、短期予測に向いています
線形計画法	1次式で最適解を求める方法で、シンプレックス法や図解法があります
Ｚチャート	売れ筋や死に筋が判断でき、多方面で用いられます

需要予測については、ＫＫＤ（勘、経験、度胸）で行うのではなく、科学的根拠に基づいた分析を行うことが必要です。

本テーマでは、需要予測の代表的な方法として、単純移動平均法、加重移動平均法、指数平滑法、線形計画法、Ｚチャートについて学習します。これらの需要予測方法は、それぞれの特徴をおさえて、状況によって使い分けることが重要になります。

過去問 トライアル	平成24年度　第13問
	時系列データによる需要予測
類題の状況	R05-Q12(再)　R03-Q8　R02-Q9　R02-Q12　R02-Q35 R01-Q8　H30-Q12　H29-Q34　H27-Q9　H25-Q10 H21-Q13　H19-Q18　H17-Q10

過去の需要量の時系列データを用いる需要予測法に関する記述として、<u>最も不適切なものはどれか。</u>

ア 移動平均法では、データが過去にさかのぼるほど、その重みが増加する。
イ 移動平均法の予測精度は、用いるデータの数に影響される。
ウ 指数平滑法では、データが過去にさかのぼるほど、その重みが減少する。
エ 指数平滑法の予測誤差は、平滑化定数の値に影響される。

1 需要予測の対象期間

需要予測は、予測期間の長さによって、長期、中期、短期に分けることができます。
(1) **長期計画**：工場の新設などの設備能力などの決定に利用
(2) **中期計画**：人員計画、生産計画、在庫計画などに利用
(3) **短期計画**：店舗での仕入れ量、工場での生産量に利用

2 移動平均法

移動平均法とは、過去の任意の個数の観測値を用いて需要の予測量を計算する方法です。新しい観測値が得られるたびに、最も古い観測値を除去して新しい観測値を追加したものを使用して、新しい平均を計算します。移動平均法には、単純移動平均法と加重移動平均法があります。

❶単純移動平均法

単純移動平均法は、個々の観測値の平均値を求める方法です。

【単純移動平均法の計算例】
　時系列のデータとして12、17、22、12の4期分の実測値がある。この4期分のデータをもとにして、単純移動平均法を用いて5期目の予測値を求めると、下記のようになる。
　　5期目の予測値＝(12＋17＋22＋12)÷4＝15.75

❷加重移動平均法

加重移動平均法は、個々の観測値に異なる「重み」を与えて平均値を求める方法です。

【加重移動平均法の計算例】
　時系列のデータとして12、17、22、12の4期分の実測値がある。この4期分のデータをもとにして、加重移動平均法を用いて5期目の予測値を求めると、下記のようになる。なお、重みは、1期目を0.1、2期目を0.3、3期目を0.5、4期目を1.0とする。
　　5期目の予測値＝(12×0.1＋17×0.3＋22×0.5＋12×1.0)
　　　　　　　　　÷(0.1＋0.3＋0.5＋1.0)
　　　　　　　　≒15.42

▶ **Zチャート**

　Zチャートは、①各月の売上、②売上累計、③当月を含む過去1年の売上累計（移動年計）の3つのグラフを描くものです。3つのグラフが必ず2点でつながり、Zの形になることからZチャートと呼ばれます。売上に季節変動がある場合でも、中長期的に売上が伸びているのか、落ちているのかを分析できます。

【2-6-1　Zチャートの例】

(売上が伸びている場合)

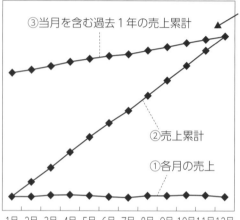

売上が伸びる場合、
右上がりのグラフとなります

(売上が落ちている場合)

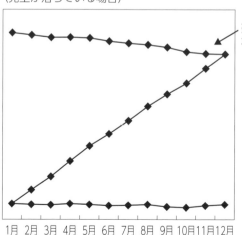

売上が落ちる場合、
右下がりのグラフとなります

3 指数平滑法

　指数平滑法は、観測値が古くなるにつれて指数的に「重み」を減少させる移動平均法のことをいいます。つまり、得られた過去データのうち、より新しいデータに大きなウェイトを置き、過去になるほど小さな（指数関数的に減少する）ウェイトを掛けて移動平均を算出することで、新しい観測値が古い観測値に比べてより重みが大きくなるように計算する方法です。

　F_t を t 期の予測値、Y_t を観測値とすると、t ＋ 1 期の予測値は下記の式で表されます。

　$F_{t+1} = F_t + \alpha (Y_t - F_t)$ 　　　　　α：平滑化定数（$0 < \alpha < 1$）

　この式の特徴として、平滑化定数 α が大きくなるほど、予測値の変動も大きくなります。一般的に、需要が不安定な場合は α の値を大きくし、需要が安定している場合は α の値を小さく設定します。

【指数平滑法の計算例】

　前年の売上予測は180億円、実際の売上高は200億円だった。指数平滑法を用いて、今年の売上予測を求めよ。なお、平滑化定数は0.8とする。

　　売上予測値＝180＋0.8（200－180）＝196（億円）

● OnePoint 　**指数平滑法**

　指数平滑法において、「αの値を大きくする」とは前回の実績値に近づけることを、「αの値を小さくする」とは予測値に近づけることを意味します。需要が不安定な場合は、予測値にブレが生じることを考慮し、実績値に基づいた需要予測（αの値を大きくして計算）を行います。

---

4 線形計画法

　線形計画法とは、目的関数と制約条件を数式で表し、その条件下で目的関数を最大化、または最小化する解を求める方法です。この手法は、限りある資源を最大限活用する場合や、費用を最小にして目的を達成する場合に使用します。目的関数と制約条件が 1 次式で表される最適化問題を線形計画問題といいます。解法には、シンプレックス法、図解法などがあります。

過去問 トライアル解答　**ア**

☑チェック問題

指数平滑法を用いて需要予測を行う場合、平滑化定数が1に近くなるほど、前期の実績値が重視される。　　　　　　　　　　　　　　　　　⇒○

▶　設問にある通り、平滑化定数が1に近くなるほど前期の実績値が重視され、反対に0に近くなるほど前期の予測値が重視される。

製品の設計・開発とＶＥ

製品の設計・開発とＶＥ

学 習 事 項 ＶＥ，基本機能（一次機能），補助機能（二次機能），貴重機能（魅力機能）

このテーマの要点

企業が製品を開発する一連のプロセスを学ぼう

　ある製品を開発して市場に投入すると、一時は販売が順調に推移したとしても、顧客ニーズの変化や代替品の存在、新技術の開発などにより、いつかは売れなくなります。このように、製品には製品ライフサイクルと呼ばれるサイクルが存在します。

　企業は、顧客からの満足を得るために、新たな製品を企画し、設計・開発・製造を継続的に行う必要があります。また、ＶＥ（Value Engineering：価値工学）という概念を用いて製品の価

＜製品開発・設計のプロセスとサイクル＞

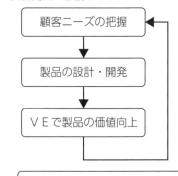

値を分析し、その価値をより一層高める取り組みを行う必要があります。

　本テーマでは、製品開発を行う場合に行われる、ＶＥおよび製品開発・設計について学習します。

過去問 トライアル	平成25年度　第4問
	ＶＥ
類題の状況	R05-Q3　R05-Q16(再)　R04-Q3　H29-Q3　H28-Q4　H27-Q6 H26-Q3　H26-Q5　H22-Q4　H22-Q5　H21-Q8　H20-Q13 H20-Q14　H19-Q3　H18-Q4　H18-Q12

　ＶＥに関する記述として、最も適切なものはどれか。

ア　対象物の価値は、対象物の$\dfrac{コスト}{機能}$でとらえられる。

イ　対象物の機能を金額で評価するときは、その構成部品の合計購入金額が用いられる。

ウ　対象物の機能を整理するときに用いる機能体系図（機能系統図）は、機能を特性と要因に分け、相互の関係を階層化して示した図である。

エ 対象物の機能を定義するときは、名詞と動詞を用いて、「○○を○○する」の
ように記述する。

1 ＶＥ (Value Engineering)

ＶＥは、必要な機能を最小限のコストで得るために、機能とコストの割合を評価
し、設計仕様や製造方法の変更を行うことで製品価値を高め、相対的にコスト削減
を図る、という分析・検討手法です。

ＶＥは、ＶＡ (Value Analysis) という製品やサービスの価値に対するコスト寄
与率の分析、および機能向上を目的とした手法を、製品開発や設計段階にまで進展
させたものです。

① 価値の定義

ＶＥでは、価値は次のように定義されます。

価値(Value) ＝機能(Function) ÷コスト (Cost)

価値の高め方として、同じ機能を維持してコストを下げるか、機能を高めるがコ
ストは変えないなどの方法があります。なお、ＶＥでは、コストを機能以上に下げて、
価値を向上するという考え方は採用しません。

② ＶＥの機能と定義

ＶＥでは、機能を下図のように分類しています。

機能の性質 からみた分類	使用機能とは製品やサービスの使用目的にかかわる機能をいう。貴重機能（魅力機能）とは製品の趣向やデザインなど、使用者に魅力を感じさせる機能をいう。
機能の重要度 からみた分類	基本機能（一次機能）とは本来の使用用途を示し、存在価値となりうる機能をいう。補助機能（二次機能）とは基本機能を補助する、付属的・補完的機能をいう。
機能の必要性 からみた分類	必要機能とは使用者や顧客が必要とする機能をいう。不必要機能は製品やサービスの補助機能に発生する場合が圧倒的に多い。

＜機能の分類＞

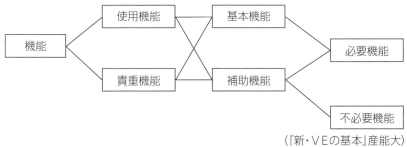

（『新・ＶＥの基本』産能大）

ハサミを例にとると、「紙を切る」は基本機能、「ハサミを握りやすくする」は補助機能、「ハサミのデザインを良くする」は貴重機能となります。

　また、機能を定義するにあたっては、いくつかの留意点があります。以下に留意点を記載します。

(1)　名詞と動詞の2語で定義する

(2)　名詞部分は、改善案の評価基準を明確にするため、できるだけ定量的な定義を行う

(3)　動詞部分は、できるだけアイデアに広がりが持てる動詞を用いる

(4)　機能と制約条件の区別を行う

❸ VEのコストの定義

　VEのコストの考え方は、製造にかかわるコストだけでなく、開発・販売・回収・廃棄に至るまでの、製品ライフサイクルのあらゆる場面で発生する費用を考慮したものです。

2　製品開発

　製品開発とは、「顧客ニーズの変化、生産者の技術向上、地球環境への対応などを動機として新たな製品を企画し、その製品化を図る活動」（JIS Z 8141-3101）のことです。企業は、変化する顧客ニーズに対応した製品を企画し、自社の標準仕様の部品等をベースに買い手（顧客）の要求に合うように開発することが重要になります。

3　製品設計

❶ 製品設計

　製品設計とは、「期待する製品の性能を発揮させるために、構成部品の機能・形状とそれらの関連を決める活動」（JIS Z 8141-3108）のことです。製品設計では、製品仕様に基づいて、構造・形状を定め、構成要素となる各部品の関係性を明確にします。製品設計の良し悪しが、品質・原価・納期に大きく影響するため、設計の標準化、情報システムの導入による迅速な設計の実現、関係者を集めたデザインレビューなどの活動が重要となります。

❷ 機能設計

　機能設計とは、「期待する製品の性能を発揮するのに必要な機能とそれらの関連を求め、各機能を実現させる構造を求める活動、またはその構造図」（JIS Z 8141-3109）のことです。機能設計では、VEの項で記載した基本機能や補助機能を明確にし、それらを組み合わせ、顧客ニーズに合った機能を設計します。

❸ 生産設計

生産設計とは「機能設計の内容について、生産に対する容易性・経済性などを考慮して設計する活動、またはその設計図」（JIS Z 8141-3110）のことです。製品設計で行った製品技術面の設計が最大限有効となるよう、各生産工程における作業内容、設備などを最適化することが重要です。

【2-7-1　製品企画から設計に至るまでのイメージ】

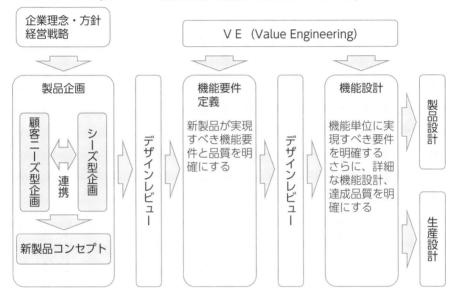

2　生産の設計・計画

⚷ Keyword

▶　**組立容易性**

　製品を組み立てる際の作業の容易さのことです。組立容易性を追求することで、生産時のコスト削減が図れ、価値向上につながります。

▶　**コンジョイント分析**

　商品企画に際し、機能をバランスよく選択することで顧客満足を最適化する方法論です。顧客から、すべての機能が揃っていて低価格なものがいいといった実現不可能な意見が出た場合に、価格や機能面の関連性から、どの要素の組み合わせであれば、顧客が評価・納得するかを分析します。この結果を踏まえて、製品開発や機能設計に活用します。

▶ デザインイン

「製品の企画・設計をする際に、研究・開発部門や製造および外注購買部門と協議し、製品開発期間の短縮、製品原価の低減などを図る活動」（JIS Z 8141-3103）です。

▶ デザインレビュー

新製品の設計のできばえを評価・確認するための方法の１つで、主に、①構想（または概念）設計段階、②基本設計段階、③詳細設計（製品設計）段階に分けて行います。

▶ フールプルーフ

利用者が誤った操作をしても危険な動きをしないよう設計の段階で対策を行うことです。電子レンジを、扉を閉めなければ加熱できないようにする設計がフールプルーフの例です。

▶ フェールセーフ

システムや装置に誤作動・誤操作が発生した場合に、常に安全側に制御することです。停電時に遮断機が下りた状態となる踏切などがフェールセーフの例です。

▶ ユニバーサルデザイン

年齢、性別、国籍、個人の障碍・能力の有無にかかわらず、可能な限り誰でもが利用できるように、製品やサービス、施設の設計（デザイン）を工夫することです。

過去問 トライアル解答 ▶ **エ**

☑チェック問題

製品開発段階では、製品に要求される製品機能、性能、品質を満たすだけでなく、製造工程の生産性向上、製品欠陥への消費者の保護、地球環境負荷の低減など製品開発後を強く意識した製品設計が求められる。 ⇒○

MEMO

資材管理
8 資材管理の概要と需給計画

学習事項 資材標準化，MRP（資材所要量計画），部品（構成）表

このテーマの要点

資材管理は、収益向上と安定操業に貢献する！

資材管理とは、生産計画に基づいて、所定の品質の資材を、必要なときに、必要な量だけ、適正な価格で調達し、要求元にタイムリーに提供する活動のことです。

資材管理を適切に行うことで、過剰な資材の購入を抑止することができ、材料費の引き下げ効果、および在庫削減に伴うキャッシュフロー改善などの財務面に対する効果を得ることができ、収益向上につながります。また、品質の安定化や不良品の削減、客先が要求する納期への対応を可能とするなど、生産面に対する効果を得ることができ、工場の安定操業に貢献します。

そのためには、生産に必要な材料や構成部品の必要量と必要時期を把握し、漏れなく効率的に手配する需給計画の立案が重要となります。

＜資材管理＞

生産計画 → 資材管理

資材管理 →
- 資材計画
- 購買管理
- 外注管理
- 在庫管理
- 倉庫管理
- 物流管理

＜主な機能＞
・適正な購買
　⇒タイミング
　⇒量
　⇒価格
・要求元にタイムリーに提示

過去問トライアル	平成17年度　第1問（改題） 生産計画システム
類題の状況	R05-Q7　R04-Q6　R03-09　R01-Q7　H28-Q9　H23-Q9 H18-Q18

生産計画システムに関する次の記述のうち、<u>最も不適切なもの</u>はどれか。

ア マスタープロダクションスケジュール（MPS：Master Production Schedule）は、最終製品やサービスパーツなどの必要量・時期を、ある単位時間ごとに立案した生産計画のことである。

イ 資材所要量計画（MRP：Material Requirements Planning）は、個々の部品や原材料の生産量や購入量とその必要時期を決定する。

ウ 部品構成表（BOM：Bill of Materials）は、製品のタイプ、ファミリー、アイ

テムの関係を示したものである。

エ　製造資源計画（MRPⅡ：Material Requirements PlanningⅡ）とは、MRPだけではなく、要員、設備といった資源も管理対象として、製造・購買などの製造企業の活動を計画し、管理する概念と技法のことである。

1 資材管理の概要と資材標準化

　資材管理は、生産活動に必要となる資材の調達から部品・製品の払い出しを行う際、適正な質・量の資材を、最適なタイミングで提供することで生産効率を高め、収益を確保する活動のことです。

　さらに、資材標準化を図り、資材の種類を限定することで、管理する資材量を削減することができます。資材標準化による効果を下記に示します。

- **財務面における効果**：管理在庫数削減による発注費・管理費の引き下げ
- **生産面における効果**：資材数・種類削減による品質の安定、不良品率の低下、標準資材備蓄による短納期対応の実現

　過度の資材標準化は変化に対する硬直性を生み、技術改善の停滞を生む可能性があります。

2 需給計画とMRP（Material Requirements Planning：資材所要量計画）

　需給計画では、生産に必要な材料や構成部品の必要量を必要時期に、漏れなく効率的に手配する必要があります。生産計画情報、部品（構成）表、在庫情報をもとに、最終製品の構成要素となる資材の必要量と必要時期を求めるシステムがMRPです。MRPの算出結果に基づき、資材の調達指示を行います。

① 総所要量計算

　最終製品を構成する部品の総所要量を、部品表に基づいて算出します。

② 正味所要量計算

　各部品の在庫、および発注残情報と、算出した部品の総所要量を比較し、不足している部品の種類と不足量を算出します。

③ 発注量計算

　各部品に定められた発注単位（ロットサイズ情報）に準じ、各部品の発注量を算出します。

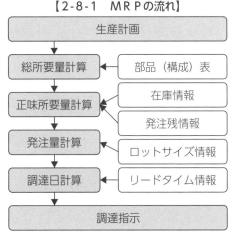

【2-8-1　MRPの流れ】

④調達日計算

各部品の調達リードタイムに基づき、調達手配を行う日にちを求めます。

MRPでは、人・材料が有限であることを考慮していません。そのため、生産能力の計画を考慮に入れたクローズド・ループMRP、さらには財務機能を追加したMRPⅡに発展しています。

3 部品（構成）表（BOM：Bill of Materials）

部品（構成）表とは、JIS生産管理用語では、「各部品（製品も含む）を生産するのに必要な子部品の種類と数量を示すリスト」（JIS Z 8141-3307）と定義されています。部品、あるいは製品が必要とする、材料・子部品の所要量をまとめたもので、MRPにおいて総所要量計算を行う際に参照します。

①サマリー型部品表

各部品（製品も含む）を構成する材料・子部品の総所要量を、一階層に表現した部品（構成）表です。

【2-8-2　サマリー型部品表】

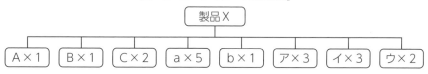

②ストラクチャー型部品表

製造の各工程における組立構成を考慮した上で、部品の親子関係を明示して多階層（ツリー状）に表現した部品（構成）表です。

【2-8-3　ストラクチャー型部品表】

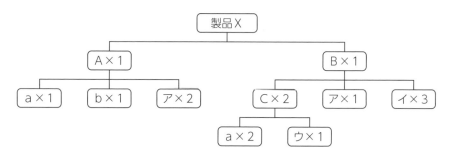

過去問 トライアル解答　➡　ウ

☑チェック問題

　最終製品 XとYの部品構成表が下図に与えられている。（　）内の数は親に対して必要な部品の個数を示している。製品 X を10個、製品 Y を 5 個生産するのに必要な部品 e の数量に最も近いものを下記の解答群から選べ。

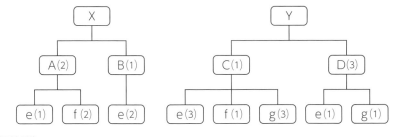

〔解答群〕

ア　50　　　イ　60　　　ウ　70　　　エ　80

⇒ウ

▶　親子関係のストラクチャー型部品表によって、最終製品に必要な構成部品の数量を求めるもので、（　）内の数値は、上位部品 1 個に必要な部品数である。本問では、Xを 1 個生産するのに必要な e の個数は、4 個 {（2×1）＋（1×2）}、Yを 1 個生産するのに必要な e の個数は、6 個 {（1×3）＋（3×1）}である。

　したがって、Xが10個とY が 5 個では70個 {（10×4）＋（5×6）} となる。
よって、ウが正解である。

第2分野　生産の設計・計画

在庫管理・購買管理

9 定量発注方式

学 習 事 項 在庫管理の概要，定量発注方式，経済的発注量

このテーマの要点

在庫管理は、経営効率改善に大きな役割を果たす！

在庫管理とは、個々の資材品目ごとに、生産状況、出荷動向に合わせて適正な在庫量を保持するために行う管理のことです。欠品を防ぐことで売上機会ロスの最小化を図るとともに、過剰在庫を防ぐことで生産コストや保管コストを削減して供給コストの最小化を図り、経営効率の改善につなげます。かつては将来の売上につながる「価値ある財産」であった在庫は、顧客ニーズの多様化が進むにつれ、商品の多品種化、ライフサイクルの短縮化が進み、長く持て

＜在庫に対する認識の変化＞

以前の認識

在庫＝財産

現物管理中心、多いほどよい

現在の認識

在庫＝ムダに持つと損失を招く

数量管理が重要

ば持つほど「損失を招く」存在へと変わってきています。したがって、ムダな在庫を持たず、かつ極力欠品を出さないよう、管理をしていくことが在庫管理の課題となります。

企業は、取り扱う資材の重要度に応じて様々な発注方式を採用しています。代表的な発注方式に、定量発注方式と定期発注方式があります。定量発注方式は、運用・管理が容易である一方、需要変動が激しい資材への対応が困難であるため、一般的には比較的重要度の低い資材に対する発注方式として用いています。

過去問トライアル	平成25年度　第33問
	定量発注方式における発注点と発注量
類題の状況	R05-Q11　R05-Q31　R05-Q8(再)　R05-Q31(再)　R04-Q10 R03-Q12　R03-Q32　R02-Q13　R02-Q34　R01-Q10 R01-Q33　H30-Q13　H30-Q31　H29-Q12　H29-Q19 H29-Q33　H28-Q33　H27-Q11　H26-Q12　H24-Q10 H24-Q36　H22-Q11　H22-Q13　H20-Q20　H19-Q16

ある物流センターにおいて、比較的需要が安定した商品を定量発注方式で在庫補

充している。定量発注方式では、手持在庫量が発注点を下回った際に、あらかじめ決めた発注量で補充するが、発注点と発注量の考え方に関する記述として、最も適切なものはどれか。

ア　適切に発注量を設定することにより年間在庫総費用を抑えることができる。
イ　発注点と発注量は一度決めても定期的に見直さなければ手持在庫量が増加する。
ウ　発注点は平均在庫量に安全在庫を加えたものに決められることが多い。
エ　発注量を増やすと発注回数が減少し、手持在庫量は減少する。

1 在庫管理の概要

在庫管理は、企業が扱う資材、仕掛品、製品などの在庫を、適正な量だけ維持する活動のことです。

① 在庫過剰に伴う問題点

在庫管理費用の増加、換金性に乏しい在庫保持に伴うキャッシュフローの悪化、死蔵在庫（デッドストック）となりうる製品の製造費用・保管物流費用の増加

② 在庫不足に伴う問題点

製品の欠品による売上機会ロス、資材の欠品による生産リードタイムの長期化

2 定量発注方式

（不定期）定量発注方式は、在庫量が事前に定めた一定量（発注点）に到達した場合に、一定量を発注する方式です。発注時期を不定期とすることで需要変動に対応し、在庫数を一定の所要量内にとどめることができます。

【2-9-1　定量発注方式のメリット・デメリット】

メリット	・事前に決めた発注点に到達すれば所定量を発注するというシンプルな方法のため、運用・管理が容易であり、かつ、システム自動化への対応も容易となります。
デメリット	・売れ行きが好調であっても不調であっても入庫量は一定であるため、欠品や過剰在庫が発生しやすく、なおかつ過剰在庫に気づきにくくなります。 ・需要変動への対応が難しいため、調達期間の長いものには不向きです。

【2-9-2　定量発注方式】

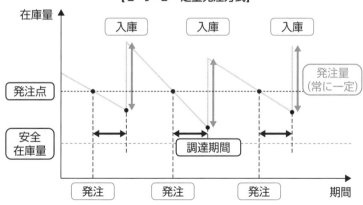

❶ 発注点

　定量発注方式における発注点は、調達期間中の推定需要量と安全在庫量の和として求めることができます。

　　発注点＝対象期間の平均需要量×調達期間＋安全在庫量

❷ 安全在庫量

　安全在庫は、需要のバラツキによる欠品を回避するために保持する在庫です。安全在庫量は、品切れが発生する確率を考慮し、統計的に求めます。

　　安全在庫量＝安全係数×$\sqrt{\text{調達期間×使用量の標準偏差}}$

　※　安全係数は、調達期間中の払い出し量を正規分布とみなし、許容できる品切れ確率から決定します。

● OnePoint　**定量発注方式の特徴**

　定量発注方式において、上記の図表と計算式から、以下を導き出すことができます。

　　例：発注点を高くすると、品切れが起こりにくい

　　例：調達期間を長くすると、発注点が高くなる

　一次試験では、上記のような観点で問われることが多く、図表や計算式からどのような特徴があるのかを捉えておくことが有効です。

3　経済的発注量（EOQ：Economic Order Quantity）

　企業に発生する在庫費用は、資材を発注するために必要な発注費用と、在庫を管理する在庫費用から成り立ちます。発注費用を減らして1回当たりの発注数量を大きくすれば在庫費用が増大します。逆に在庫費用を減らすと、発注回数が増えて発

注費用が増大します。トレードオフの関係にある発注費用と在庫費用の総計を最も小さくする発注量を経済的発注量といいます。

【2-9-3　経済的発注量】

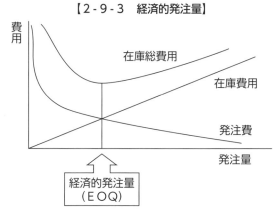

① **年間発注費用**

発注時に発生する人件費や通信費、事務処理費用などの経費のことです。

年間発注費用＝1回当たりの発注費用×(年間消費量÷1回当たりの発注量)

② **年間在庫費用**

在庫に応じてかかる金利や管理費用、倉庫費用のことです。

年間在庫費用＝1回当たりの発注量÷2×単価×在庫の保管費用比率

経済的発注量は、一定期間の必要量に対し、いつ何個ずつ調達すれば最も経済的であるかを明らかにすることが目的です。結果的に、ある一定期間の発注量と発注期間が決定されることとなり、「定期定量発注方式」に該当する発注方式といえます。

上記の図の通り、「年間発注費用＝年間在庫費用」を満たす発注量が、経済的発注量(EOQ)となります。これを解くことで、経済的発注量は以下のように算出されます。

$$EOQ = \sqrt{\frac{2RS}{Pi}}$$

R：年間消費量
S：1回当たりの発注費用
P：商品の単価
i：在庫の保管費用比率

🗝 Keyword

▶ 常備品管理方式

材料、部品などを常備品として常に一定量を在庫として保持する方式です。単価が安く、機械的に消費される材料や共通部品などを対象とし、複棚法などによる発注方式を用い、管理の手間を省略します。

▶ 複棚法（2棚法、2ビン法、ダブルビン法)

定量発注方式の考え方の1つで、1つの資材を2つの入れ物で管理し、片方が空になった時点で入れ物分の容量を発注する方式です。

▶ 3棚法

定量発注方式の考え方の1つで、1つの資材を3つの棚に分けて管理する方式です。それぞれの棚に、安全在庫量・発注点・最大在庫に相当する数量を入れて管理します。2ビン法より、消費速度が速い資材に用います。

過去問 トライアル解答 ▶ **ア**

☑チェック問題

定量発注方式の発注点は、調達期間中の推定需要量と安全在庫量の和として求められる。 ⇒○

▶ 発注点＝調達期間中の推定需要量＋安全在庫量である。

在庫管理・購買管理
定期発注方式

学 習 事 項　定期発注方式，その他の発注方式

このテーマの要点

重要資材は、手間がかかる定期発注方式で！

定期発注方式は、定期的に在庫量や在庫消化率を精査し、精緻な需要予測に基づいて発注するため、手間とコストが発生します。そのため、取扱い金額、あるいは量が多い重要資材に対する発注方式として用いられます。欠品を回避するとともに、在庫を最小限にすることを目的とします。

資材の重要性の決定付けを行う方法としてABC分析があります。取扱い金額、あるいは量が多

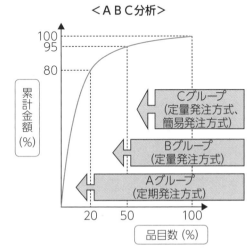

い資材を多い順番に並べ、A〜Cにグルーピングします。Aグループの資材は重点管理対象となり、定期発注方式を用いて綿密に管理します。

なお、Bグループ、CグループについてはAグループより管理レベルを落とします。発注方式についても、前テーマで学習した定量発注方式や2ビン法などの簡易発注方式を用い、管理コストを下げて対応します。

過去問トライアル	平成22年度　第13問（改題）定期発注方式
類題の状況	R04-Q12　R04-Q31　R02-Q13　R02-Q34　R01-Q33 H30-Q17(1)(2)　H28-Q33　H25-Q32　H24-Q10　H24-Q36 H21-Q14　H21-Q15　H20-Q20

定期発注方式を用いる在庫管理に関する記述として、**最も不適切なものはどれか**。

ア　定期発注方式の発注間隔は、取引先との関係や生産計画のサイクル、さらに経済性を考慮して決められる。

イ　定期発注方式は、あらかじめ定められた発注間隔で、発注の都度、発注量を決

めて発注する方式である。

ウ 定期発注方式における安全在庫量は、一般に、発注間隔が長くなると多くなる。

エ 定期発注方式では、発注頻度を減らすことで店頭在庫を圧縮することができる。

オ 定期発注方式では、発注から納品までのリードタイムを短くすることで、店頭在庫の品切れを防止することができる。

1 定期発注方式

定期（不定量）発注方式は、あらかじめ定められた発注間隔で、発注量を都度計算して発注する方式です。発注量を不定量とすることで需要変動に対応し、在庫数を一定の所要量内にとどめることができます。

【2-10-1　定期発注方式のメリット・デメリット】

メリット	・発注する都度発注量を計算するため、きめ細かな対応が可能で、管理精度を高めることができます。 ・需要変動や消費速度に合わせて発注量を変動できるので、柔軟な対応が可能です。
デメリット	・精緻な需要予測や生産状況との照合が必要となるため管理が煩雑になります。 ・発注サイクルや調達期間が長い資材に対しては、欠品に備えるために安全在庫を多く保持する必要が生じ、保管コストがかかります。

❶発注量計算

発注段階の考慮事項は、発注から次の発注まで（発注サイクル）の必要量と、発注日から入庫日（調達期間）までの必要量です。この発注サイクルと調達期間を足した期間を在庫調整期間と呼びます。定期発注方式では在庫調整期間の需要を予測し必要量を計算します。

発注量＝在庫調整期間中の予想消費量−(現在の在庫量＋発注残)＋安全在庫量

【2-10-2　定期発注方式】

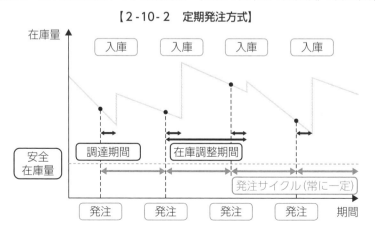

2　その他の発注方式

　定量発注方式、定期発注方式以外の、主な発注方式は下記の通りです。

①定期補充点方式

　定期不定量発注方式の1つで、あらかじめ定められた発注間隔で、定期的に、最大在庫量（補充点）までを発注する方式です。したがって、1回当たりの発注量は、補充点から有効在庫（現在の在庫＋発注残）を引いた量となります。

②発注点・補充点方式

　在庫量があらかじめ定められた水準（発注点）に減少したときに、最大在庫量（補充点）まで発注する方式です。発注量は、補充点から有効在庫を引いた量となります。発注点を s 、補充点を S として、（s, S）方式と呼ばれることもあります。また、s＝S－1とすると、1個でも払い出しがあればすぐにその分を補充する方式となり、（S－1, S）方式とも呼ばれています。

③定期発注点・補充点方式

　ある一定間隔で定期的に在庫調査を行い、有効在庫量が発注点を下回っている場合に、最大在庫量（補充点）から有効在庫を引いた量を発注する方式です。在庫調査間隔を T、発注点を s、補充点を S として、（s, S, T）方式と呼ばれることもあります。

🗝 Keyword

▶　発注残
　発注済みの状態ですが、まだ手元に届いていない在庫のことです。

▶　有効在庫
　手持在庫に加えて、発注残、および引当済の量を考慮した、実質利用可能な在庫量のことです。
　有効在庫 ＝ 手持在庫 － 引当量 ＋ 発注残

▶ 補充点

いわゆる最大在庫量のことです。発注時点の有効在庫量と発注量を足した在庫量を示します。

過去問 トライアル解答　**エ**

☑チェック問題

定期発注方式における発注量は、一般に、(調達期間＋発注間隔) 先までの払い出し量の予測値に安全在庫を加えて算出する。　　　　　　　　⇒×

▶ 定期発注方式における発注量としては、発注残と手持在庫量を考慮されないために過大となり不適切である。定期発注方式における発注量は、「発注間隔＋調達期間」中の需要推定量に対し安全在庫量を加え、発注残と手持在庫量を減算する必要がある。

在庫管理・購買管理
購買管理・外注管理

学習事項 購買管理, 外注管理

このテーマの要点

購買管理・外注管理はＱＣＤ向上に寄与する！

購買管理は、外部から適正な品質の資材を、必要な時期に、必要な量だけ、適正な価格で調達できるよう、管理することです。購買管理の機能は、自社内のみにとどまらず、購買品や購買先も管理の対象とし、品質、コスト、納期を適切に管理する必要があります。

外注とは、自社の設計仕様や納期に準じて、外部企業に部品加工または組立を委託することをいいます。さらに外注管理とは、品質、コスト、納期を考慮した上で、自社で製造するか外部

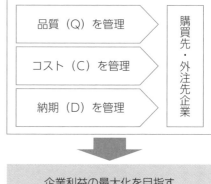

＜購買・外注管理とＱＣＤ＞

- 品質（Q）を管理
- コスト（C）を管理
- 納期（D）を管理

→ 購買先・外注先企業

企業利益の最大化を目指す

に委託するかを決定し、部品や半製品を外部から安定的に調達できるよう、管理することです。外注品の品質、コスト、外注先企業からの納入納期だけではなく、時には製造技術を指導するなど、適切に外注先企業を管理する必要があります。

購買管理・外注管理いずれも、ＱＣＤ向上を通して、企業利益向上に貢献する活動です。

過去問 トライアル	平成23年度　第11問
	外注管理の目的について
類題の状況	H29-Q11　H28-Q12　H20-Q19　H15-Q9

外注を利用する意義に関する記述として、<u>最も不適切なもの</u>はどれか。

ア　景気等による需要変動に対する安全弁として利用できる。

イ　社内製作に必要とされる生産設備や要員の固定費を削減できる。

ウ　垂直的分業によって、他社の生産技術や生産設備を利用できる。

エ　品質、コスト、納期、数量を容易に管理できる。

1 購買管理

　購買管理では、購買方針、購買計画を定め、的確な購入先を選定し、適正な品質の資材を、必要な時期に、必要な量だけ、適正な価格で調達するための管理を行います。

❶ 購買管理の5原則

「購買管理の5原則」と呼ばれる条件に準じて活動することで適正な購買管理を実現します。

- 適正な**取引先**を選定し、確保すること
- 適正な**品質**を確認し、確保すること　（Qの管理）
- 適正な**数量**を把握し、確保すること　（Dの管理）
- 適正な**納期**を設定し、確保すること　（Dの管理）
- 適正な**価格**を決定し、履行すること　（Cの管理）

❷ 購買方式

　購買方式は、商品を仕入れるタイミングや数量、価格の契約などによって分類されます。

【2-11-1　タイミングと量による分類】

当用買方式	必要に応じて都度購入する方式です。在庫リスクと保管コスト低減が可能ですが、入手困難な資材には適用が難しいという特徴があります。
長期契約方式	年間購入量を購入先企業と合意し、必要量を分納する方式です。単価引き下げ、在庫保管費用の低減、納期遅延リスクの回避が可能です。需要予測の精度向上が課題となります。

　当用買方式、長期契約方式のほか、在庫管理で学習した定期発注方式、定量発注方式があります。

【2-11-2　価格の契約による分類】

競争入札方式	複数企業の入札による方式です。低価格での購入が可能となります。
相見積方式	複数企業からの見積もりを比較する方式です。低価格での購入が可能となります。
随意契約方式	限定された購入先企業と都度交渉して価格を決定する方式です。

2 外注管理

❶ 内外作区分（内外製区分）

　内外作区分は、自社の内作（内製）にするか、外作（外製・外注）にするかを決める判断区分です。自社で行うより有利であると判定した場合、外注を利用することとなります。判断ポイントの例として、以下があります。

- 外注利用のメリットを活かしてQCD向上につなげることができる
- 外注企業の設備・技術が有効活用できる
- ノウハウの漏洩リスクがない
- 自社で技術蓄積が不要である分野である
- 販売見通しの不確実性が高く、自社で資源を確保するリスクが大きい

❷外注の要件

　外注の要件として、自社技術・生産能力不足を補完し、要求品質を満足し、コスト効率がよいことが挙げられています。外注管理では適切な外注先を選定して、委託製造品のQCDを管理するとともに、外注先が持つ技術や生産能力などの資源の有効活用を図ります。

【2-11-3　外注利用のメリットと留意点】

メリット	・自社にない、外部専門技術を活用できる ・自社より安価に製造が可能である場合、原価を低減できる ・受注量の変動に合わせ、生産能力の調整ができる
留意点	・製品の設計仕様などのノウハウや機密情報が漏洩するリスクがある ・外注した分野の加工・組立技術を自社内に蓄積することができない

⚷ Keyword

▶　購買計画

　購買方針、生産計画に基づいて、購入する品目、数量、納期、予算を決める活動です。

▶　アウトソーシング

　業務の一部を、外部の専門企業のノウハウ・知識を活用するために外部委託することです。外注とほぼ同意です。

▶　ファブレス

　製造設備を持たない製造業のことです。設計や販売に機能を特化して固定費削減を行い、タイムリーに製品を生産することが可能となります。

▶　OEM

　相手先ブランドの製品を製造する方式のことです。知名度がなくても一定量の販売ルートを確保することができ、製造量を安定化させることができる、というメリットがあります。

過去問　トライアル解答　　エ

☑チェック問題

購買管理の5原則には、「適正な購入先から購入する」が含まれる。　　⇒○

▶　購買管理の5原則は、①最も適した品質のものを、②適正な数量だけ、③必要な時期に、④適正な価格で、⑤適正な購入先から購入することである。

第 **3** 分野

生産のオペレーション

生産のオペレーション

1 各テーマの関連

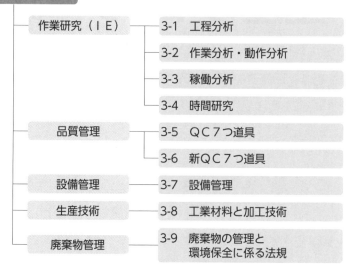

```
生産管理
  └ 生産のオペレーション
        ├ 作業研究（IE）───── 3-1  工程分析
        │                   3-2  作業分析・動作分析
        │                   3-3  稼働分析
        │                   3-4  時間研究
        ├ 品質管理 ───────── 3-5  QC7つ道具
        │                   3-6  新QC7つ道具
        ├ 設備管理 ───────── 3-7  設備管理
        ├ 生産技術 ───────── 3-8  工業材料と加工技術
        └ 廃棄物管理 ─────── 3-9  廃棄物の管理と
                               環境保全に係る法規
```

　生産のオペレーションの分野では、生産の設計・計画で学んだ製品開発・設計手法を踏まえた上で、製造プロセスに焦点を置いて学習します。作業研究（IE）では、「3-1　工程分析」、「3-2　作業分析・動作分析」において作業者や機械の能率・効率向上の手法を、「3-3　稼働分析」、「3-4　時間研究」において標準時間の設定手法を学習します。いずれも工場における作業者や機械の動作・稼働、あるいは資材・製品の流れに着目し、徹底して「ムダ・ムリ・ムラ」を省くことで製造プロセスの効率性向上を図ることを目的としています。

　品質管理は、生産管理概論で学んだQCDの‘Q’（Quality）そのものであり、製品やサービスを一定以上の水準に保つために行う管理活動です。企業が行う総合品質管理の一環として、経営層が行うトップダウン的な品質活動と合わせて、QCサー

クルなどのボトムアップ的なアプローチの際に用いる「3－5　ＱＣ7つ道具」、「3－6　新ＱＣ7つ道具」などの品質管理手法を学習します。特に、新ＱＣ7つ道具は製造プロセスにとどまらず、上流である企画・開発プロセスなどにも有効な手法として活用されています。

　設備管理では、製造プロセスに不可欠な機械設備に対する管理手法を学びます。設備保全、および設備の効率的利用が、生産活動やＱＣＤに与える影響について、意識しながら学習していくとよいでしょう。

　生産技術では、「3－8　工業材料と加工技術」を学びます。製造工程で用いられる工業材料と加工技術に触れることで、製造工程の各作業を具体的にイメージできると知識定着が図れます。廃棄物管理では、「3－9　廃棄物の管理と環境保全に係る法規」において、製品のライフサイクルと、ライフサイクルの各段階で関連する環境保全法規について学習します。

2　出題傾向の分析と対策

① 出題傾向

#	テーマ	H26	H27	H28	H29	H30	R01	R02	R03	R04	R05
3-1	工程分析	3		1	2	1	2	1		1	3
3-2	作業分析・動作分析		2	1			1	1	1		
3-3	稼働分析			2	1		1		1		
3-4	時間研究	1	1	1	3		3	2	2		2
3-5	ＱＣ7つ道具				1	1	1	1		2	1
3-6	新ＱＣ7つ道具			1	1						1
3-7	設備管理	1		1		1	2	2		3	1
3-8	工業材料と加工技術			1			1	1			
3-9	廃棄物の管理と環境保全に係る法規			1			1	1	2		3

② 対策

　作業研究は、生産管理における頻出分野であり、毎年2～4問程度の出題が行われています。作業研究は多くの受験生とってなじみが薄く、学習に苦労する分野と思われますが、1次試験で問われる内容は平易なことが多く、当分野に習熟した受験生にとっては得点を確保しやすい分野ともいうことができるでしょう。

　品質管理からは、ほぼ毎年1～2問が出題されています。過去の出題履歴を見ると、ＱＣ7つ道具からの出題が多く、新ＱＣ7つ道具と合わせて各手法とその内容

について理解を深めましょう。また、近年はＴＱＭ（Total Quality Management）に関する出題が増えている傾向にあります。ＴＱＭに関する出題は、難度が高くなる傾向があるため、ＴＱＭの概要を習得した上で、問題文から解答を類推しながら正答を導くような対応が有効です。

　設備管理からは、ほぼ毎年１～２問が出題されています。特に近年では、設備保全と設備故障の関係性が問われており、体系化された知識が求められています。設備保全内容を習得した上で、具体的にＱＣＤにどのように貢献するか、などを意識しながら学習すると、学習効果が上がります。

　生産技術・廃棄物管理の分野からは、それぞれ数年に１問程度の出題が行われてきましたが、近年は産業廃棄物管理分野は毎年出題されています。多岐にわたる範囲の中で、かなり深い内容が問われることもあり、出題内容によっては‘捨て問題’として割り切る必要もあります。学習にあたっては、基礎的な知識の習得に注力し、基礎的な問題であれば確実に得点できるように対応することが効果的です。なお、生産技術の分野で学ぶ各加工技術（切削、研磨など）の基礎的な知識を習得すると、２次試験の事例企業の製造工程をイメージしやすくなります。

作業研究（ＩＥ：Industrial Engineering）
工程分析

学習事項 製品工程分析，作業者工程分析，流れ分析，運搬分析，マテリアル・ハンドリング

このテーマの要点

　ＩＥの目的は、ＱＣＤ・生産性の向上！

　ＩＥは、生産現場の改善を行う技術・技法を考える作業研究として発展してきました。作業研究は、作業方法を最適化するための設計方法を検討し、改善を図る手法である方法研究（Method Study）と、作業方法の実効効率の評価、および標準時間の設定を行う手法である作業測定（Work Measurement）から成り立っています。中小企業診断士運営管理の試験対象となる方法研究・作業測定を、当テーマ以降4回にわたって学習します。

　工程分析は、方法研究の中で、分析対象の「動き」に着目し、全体プロセスの結び付き、流れを分析するものです。製造過程、作業者の作業活動、生産加工物の運搬過程を対象に、工程図記号を用いて系統的に調査・分析する方法として定義されています。

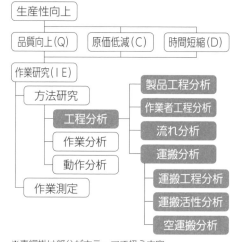

＜ＩＥ／工程分析の体系＞

※青網掛け部分が本テーマで扱う内容

過去問 トライアル	平成26年度　第14問
	工程分析
類題の状況	R05-Q14　R05-Q16　R05-Q10(再)　R04-Q13　R02-Q7 R01-Q12　R01-Q13　H30-Q10　H29-Q6　H29-Q13　H28-Q1 H26-Q17　H26-Q20　H23-Q16　H22-Q15　H20-Q3 H19-Q6

　工程分析に関する記述として、最も適切なものはどれか。

ア　工程図記号における基本図記号は、4つの要素工程（加工、運搬、停滞、検査）を示すために用いられる。

イ　工程分析における工程図は、生産対象物に変化を与える要素工程のレイアウトを示すために用いられる。

ウ　作業者と製品の流れを同時に分析するために、作業者工程分析を用いる。

エ　要素工程の複数の機能または状態を示すために、基本図記号を並べて用いる。

1 製品工程分析

　製品工程分析は、製造工程のつながりに着目し、一連のプロセスを図表化して流れを確認する分析です。各工程における「ムダ・ムリ・ムラ」を排除し、工程設計・工程編成の改善を図ります。図表化の際には工程図記号を用い、工程図を作成して分析を行います。工程分析を踏まえ、5W1HやECRSの原則を用いて、改善策の検討を行います。原則として、加工工程以外の価値を生まない工程を削減対象とします。

① 工程図記号

　日本工業規格（JIS）によって定められた、生産工程を図表化して分析する際に用いられる記号です。工程図記号は、基本図記号や補助図記号などに分類されています。

【3-1-1　基本図記号】

要素工程	記号名称	記号	意味
加工	加工	○	原料、材料、部品または製品の形状、性質に変化を与える過程
運搬	運搬	○または⇨	原料、材料、部品または製品の位置に変化を与える過程
停滞	貯蔵	▽	原料、材料、部品または製品を、計画通りに蓄えている過程
	滞留	D	原料、材料、部品または製品が、計画に反して滞っている状態
検査	数量検査	□	原料、材料、部品または製品の量、または個数を測って、その結果を基準と比較して差異を知る過程
	品質検査	◇	原料、材料、部品または製品の品質特性を試験し、その結果を基準と比較してロットまたは個品の良・不良を判定する過程

　なお、品質検査と数量検査を同時に行う場合は、複合記号を用いることがあります。その場合は、主となる工程の記号を外側に、従となる方を内側に示します。

② 単純工程分析

　加工と検査の2つの工程のみに着目して、プロセスの大まかな流れを確認する分

析方法です。図表化した工程図を「単純工程分析表（オペレーション・プロセスチャート）」といいます。単純工程分析表の記載については、「2-2　SLP（システマティックレイアウトプランニング）」を参照ください。

③製品工程分析

　各工程を、加工、運搬、停滞、検査を表す工程図記号を用いて記述して、プロセスの詳細な流れを確認する分析方法です。図表化した工程図を「製品工程分析表（フロー・プロセスチャート）」といいます。

【3-1-2　製品工程分析の例】

距離（m）	15		1				
時間（min）	0.85	125.0	0.05	1.00	·········30.00·········		0.35
工程経路	▽	フ	▽	手	1	D	◇10
工程の内容証明	材料倉庫で	フォークリフトトラックでライントップへ	パレットの上で	手で機械へ	フライス盤で端面切削	パレットの上で	軸径検査

④多品種工程分析

　複数の品種を製造している工程において、複数の部品の流れを確認する分析手法です。

【3-1-3 多品種工程分析の例】

部品 ＼ 工程	材料倉庫	切断	切削	穴あけ	表面仕上	検査	製品倉庫
A	▽	①		②			
			③			□	▽
B	▽	①		②		□	▽
C	▽		①	②			
			③			□	▽

2 作業者工程分析

　作業者工程分析は、作業者の行動に主眼を置いて行う分析です。分析方法は、製品工程分析と同様に図表化し、作業能率の向上や作業標準の基礎資料作成などを目的とします。作業者工程分析では、工程図記号の加工、検査、運搬、停滞をそれぞれ、作業者の作業、検査、移動、手待ちの記号として使用します。

3 流れ分析

　流れ分析は、工場内の設備や建屋の配置図上に工程分析内容を記載して行う分析であり、レイアウト改善などを目的とします。レイアウト上に、物や人の流れを線図で表現したものを「流れ線図（フロー・ダイヤグラム）」といいます。

4 運搬分析

① 運搬工程分析

　運搬工程分析は、物の動きに主眼を置いて行う分析です。製品工程分析と同様に、物の流れる工程を、分析記号を用いて図表化して分析を行うことを直線式運搬工程分析といいます。また、流れ分析と同様に、直線式運搬工程分析に基づいて、配置図上に運搬経路を線で表現して分析を行うことを配置図式運搬工程分析といいます。

② 運搬活性分析

　活性とは、「置かれた物の移動のしやすさ」を表します。運搬活性分析は、活性を5段階に分けた活性示数を用いて運搬状況を確認する分析です。活性示数は、物が移動するために必要な4つの手間のうち、既に省かれている手間の数を表すため、活性示数を高められるように、運搬工程の改善を検討します。

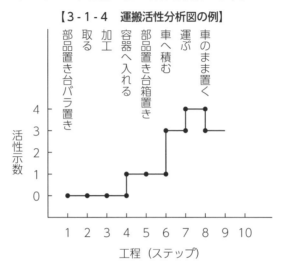

【3 - 1 - 4　運搬活性分析図の例】

【3 - 1 - 5　活性示数】

状態	手間の説明	活性示数	台記号
床にバラ置き	まとめて→起こして→持ち上げて→持っていく	0	——
容器または束	起こして→持ち上げて→持っていく	1	⌴
パレットまたはスキッド	持ち上げて→持っていく	2	⊤⊤
車両	引いていく（持ち上げなくてよい）	3	○○
動いているコンベア	不要（そのままいってしまう）	4	▢

③ 空運搬分析

　空運搬分析とは、原材料・部品などを積み込まないで、カラの状態で移動する「空運搬」に費やす時間を確認し、空運搬時間を削減するために用いる分析です。空運搬係数を用いて分析し、係数を小さくするように改善策を検討します。

　　空運搬係数＝(人の移動距離－物の移動距離)÷物の移動距離

5　マテリアル・ハンドリング（マテハン、MH）

　マテリアル・ハンドリングとは、物の移動、積み下ろし、取り付け、取り出し、貯蔵、出荷など、一貫した物の取扱いのことです。マテリアル・ハンドリング設備

や方式の改善が、工程や作業の改善に結び付く場合があります。

【3-1-6　マテリアル・ハンドリングの合理化の原則例】

自重軽減の原則	パレットやコンテナなどの運搬具自体の重さを軽減する
継ぎ目の原則	移動の終点と次の移動の始点との取扱いの手間を少なくする
ユニット化の原則	機械よる取扱いがしやすいよう一定のユニット（パレット、コンテナ単位など）にまとめる
活性荷物の原則	荷物の活性示数を維持し、向上する
荷物の大きさの原則	できるだけ大きな荷物にまとめる
配置の原則	配置を適正化し、空運搬を少なくする
重力化の原則	物の運搬に重力を利用する
直線の原則	実用的である限り、直線上を動かすようにする

♂ Keyword

▶　流動数分析
　工程における停滞量や停滞時間をグラフで示し、進捗管理や問題工程の抽出に使用します。

▶　分析的アプローチ
　現状分析から問題点を把握し、改善案を考える方法です。

▶　設計的アプローチ
　理想的なモデルを設計し、実現可能なシステムに絞り込んでいく方法です。

3
生産のオペレーション

過去問 トライアル解答　**ア**

☑チェック問題

　運搬活性示数は、対象品の移動のしやすさを示す数で、バラ置きの対象品を移動する場合、①まとめる、②起こす、③移動する、という3つの手間が必要となる。　　　　　　　　　　　　　　　　　　　　　　　　　　⇒×

▶　運搬活性分析で使われるのは、3つの手間ではなく、「持ち上げる」を含めた4つの手間である。活性とは、「置かれた物の移動のしやすさ」を表し、運搬活性分析では、活性を5段階に分けた活性示数を用いて運搬状況を確認・分析する。活性示数は、物が移動するために必要な4つの手間のうち、既に省かれている手間の数を表すため、活性示数が大きいものほど、物の状態の活性度が高い。

作業研究（ＩＥ：Industrial Engineering）
2 作業分析・動作分析

このテーマの要点

全体（工程分析）を見たのち、詳細分析へ

作業分析・動作分析は、工程分析で全体的な流れを分析したのち、問題として取り上げられた工程を、さらに詳細に分析するための手法として用います。

作業分析は、1つひとつプロセスの作業内容を把握する手法であり、対象プロセスの中身がいかなる作業で構成されているか、また1つひとつの作業がそのプロセスに対してどんな機能を持っているかを分析する手法です。下記の動作分析を行う前に、作業分析は、より大きな動きを伴う作業レベルに主眼を置いて、改善策の検討を行います。

動作分析は、一言でいうと、人間の体部分と目の動きを分析する手法です。人間の動作の問題点を発見することで、動作の中に潜むムダ・ムリ・ムラを改善する、治工具などの作業域内の配置を改善する、治工具などの格納先を示す表示板を付ける、作業標準を設定し活用する、などの対策を行います。

＜ＩＥ／作業分析・動作分析の体系＞

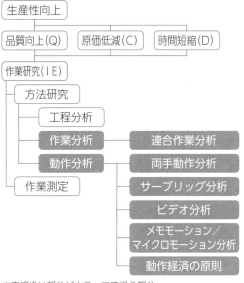

※青網掛け部分が本テーマで扱う部分

過去問 トライアル	平成22年度　第19問
	動作経済の原則
類題の状況	R04-Q15　R03-Q18　R02-Q18　R01-Q21　H28-Q17 H27-Q16　H27-Q20　H25-Q17　H24-Q16　H23-Q16 H21-Q18　H19-Q9　H16-Q5

作業改善に関する記述として、動作経済の原則に照らして、<u>最も不適切なものはどれか</u>。

ア 組立工程の生産性を高めるために、合理的な組立順序を検討した上で、その順序が実現できるように部品を配置した。

イ 作業者の手の動きを効率化するために、移動箇所を直線で結んだ軌跡で手を動かすよう作業指導した。

ウ 精密作業職場における作業者の疲労を軽減するために、照明の照射角度と照度を調整した。

エ 部品供給が重力を利用して行えるように、部品棚の形状を変更した。

1 連合作業分析

連合作業分析は、人と機械、あるいは2人以上で協同作業を行う際の、作業効率を高めるための分析手法です。目的は以下の通りです。

(1) 機械の停止時間をなくし、稼働率向上を図る

(2) 人の手待ちをなくして省人化を図る

(3) 協同作業の適正化のために、各作業者の作業状態を可視化する

連合作業分析で用いる図表が「連合作業分析図表」です。また、人と機械の連合分析を行う「人－機械分析」（マン・マシン分析）、人と人との連合分析を行う「組作業分析」があります。

【3-2-1 連合作業分析図表（人－機械分析）】

改善ポイント例：機械洗浄・機械清掃時間の短縮など（非稼働時間に着目して改善を図る）

作業者			機械（切削機械）		
	単独作業	機械や他作業と時間的に無関係な作業		自動	作業者と関係ない、自動による機械稼働
	連合作業	機械や他作業と一緒に作業し、どちらかが時間の制約を受ける作業		手扱い	段取り、取付け、取外し、手動など、作業者によって時間の制約を受ける作業
	手待ち	機械や他作業が作業しているために生じる手待ち		停止	作業者が作業していることにより生じる機械の停止、空転

2 両手動作分析

両手動作分析は、作業者の両手の動作の順序・方法を、「作業」「移動」「保持」「手待ち」の4つの動作に対して工程図記号を用い、図表化して分析する手法です。特に一定の作業場における繰り返し作業の分析に適しており、作業の順序や方法の問題点、手待ち、ムリ、ムダを発見します。

【3-2-3 両手動作分析例、および両手動作分析に用いる工程図記号】

左手の動作	工程図記号		右手の動作
	左	右	
加工品へ手を伸ばす	⇨	D	ハンドルを握っている
加工品をつかむ	○	↓	
加工品をテーブルへ運ぶ	⇨	↓	

名称	記号	内容
作業	○	手が作業を行っている状態
移動	⇨	手を伸ばしたり、物を運んでいる状態
保持	D	作業のため、物を持っている状態
手待ち	D	手が何もしていない状態

3 サーブリッグ分析

　サーブリッグ分析は、作業者のより細かな手足の動きを、動素レベル（動作の基本的な最小単位：つかむ、運ぶなど）で分析する手法です。18のサーブリッグ記号を用い、各動作を、第1類（必要な動作で改善対象）、第2類（動作を遅らせるもので、できるだけ排除する対象）、第3類（仕事を止めるものであり、優先的に排除する対象）に分けて、対応を行います。

【3-2-4　サーブリッグ記号】

【第1類】

基本要素	記号
手を伸ばす	⌣
つかむ	∩
運ぶ	◡◯
組み合わす	#
分解する	++
使う	U
放す	◠◯
調べる	○

【第2類】

基本要素	記号
位置決め	9
前置き	8
探す	◁◯▷
見いだす	◉
選ぶ	→
考える	𝄞

【第3類】

基本要素	記号
保持	⌂
避けられない遅れ	╲◯
避けられる遅れ	⌐◯
休む	◯⌐

左手の動作	サーブリッグ記号		右手の動作
	左	右	
加工品へ手を伸ばす			ハンドルを握っている
加工品をつかむ			
加工品をテーブルへ運ぶ			
加工品をドリルの下に入れる			ハンドルを降ろす
加工品を押さえている			穴を開ける
加工品をつかみ直す			ハンドルを上げる
加工品を運ぶ			ハンドルを握っている
加工品を箱に入れる			

4　ビデオ分析、メモモーション分析、マイクロモーション分析

① ビデオ分析

　ビデオ分析は、測定対象をビデオで撮影し、繰り返し再生、スロー再生・早送り再生することで、分析を詳細に行うことが可能です。

② メモモーション分析

　メモモーション分析は、遅い速度（毎秒６コマなど）で撮影し普通の速度で再生する手法で、長時間の分析に適します。ビデオ分析の早送り再生と同等の効果があります。

③ マイクロモーション分析

　マイクロモーション分析は、速い速度で撮影し普通の速度で再生する手法で、複雑な作業や微細な作業の分析に適します。ビデオ分析のスロー再生と同等の効果が

あります。

　ビデオ分析、メモモーション分析、マイクロモーション分析のうち、現在はビデオ分析が主流です。ビデオ分析は、短時間作業の詳細な分析、長時間作業のムダな動きの分析、複数作業の比較検討、などに有効です。目的として、作業方法の改善、標準時間の設定、熟練技術の継承などが挙げられます。

5 動作経済の原則

　動作経済の原則は、動作のあり方についての経験則であり、経済的・効率的な動作を行う原則となります。作業動作についての検討・改善は、動作経済の原則に沿った形で進めることが望ましいとされています。動作経済の原則は、以下の３つの側面に分けて考えることができます。また、動作経済の原則の代表的な例も併せて記載します。

(1)　身体の使用に関する原則
- 両手動作は同時に始め、同時に終わるべきである
- できるだけ動いているものの力を利用する作業の方が疲れない
- 放物線の軌跡を描くような運動は、疲労が少なく、力もあり、速く正確に仕事ができる
- ジグザグ運動や急反転を要する作業より、継続した滑らかな動作の方が作業性がよい

(2)　作業場の配置に関する原則
- 工具や材料を定位置に置くことで、探す手間が軽減され、作業を迅速に行うことができる
- 作業者に必要な工具や材料は、作業者の前面に配置することが望ましい
- 作業者に必要な工具や材料は、使用する順序に並べてある方が作業性がよい
- 物の搬出や移動の際は、重力によって自動的に作業者の前面に送られることが望ましい

(3)　設備・工具の設計に関する原則
- 作業を行う際に、手だけでなく足や胴などを有効に利用できる治工具を考える
- 工具を置いたり、持ち替えるロスを軽減するため、組合せ工具を利用するのが望ましい
- サイクル作業で手作業の割合が多い場合は、作業改善を行う必要がある

3
生産のオペレーション

Keyword

▶ モーション・マインド（動作意識）

　よりよい作業・動作に改善するために必要な「心構え」のことです。作業者が意識的に改善を図ることで、非効率的な作業・動作を排除し、時間短縮に結び付けることができます。

過去問 トライアル解答 　▶ イ

☑チェック問題

　連合作業分析は、複数の素材を組み合わせて製品を製造するプロセスを分析するための手法である。　　　　　　　　　　　　　　　　　　　　　⇒×

▶ 　連合作業分析は、複数の素材を組み合わせた製品の製造プロセスを分析する手法ではない。連合作業分析は、複数素材の構成比やプロセス製造を行う際の順序や手順などの妥当性を分析することが目的ではなく、人と機械の組み合わせ、複数の人の組み合わせに焦点を置き、稼働効率の向上を図るために分析することを目的としている。

MEMO

第3分野	生産のオペレーション

3 作業研究（ＩＥ：Industrial Engineering）
稼働分析

学習事項 仕事の要素，瞬間観測法（ワークサンプリング），連続観測法

このテーマの要点

必要な作業と不要な作業を見極めよう！

稼働分析は、一定期間の生産活動の中で、人や機械がどのような要素にどれくらい時間をかけているかを明らかにするための手法です。作業（機械であれば稼働）を生産的要素と非生産的要素に分けます。生産的要素は通常、規則的に発生するものであり、加工作業などが該当します。一方、非生産的要素は不規則的に発生するものであり、休息、機械の停止などが該当します。

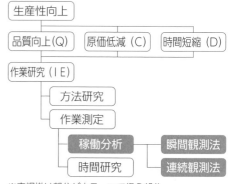

＜ＩＥ／稼働分析の体系＞

※青網掛け部分が本テーマで扱う部分

稼働分析は、人や機械の稼働負荷状況を把握し、稼働負荷がどの日時・時間帯に偏っているかを把握することで、作業改善のポイントを洗い出すことを目的とします。さらに、稼働分析の結果を踏まえ、作業、稼働における標準時間を設定することを目標とします。

過去問 トライアル	平成20年度　第4問
	ワークサンプリング
類題の状況	R03-Q19　R01-Q15　H30-Q8　H29-Q7　H28-Q15　H28-Q16 H25-Q16　H24-Q1　H23-Q17

稼働分析の手法であるワークサンプリングに関する記述として、<u>最も不適切なもの</u>はどれか。

ア 1名の観測者で、多くの観測対象の観測ができる。

イ 確率論の考え方が基本となっている。

ウ 作業の時間値を直接得ることができる。

エ 連続観測法と比較して、労力が少なくて済む。

1 仕事の要素

　人（作業者）、機械の仕事の要素は、生産的・規則的な主体作業または稼働と、非生産的・不規則的な余裕と休止（計画的な停止を含む）に分けることができます。稼働分析では、仕事全体に対する構成比率を生産的・規則的要素、非生産的・不規則的要素に分別し、改善ポイントの洗い出しを行います。

【3-3-1　作業者の仕事の要素】

仕事の区分			要素内容	例
生産的規則的	主体作業	主作業	材料・部品の変形、変質など価値形成に直接寄与する作業	操作による加工
		付随作業	主作業の前後に規則的に発生する作業要素	材料の取り付け・取り外し
	準備段取作業		主体作業を行うために必要な準備、段取り、作業終了後の後始末、運搬などの作業	金型や工具の取り付けロットごとの運搬
非生産的不規則的	余裕	管理余裕　作業余裕	作業する上で必要であり、個々の作業で固有に発生する要素	注油、機械の手入れ部品の運搬（不規則的）
		管理余裕　職場余裕	管理上の要因として、職場共通的に発生する要素	故障・部品切れによる手待ち、打合せ
		人的余裕　用達余裕	生理的欲求を満足するために必要となる要素	用達、水飲み汗ふき、暖取り
		人的余裕　疲労余裕	作業による疲労を回復するために必要となる要素	高温下での作業のための休息
	非作業		作業者の個人的な要因によって発生するもの	雑談、手休め

【3-3-2　主体作業と余裕】

主体作業		製品を直接生産している正規の作業で、作業サイクルに対して毎回または周期的に行われる作業のことです。
余裕		作業を遂行するために必要と認められる遅れの時間のことです。
	管理余裕	管理のため、あるいは管理が不十分であるために発生する、主として工場の管理方式を原因として起こる遅れを補償する余裕です。
	人的余裕	作業中に発生する作業者の生理的欲求、疲労によるペースダウンを補償する余裕です。

3 生産のオペレーション

【3-3-3　機械の仕事の要素】

仕事の区分			要素内容
生産的 規則的	稼働	実働	材料・部品を実際に加工している状態
		空転、空送り	機械は動いているが、材料・部品を加工していない状態
非生産的 不規則的	停止	一時停止	作業中における停止
		休止（計画停止）	定期点検など、管理上の要因における停止

2　瞬間観測法

　瞬間観測法は、作業者または機械設備の状態を瞬間観測することで、稼働状態か非稼働状態かを識別する方法です。瞬間観測法の代表的な手段にワークサンプリング（Work Sampling：WS）があります。WSは、観測対象の一部の稼働状況を実測することで、全体の稼働率を推定する手法です。具体的には、サンプルの収集時刻を事前に定めて観測し、収集した結果から稼働・非稼働割合を求め、全体の稼働率を算出します。

　瞬間観測法は、観測者1人で多くの対象を観測でき、連続観測法と比べて観測費用が少ない、というメリットがあります。一方、観測対象の質的な内容や1回当たりの発生時間を測ることができない、というデメリットがあります。非稼働時間の発生の割合算出などに適した手法です。

3　連続観測法

　連続観測法は、作業者、または機械設備を一定時間連続して観測を行い、発生要素ごとの時間を測定する方法です。連続観測法は、正確な時間値を得ることができ、観測対象の質的な内容を測ることができる、というメリットがあります。一方、観測者が1人で1つの作業しか観測できないために労力と費用がかかる、というデメリットがあります。作業改善の重点ポイントをつかむことを目的とし、非繰り返し型の作業やサイクルの長い作業、例えば長時間の段取り替え作業の観測などに適した手法です。

4　その他の観測法

　瞬間観測法、連続観測法以外の観測方法として、「3-2　作業分析・動作分析」で学習した、ビデオ分析、メモモーション分析、マイクロモーション分析があります。いずれも、再現性があり、時間分析ができる、というメリットがあります。一方で、温度、臭気、湿度など作業環境の情報を得られない、というデメリットがあります。

　機械については、稼働計をセットすることによって、正確な稼働率を得ることができます。

🔑 Keyword

▶　**ワークサンプリング法の分析手順**

ワークサンプリング法の分析手順の概要は以下の通りです。

(1)　観測の計画を立てる

(2)　予備観測を行う

(3)　本観測を行う

(4)　観測データを集計する。得られた出現率が誤差範囲から外れた場合は追加観測する

(5)　得られた結果をもとに考察・検討を行う

過去問 トライアル解答 ▶ **ウ**

☑チェック問題

事前準備として機械設備の金型交換を行う段取作業を「付随作業」に分類した。
⇒×

▶　機械設備の金型交換を行う段取作業は、「付随作業」ではなく、「準備段取作業」に分類される。準備段取作業とは、「主体作業を行うために必要な準備、段取、作業終了後の後始末、運搬などの作業」（JIS Z 8141-5106）であり、段取作業、つまり事前準備作業として行われる金型交換は「準備段取作業」に該当する。

4

作業研究（IE：Industrial Engineering）
時間研究

学 習 事 項 標準時間の定義、ストップウォッチ法，ＰＴＳ法，標準時間資料法，実績資料法など

このテーマの要点

標準時間を求めて作業を改善！

時間研究は、作業を要素作業、または単位作業に分割し、作業の時間を測定する手法です。要素作業とは、目的別に区分された最小の一連の動作・作業（例：基板を所定位置にはめる、ネジを締める）、単位作業とは、１つの作業目的を遂行する最小の作業（例：部品を取り付ける）です。

時間研究は、科学的管理の創始者であるテーラーが、公正な１日の仕事量を求めるにあたって、熟練者の作業を対象に時間測定を行ったのが始まりでした。標準時間を設定することと、作業方法を改善することが時間研究の目的となります。

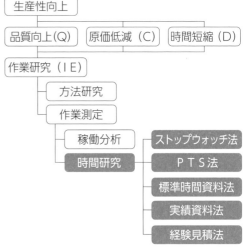

＜ＩＥ／時間研究の体系＞

※青網掛け部分が本テーマで扱う内容

標準時間は、「その仕事に適性を持ち、習熟した作業者が、所定の作業条件のもとで、必要な余裕を持ち、正常な作業ペースによって仕事を遂行するために必要とされる時間」（JIS Z 8141-5502）と定義されています。

ストップウォッチ法、ＰＴＳ法などから、対象作業の作業時間、繰り返し性、作業の標準化の程度などにより、いずれかの方法を選択することになります。

過去問トライアル	平成24年度　第１問
	生産管理の作業時間
類題の状況	R05-Q15　R05-Q13(再)　R04-Q16　R03-Q15　R03-Q17 R02-Q16　R02-Q17　R01-Q14(1)(2)　R01-Q16　H30-Q15 H29-Q10　H29-Q14　H29-Q16　H28-Q15　H27-Q15 H26-Q15　H23-Q15　H21-Q17　H20-Q5　H20-Q6　H18-Q5 H17-Q4

生産管理における作業時間に関する記述として、最も適切なものはどれか。

ア 間接作業時間には、作業現場における伝票処理の時間は含まれない。

イ 主体作業時間は、直接作業時間の一部であり、主作業時間と付随作業時間とから構成される。

ウ 直接作業時間には、準備段取時間は含まれない。

エ 余裕時間は、標準時間を構成する要素であり、管理余裕時間と職場余裕時間に分類される。

1 標準時間の定義

❶標準時間

標準時間は、以下の要素によって構成されます。

【3‐4‐1 標準時間の構成】

標準時間	主体作業時間	正味時間	規則的・周期的に発生する作業。例：機械による切削
		余裕時間	不規則的・偶発的に発生する作業。例：注油・切粉処理
	準備段取作業時間	正味時間	規則的・周期的に発生する作業。例：工具の準備
		余裕時間	不規則的・偶発的に発生する作業。例：工具の準備の作業指導

標準時間は、正味時間だけでなく、余裕時間を含んだ時間となります。

❷余裕率

余裕率は、正味時間あるいは標準時間に対する余裕時間の割合のことです。余裕時間は、発生が不規則的・偶発的であるため、標準時間は余裕率を用いて算出します。

(1) 外掛け法：正味時間に対して割り当てられる余裕率を求める方法

　　余裕率＝余裕時間÷正味時間

　　標準時間＝正味時間×（1＋余裕率）

(2) 内掛け法：標準時間に対して割り当てられる余裕率を求める方法

　　余裕率＝余裕時間÷（余裕時間＋正味時間）

　　標準時間 ＝ 正味時間 × $\dfrac{1}{（1－余裕率）}$

●OnePoint **余裕率の計算例**

下記の実績値がある場合の、外掛け法、内掛け法の余裕率は以下の通りです。

正味時間 8分	標準時間 10分	外掛け法　　2分÷8分＝0.25
余裕時間 2分		内掛け法　　2分÷10分＝0.2

3
生産のオペレーション

③レイティング

　レイティングは、観測対象者の作業ペースを評価し、観測時間を正味時間に修正することです。基準とする作業のペースを100とした場合の観測者のペースの割合をレイティング係数といい、観測時間にレイティング係数を乗じて、正味時間を求めます。

　　レイティング係数＝（基準作業ペース÷観測作業ペース）×100％
　　正味時間　　　　＝観測時間×レイティング係数

　レイティング係数は、熟練者などが平均以上のスピードで作業している場合は100％以上に、初心者などが平均以下のスピードで作業している場合は100％以下となります。

2　ストップウォッチ法

　ストップウォッチ法は、時計を用いて直接作業時間を観測する手法です。観測する作業は、要素作業、あるいは単位作業に分割したものとなります。作業には個人差が発生するため、測定結果をもとにレイティングを行って正味時間を算出します。さらに、ワークサンプリングの結果などから求められる余裕率を乗じて標準時間を求めます。

3　ＰＴＳ法（Predetermined Time Standards System）

　ＰＴＳ法は、作業を基本動作（微細動作）まで分解し、その基本動作の性質と条件に応じて、前もって決めておいた時間値を積み上げることで作業時間を見積もる手法です。また、ＰＴＳ法は、あらゆる作業は共通の基本的な動作の組み合わせであり、基本動作レベルまで分解すれば個人差が生じない、という基本的な概念に基づいています。

【3-4-2　ＰＴＳ法のメリット・デメリット】

メリット	・レイティング処理が不要 ・作業開始前に、作業方法・時間値の設定が可能 ・動作と時間の関係性を確認でき、望ましい作業方法の検討が可能 ・職場間共通の標準時間の設定が可能
デメリット	・手法の習得に時間が必要 ・機械作業には適用不可 ・正確に時間算定するためには専門的な技能が必要

4 標準時間資料法、実績資料法、経験見積法

【3-4-3 標準時間資料法、実績資料法、経験見積法】

標準時間資料法	過去に測定した要素単位の時間値を、作業条件に基づき合成して見積もる手法です。類似要素作業が多い場合に有効で比較的高精度の見積もりが可能ですが、標準資料整備に時間がかかります。
実績資料法	過去の実績資料を基礎に標準時間を見積もる手法です。過去資料に基づくため費用が少なく迅速な見積もりが可能ですが、精度が低くなる傾向にあります。
経験見積法	経験者の実績と経験によって標準時間を見積もる手法です。個別生産で繰り返しの少ない作業に適していますが、精度が低くなる傾向にあります。

♂ Keyword

▶ 準備段取作業

「主体作業を行うために必要な準備、段取、作業終了後の後始末、運搬などの作業」(JIS Z 8141-5106) です。

▶ MTM (Methods Time Measurement) 法

PTS法の代表的な方法の1つで、基本動作、動作距離および条件に応じて作業時間を求める方法です。

▶ WF (Work Factor) 法

PTS法の代表的な方法の1つで、基本動作、動作距離および動作時間に影響を及ぼす変数 (Work Factor) を考慮して、作業時間を求める方法です。

過去問 トライアル解答

☑チェック問題

ストップウォッチ法では、レイティングを行う必要がある。　　　　　⇒○

▶ レイティングは、「時間観測時の作業速度と比較・評価し、レイティング係数によって観測時間の代表値を正味時間に修正する一連の手続き」(JIS Z 8141-5508) である。ストップウォッチ法は、「作業を要素作業または単位作業に分割し、ストップウォッチを用いて要素作業または単位作業に要する時間を直接測定する手法」(JIS Z 8141-5205) である。ストップウォッチ法で測定する作業者の習熟度にはバラツキがあるため、レイティングを行う必要がある。

品質管理
QC7つ道具

学習事項　品質管理の概要，QC7つ道具

このテーマの要点

QC7つ道具で問題を見える化！

品質管理は、顧客の要求を満たす品質の品物やサービスを、バラツキや偏りなく、経済的に作り出せるよう管理することです。

従来の品質管理は、統計的手法を用いて、製品やシステムが要求された品質を満足しているかを確認する、SQC（Statistical Quality Control）が中心でした。やがて、SQCを全社的に、様々な領域・分野で行うTQC（Total Quality Control）として発展していきます。SQC・TQCは、わが国では現場で働く作業者によるQCサークルなどによる、ボトムアップ的な活動を主体としていました。さらに、トップダウン的

＜品質管理の変遷＞
SQC⇒TQC⇒TQM

総合品質管理
(TQM)

> TQCに加え、顧客満足向上などの経営の品質向上の施策を実施

全社的品質管理
(TQC)

> QCサークルを中心とした、SQCの全社的な取り組みを実施

> 統計的品質管理
> (SQC)
>
> > QC7つ道具など統計的手法を用いた、製品・システムの品質管理を実施

に、顧客ニーズなどを分析し、顧客の要求仕様を充足し、顧客満足度向上につながる製品・サービスを提供し続ける体質強化・維持を図るTQM（Total Quality Management）に取り組むことを重要視するようになっています。

QC7つ道具は、SQC・TQCを行うにあたって用いる、統計的な品質解析手法、あるいは問題解決手法として広く用いられています。

過去問 トライアル	平成23年度　第12問
	品質管理におけるQC手法
類題の状況	R05-Q9(再)　R04-Q11　R04-Q40　R02-Q6　R01-Q11 H30-Q9　H29-Q17　H25-Q12　H24-Q12　H22-Q12 H20-Q1

　品質管理におけるQC手法と分析内容の組み合わせとして、最も適切なものはどれか。

ア　管理図 ― 不良の発生が慢性的か、突発的かなどを吟味する。

イ　散布図 ― 問題となっている不良を現象や原因で分類し、整理する。

ウ　パレート図 ― ある製品の品質特性値の分布を知るため、特性値を記録する。

エ　ヒストグラム ― 問題とする特性とそれに影響すると思われる要因との関係を整理する。

1　QC7つ道具

層別

　層別とは、データの共通点や特徴に着目して、同じ特徴を持ついくつかのグループ（層）に分類した図表です。層別を行うことにより、原因究明箇所や問題改善箇所の絞り込みを行うことができます。

【3-5-1　層別】
①2台の装置から抽出した結果のバラツキ

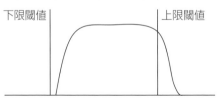

②バラツキを分析するために装置別に層別を行う

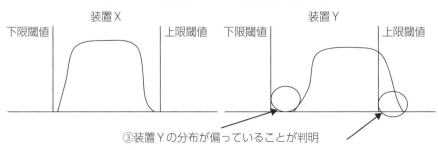

③装置Yの分布が偏っていることが判明

パレート図

　パレート図とは、問題となっている不良や欠点などに対して、その現象や原因別に分類したデータを取得し、個数や金額などの多い順に並べて棒グラフ化した図表です。また、累積個数・金額については折れ線グラフで表現します。パレート図は、不良や欠点が全体の中で、大きなウェイトを持つ問題を明らかにします。

　パレート図は、別名ＡＢＣ分析と呼ばれ、発注方式の決定や、店舗販売時の取扱商品の決定など、多数ある検討対象から、優先的な対応順序を決定する際に用いられています。

【3 - 5 - 2　パレート図】

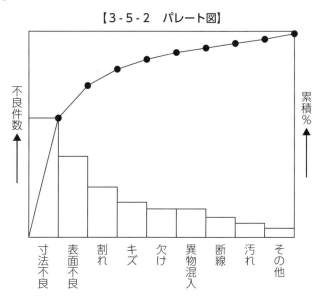

特性要因図

　特性要因図とは、特定の結果（特性）と要因の関係を系統的に表した図表です。問題の因果関係を整理し、原因を追究することに使用します。右記の図の通り、所定の切り口（大骨）ごとに、要因（中骨・小骨）の洗い出しを行います。特性要因図は、その形状からフィッシュボーンとも呼ばれます。

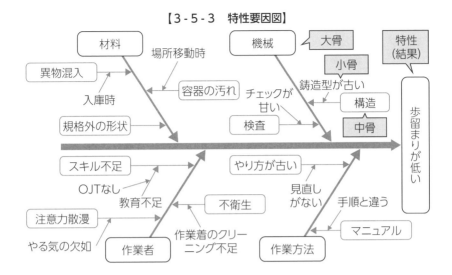

【3-5-3 特性要因図】

ヒストグラム

ヒストグラムとは、データの存在する範囲をいくつかの区間に分け、その区間内のデータを集計し、集計結果を棒グラフで表した図表です。データのバラツキを分析する手法として用いられます。

【3-5-4 ヒストグラム】

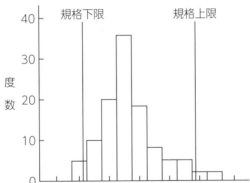

3
生産のオペレーション

チェックシート

　チェックシートとは、事実を確認・点検したり、情報を得るために作成した記録表のことです。あらかじめ必要項目を決めておくことで、データを手際よく収集し、確認・点検することができます。

【3-5-5　チェックシート】

設備：20ｔ3号機　　製品：スプリング灰皿			
現象	4月7日	4月8日	4月9日
傷	////	///	////
打痕	//// /	////	////
変形	/	///	///
バリ	//// /	//// ////	////
割れ		/	/
２度打ち	//		///
かす残り	/	//	//
その他			/
合　計	21	24	24
生産数	2900	2880	3200

散布図

　散布図とは、2つの対になったデータxとyの関係を調べるため、xとyが交わる場所に打点した図表です。点のちらばり方から、2つの対になったデータの関係性を確認する手法です。対応するデータ（x）が増加したとき、相対するデータ（y）が増加する場合は「正の相関がある」、減少する場合は「負の相関がある」といいます。また、飛び離れたデータが出現した場合は原因を徹底的に究明する、相関関係が示せない場合は層別などを行って、さらに詳細に分析することができます。

【3-5-6　散布図】

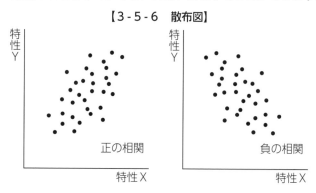

【3-5-7　散布図における注意すべきケース】

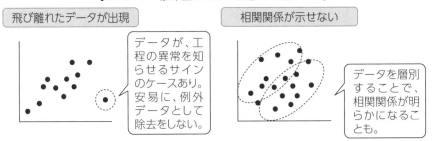

　また、散布図上では、偽相関という事象が発生することがあります。偽相関とは、本来は相関関係がないのに、散布図上は相関性があるように見えることです。例えば、「血圧」と「年収」は正の相関系が見いだせることがあります。これは「血圧」と「年齢」、「年収」と「年齢」の相関関係の結果によって生まれた、偽相関となります。偽相関と思われる事象が発生した場合、経験や技術的考察によって、分析を深める必要があります。

【3-5-8　正の相関、負の相関および偽相関の例】

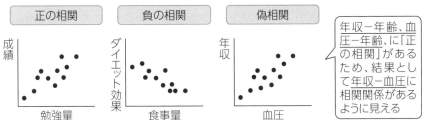

管理図

　管理図とは、観測したデータの量や数値を時系列に並べ、さらに異常かどうかを判断する管理限界線を記入した図表です。時系列に並べた量・数値が、管理限界線内に入っているかどうかによって、対象の工程が安定状態にあるか、対策が必要な異常値を示しているかを判別します。

　また、管理限界内にあっても、連続して観測値が上昇（下降）し続ける、観測値が中心点より連続して上側（下側）に存在するなど、データの並びに「くせ」が出ることがあります。「くせ」が出る場合も工程が正常といえない場合が多く、原因を分析する必要があります。

【3 - 5 - 9　管理図】

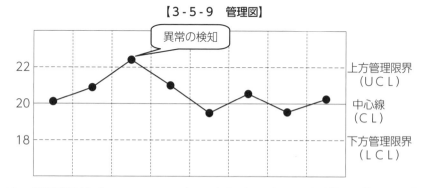

　※　管理限界線（ＵＣＬ、ＬＣＬ）は公式（3 σ（シグマ）法）に従って計算されます。管理限界から外れる確率は0.27％となります。

【3 - 5 - 10　管理図における注意すべき「くせ」の例】

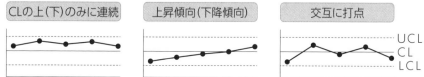

▶ 管理図の「くせ」

　管理図において、以下のような「くせ」が発生している場合、「プロセス（工程）が異常である」と判断し、原因を追究する必要があります。日本規格協会では、以下の８つのケースをルールとして定めています。

　※　ＣＬとＵＣＬ・ＬＣＬの間を３分割（１σずつ分割）した場合に、ＵＣＬ・ＬＣＬに近い側から順に領域Ａ・Ｂ・Ｃと表記します。

　１：１点が領域Ａを超えている

　２：９点が中心線に対して同じ側にある

　３：６点が増加、または減少している

　４：14の点が交互に増減している

　５：連続３点中、２点が領域Ａまたはそれを超えた領域にある

　６：連続５点中、４点が領域Ｂまたはそれを超えた領域にある

　７：連続する15点が領域Ｃに存在する

　８：連続する８点が領域Ｃを超えた領域にある（領域Ｃに存在しない）

過去問 トライアル解答　**ア**

3 生産のオペレーション

☑**チェック問題**

品質管理で用いられる管理図には、管理限界を表す線が描かれる。　　⇒○

▶　管理図は管理限界を表すため、上方管理限界（ＵＣＬ）や下方管理限界（ＬＣＬ）を表す線を描く。上方管理限界や下方管理限界は、３σ法と呼ばれる、母平均μ（ミュー）、母標準偏差をσ（シグマ）とした正規分布によって決定される。μ±σの間の面積は68.26％、μ±２σの間の面積は95.44％、μ±３σの間の面積は99.73％、それ以外の面積が0.27％となる。

品質管理

6 新QC7つ道具

学 習 事 項 新QC7つ道具，ISO9000シリーズ

このテーマの要点

新QC7つ道具で因果関係を整理！

新QC7つ道具は、問題の因果関係を整理することで、解決すべき要因を明確にするために用いられる分析手法です。

QC7つ道具は、主に製造・検査部門において、発生した品質不良などの問題の原因を追究し、その原因を取り除き工程を改善するために用います。したがって、特性要因図を除き、発生した不良数などの数値データを分析することを主としています。

一方、新QC7つ道具は、製造部門の

＜QC7つ道具と新QC7つ道具＞

QC7つ道具
・問題原因を分析する
・「数値データ」を扱う
・定量的なアプローチを行う
・問題原因を除去し、解決を図る

新QC7つ道具
・因果関係を整理する
・「言語データ」を扱う
・定性的なアプローチを行う
・課題を設定し、解決を図る

ほか、企画・設計部門などでも扱う言語データを対象とし、課題解決を図るために用いる分析手法です。言語データとは、「消費者に喜ばれる機能は何か」などのように、言語で定性的に表現されるものです。新QC7つ道具では、言語データを整理し、関係を図解化することで因果関係を整理し、課題解決を図ることを目的とします。

こうした新QC7つ道具が用いられるようになった背景には、前テーマで解説した、企業のTQMの取り組みを挙げることができます。全社的な顧客満足度向上・維持を目標とした品質管理への取り組みは、各部門において、新QC7つ道具を活用した課題解決アプローチを促進しました。

なお、新QC7つ道具は、親和図法、連関図法、系統図法、アローダイヤグラム法、PDPC法、マトリックス図法、マトリックス・データ解析法の総称です。

ISO 9000 シリーズは、品質管理・品質保証のための国際規格の総称です。企業の品質向上施策を踏まえて、ISO認証を受けることは、取引先からの信用の向上や、従業員の品質に対する意識向上につながります。

過去問 トライアル	平成21年度　第5問
	新QC7つ道具
類題の状況	R05-Q12　H28-Q10　H27-Q12　H24-Q14　H20-Q2

新QC七つ道具に関する記述として、最も不適切なものはどれか。

ア PDPC法は、事前に考えられるさまざまな結果を予測し、プロセスの進行をできるだけ望ましい方向に導く手法である。

イ 系統図法は、事実、意見、発想を言語データでとらえ、それらの相互の親和性によって図を作成し、問題の所在、形態を明らかにする手法である。

ウ マトリックス図法は、行に属する要素と、列に属する要素の二元的関係の中から問題解決の着想を得たりする手法である。

エ 連関図法は、原因 - 結果、目的 - 手段などが絡み合った問題についてその関係を論理的につないでいくことによって問題を解明する手法である。

1 新QC7つ道具

親和図法

　親和図法とは、バラバラな情報や多数の漠然とした情報に対し、それぞれの言葉が持つ意味合いの類似性（親和性）に着目してグループ化することによって、共通点や課題解決方法を見いだす手法です。

【3-6-1　親和図法】

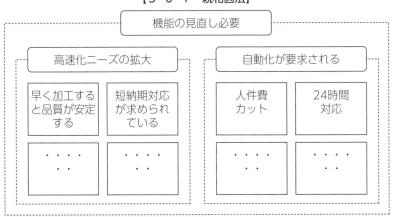

連関図法

　連関図法とは、複雑に絡み合った問題に対し、事実データに基づいて因果関係を論理的に明らかにすることで要因を特定する手法です。問題を構成している要因が複数あり、それが互いに絡み合っている場合に、利便性が高い手法です。

　連関図法は、特性要因図を用いた因果関係整理と類似の手法といえます。要因が独立している際は特性要因図を、複雑に絡み合って互いに作用している場合は、連関図を用いることが有効です。

【3-6-2　連関図法】

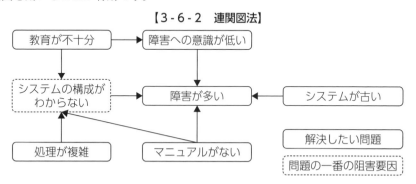

系統図法

　系統図法とは、目標に到達するために必要な手段や、あるべき姿と現実の間にあるギャップを解決する手段を、多段階に（系統的に）発想する際に用いる手法です。目的を設定し、1次手段、2次手段、3次手段、と手段を段階的に発想することで、最終手段を系統的に決定していきます。

【3-6-3　系統図法】

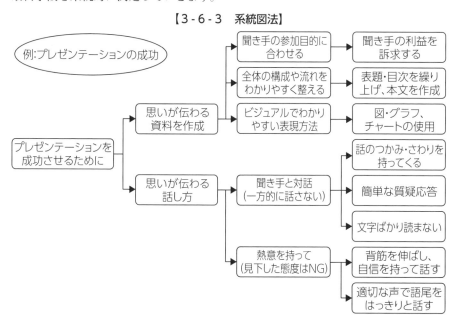

アローダイヤグラム法

　アローダイヤグラム法とは、目標を達成するための実施手段、あるいは作業に関する詳細な実施計画を図式化する手法で、代表的な利用例として、プロジェクトスケジューリングを行う際に作成するPERT図があります（「2-5　プロジェクトスケジューリング」参照)。

ＰＤＰＣ法（Process Decision Program Chart）

　ＰＤＰＣ法とは、目的達成が想定した計画通りに進まない不測事態に備え、懸念される状態を想定し、回避策をあらかじめ計画に織り込む手法です。事前に対策を検討しておくことで、不測の事態に陥っても、重大事故発生を未然に回避することを目的とします。

　ＰＤＰＣ法は、コンティンジェンシープラン計画を立案する際に有効な手法です。

【3-6-4　ＰＤＰＣ法】

マトリックス図法

　マトリックス図法とは、問題としている事象の中から、対になる要素を見つけて行と列に配置し、その交点から問題解決や目的達成の着想を得る手法です。マトリックス図法は、重要項目の洗い出しや、問題ごとの解決順位決定を行う際に、利便性が高い手法です。

【3-6-5　マトリックス図法】

		効　果			
		品質向上	費用削減	納期短縮	安全性向上
対策	器具、工具の整頓	○	◎	◎	○
	機械の清掃	◎		○	◎
	デッドストックの処分		◎		
	工場現場の清潔維持			◎	

　マトリックス図法には、いろいろなタイプがあります。上記の図のように、１対の事象を行と列に配置した２次元表をＬ型マトリックスといいます。他に、１つの要素に２つの要素を組み合わせたＴ型マトリックス（要素ＡとＢ、ＡとＣ）、２つの要素をそれぞれ組み合わせたＹ型マトリックス（要素ＡとＢ、ＢとＣ、ＣとＡ）などがあります。

マトリックス・データ解析法

　マトリックス・データ解析法とは、多量の数値データの背後に潜む重要な総合特性（「主成分」といいます）を数値データ間の相関関係から発見し、総合特性に照らし合わせることで個々のデータの違いを明確にする手法です。新QC7つ道具の中で唯一数値データを扱うことが特徴です。

　例えば「身長」「体重」「胸囲」「座高」という数値データから、「体格」「体型」という総合特性を導き出し、総合特性を軸として図表化することで個体間の違いを明確にします。

【3-6-6　マトリックス・データ解析法】

2 ＩＳＯ9000シリーズ

　ＩＳＯ（国際標準機構：International Organization for Standardization）とは、電気分野を除く、工業分野の国際的な標準規格を策定するための国際機関です。ＩＳＯ9000シリーズは、当機関によって定められた品質マネジメントシステムであり、品質マネジメントの基本・用語を規定したＩＳＯ9000、具体的な要求事項を規定したＩＳＯ9001、組織の持続的成功のための運営管理指針を規定したＩＳＯ9004、監査に関するガイドラインを規定したＩＳＯ9011から構成されています。

▶ QCストーリー（QC的問題解決法）

　問題原因を実データから捉え、真の原因に対して、有効な対策を実施することです。各ステップにおいて、以下のQC7つ道具や新QC7つ道具などが有効です。

　　1. テーマの選定　　　：マトリックス図法、パレート図、層別、チェックシートなど
　　2. 現状把握　　　　　：パレート図、管理図、ヒストグラム、グラフなど
　　3. 目標の設定　　　　：系統図法、グラフなど
　　4. 要因の解析　　　　：特性要因図、ヒストグラム、層別、散布図など
　　5. 対策の検討と実施　：特性要因図、連関図法、系統図法など
　　6. 効果の確認と標準化：パレート図、グラフなど
　　※　QCストーリーは、書籍などによってステップが若干異なり、7つ、あるいは8つに分けたものも提示されています。

過去問 トライアル解答 ▶ **イ**

☑チェック問題

　統計的方法を用いた問題解決手順の「①テーマの選定」、「②現状把握」、「③原因の想定」、「④解析」に関する記述として、最も適切なものはどれか。

ア　「①テーマの選定」では、問題による影響度、緊急度、改善による効果の大きさについて実験計画法を用いてまとめ、重点を絞りテーマを決める。

イ　「②現状把握」では、チェックシートを利用したデータの採取、特性要因図による要因の把握が有効である。

ウ　「③原因の想定」では、問題のくせを参考にして、なぜそのようなことが起こりうるのかをグラフ・管理図にまとめる。

エ　「④解析」では、特性要因図にあげた要因のなかで寄与率の大きなものは何なのか、層別したデータの比較や散布図を用いて検討する。

⇒エ

▶ QCストーリーの実施手順における、QC7つ道具、新QC7つ道具の利用方法を問う問題である。

ア　適切でない。　実験計画法は、仮説の検定・推定をする手法で、対策の検討で用いられる。「テーマの選定（絞り込み）」には、パレート図やマトリックス図法が用いられる。

イ　適切でない。　特性要因図は、要因に関する仮説設定など、原因の想定や要因の解析で用いられる。「現状把握」では、チェックシートを利用したデータの採取後、現状の情報を可視化するために、パレート図、管理図などで現状の状態を明示し、現象面の特異性を見つけることが行われる。

ウ　適切でない。　グラフ・管理図は、現状の把握などで用いられる。「原因の想定」では、なぜ・なぜを繰り返して図表化する特性要因図、連関図法などが用いられる。

エ　適切である。　選択肢の通りである。「解析」では、原因の想定時に、特性要因図などで特定した要因などと、採取した実データを散布図などで表し、要因－結果関係の有無を判定する。

よって、エが正解である。

3
生産のオペレーション

設備管理
7 設備管理

学習事項 設備保全, 設備効率と設備更新

このテーマの要点

設備管理で安定稼働と不良率低減を目指す！

設備管理は、生産活動やサービス
提供に不可欠な設備を、効率的に活
用できるよう正常・良好な状態に保
ち、設備の導入から廃却・再利用に
至るまでを管理することです。

設備管理の目的は、設備の効率的
な運用を通して生産性を高めること
です。したがって、設備を効率的に
稼働させるために、設備のロス（停
止ロス・性能ロス・不良ロス）を低

<＜設備効率と改善策＞

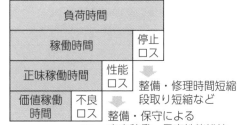

減させる必要があります。よって企業は、設備性能を維持するために、日常的ま
たは定期的に、設備の劣化防止、劣化測定、劣化からの回復、などを行う設備保
全活動に取り組む必要があります。

設備管理は、品質管理同様、全社的に取り組まなければならない活動です。こ
の活動をTPM（Total Productive Maintenance：総合生産保全）といい、トッ
プダウン、およびボトムアップ双方からアプローチを行い、生産システムの効率
化が可能となる企業体質をつくることを目的とします。

過去問 トライアル	平成18年度　第7問
	保全活動
類題の状況	R05-Q19　R05-Q14(再)　R04-Q17　R04-Q18　R04-Q19 R02-Q19　R02-Q20　R01-Q18　R01-Q20　H30-Q19 H29-Q18　H27-Q18　H26-Q19　H23-Q18　H21-Q19 H19-Q8

保全活動に関する記述として、最も適切なものはどれか。

ア　機械の保全時期が来たので点検したところ、部品が磨耗していたため交換した。
この場合の保全を改良保全と呼ぶ。

イ　コンベアの故障がよく起きるため、故障が起こりにくくするようにコンベアの

改善を行った。この場合の保全を保全予防と呼ぶ。

ウ 作業場の照明が切れたので電球を交換した。この場合の保全を予防保全と呼ぶ。

エ 定期点検で部品を交換した。この場合の保全を定期保全と呼ぶ。

1 設備保全

　設備保全とは、設備性能維持のための諸活動のことです。具体的な保全活動としては、日常的・定期的な、計画、点検、検査、調整、整備、修理、取替えなどが該当します。保全活動は、設計時の技術的性能を維持するための維持活動と、性能劣化に対する改修・改善を行う改善活動に大別されます。

【3 - 7 - 1　保全活動】

保全活動	維持活動	予防保全		寿命を推定して、故障を未然に防ぐ保全活動です。定期的な点検・検査、初期段階に行う調整・修理の2つの活動があります。
			定期保全	過去の故障記録・保全記録から点検周期を決めて、周期ごとに点検・検査を行う保全活動です。
			予知保全	設備の劣化傾向などを継続的に分析して、故障が発生する前の最適な時期に、必要な対策を行う保全活動です。
		事後保全		設備に故障が発生した後で、その故障を修復する保全活動です。故障による影響が小さい設備に対して適用します。
	改善活動	改良保全		故障が起こりにくい設備へ改善したり、性能を向上させることを目的とした保全活動です。
		保全予防		過去の経験をもとに、次世代設備の計画・設計段階において、故障しない設備開発を行うための手段を講じる保全活動です。

　保全活動を順調に進めるには、組織だった活動を行うことが重要です。こうした組織形態に基づく分類として、集中保全、部門保全があります。

　集中保全は、設備保全の業務を専門とする保全部門を置き、集中して保全の活動を実施することです。

　一方、部門保全は、設備の保全業務を、設備の運転部門（主として製造部門）が、部門ごとに責任を持って実施することです。

2 設備効率と設備更新

① 設備効率

　設備を効率よく稼働させるためには、設備稼働時に発生するロスを低減させるよう取り組む必要があります。設備ロスと関連付け、設備の使用効率を示す指標を設備総合効率といいます。設備総合効率は下記の式によって求めることができます。

　　設備総合効率＝時間稼働率×性能稼働率×良品率

【3-7-2　時間稼働率・性能稼働率・良品率】

時間稼働率	負荷時間に対する生産に役立っている時間の割合です。負荷時間から、停止時間（停止ロス（故障、段取り・調整、刃具交換、立ち上がり））を引き、負荷時間で割って求めることができます。
性能稼働率	生産設備の設計上の製造速度に対する、実際の製造速度の割合です。「基準サイクルタイム×加工数量」を稼働時間で割って求めることができます。
良品率	加工数量に対する、良品数量の割合です。加工数量から不良数量を引き、加工数量で除して求めることができます。不良・手直しによる不良ロス低減が、良品率向上の要因となります。

【3-7-3　設備稼働率とロスとの関係】

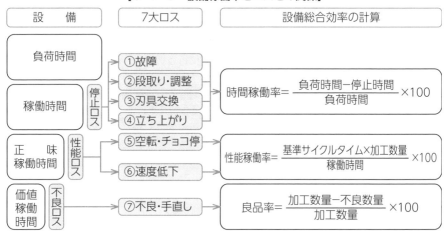

② 設備更新

　設備は使用するにつれて劣化するため、保全費用が増加していきます。**設備取替**とは、長期間の使用などにより設備が劣化した場合に、新しい設備に取り替えることをいいます。一方、**設備更新**とは、現設備性能に比べて高性能の設備が登場した場合に、新たな設備に一新することをいいます。新規に設備を導入する際は、製造現場の意見を反映し、信頼性の高い設備を導入することで、QCDだけでなくモラールの向上を図ることができます。

⚿ Keyword

▶　生産保全

　生産目的に合致した保全を経営的視点から実施する、設備の性能を最大に発揮させるための最も経済的な保全方式のことです。生産保全の目的は、設備の計画、設計・製作から運用・保全を経て廃棄、再利用に至る過程で発生するライフサイクルコストを最小にすることによって経営に貢献することです。

▶ バスタブ曲線

　設備の故障率を縦軸に、時間を横軸にとると、設備の故障率はバスタブに似た形状の曲線になります。このことから、時間と故障率の関係をグラフにまとめたものをバスタブ曲線といいます。

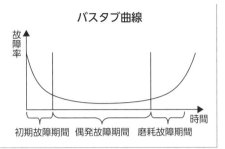

バスタブ曲線

初期故障期間　偶発故障期間　磨耗故障期間

過去問 トライアル解答　　エ

☑チェック問題

　次の設備総合効率を求める計算式中の空欄A〜Cに入る、最も適切な用語の組み合わせを下記の解答群から選べ。

　　設備総合効率＝時間稼働率×性能稼働率×（A）

　　ただし、

　　時間稼働率＝（負荷時間－（B））÷負荷時間

　　性能稼働率＝（（C）×加工数）÷稼働時間

〔解答群〕

ア　A：不良率　　B：設備稼働時間　　C：製造リードタイム

イ　A：不良率　　B：設備停止時間　　C：製造リードタイム

ウ　A：良品率　　B：設備稼働時間　　C：基準サイクルタイム

エ　A：良品率　　B：設備停止時間　　C：基準サイクルタイム

⇒エ

▶ 設備管理から設備総合効率の出題である。

　空欄A：設備総合効率は次式で求められ、空欄Aには「良品率」が入る。

　　設備総合効率＝時間稼働率×性能稼働率×良品率

　空欄B：時間稼働率は次式で求められ、空欄Bには「設備停止時間」が入る。

　　時間稼働率＝（負荷時間－設備停止時間）÷負荷時間

　空欄C：性能稼働率は次式で求められ、空欄Cには「基準サイクルタイム」が入る。

　　性能稼働率＝（基準サイクルタイム×加工数）÷稼働時間

　よって、エが正解である。

3

生産のオペレーション

生産技術

8 工業材料と加工技術

学習事項 工業材料，加工技術，切削・研削機械

このテーマの要点

基礎的な言葉をおさえよう！

工場で使用される工業材料は、金属材料、非金属材料、および２つ以上の異なる材料を組み合わせた複合材料に大きく分類することができます。さらに、非金属材料は、セラミックス、ガラスなどの無機材料、プラスチック、ゴムなどの有機材料に分類することができます。

加工は、生産工程の中で唯一、付加価値を与えるものです。したがって、加工技術そのものが各企業の競争力の源泉になる場合も多いため、他社との差別化を図り、模倣困難性を高める必要があります。本テーマでは、主な加工技術である、切削・研削、鋳造加工、放電加工、レーザー切断、塑性加工、熱処理、溶接、溶射、めっき、研磨について、基本的な言葉の意味を解説します。

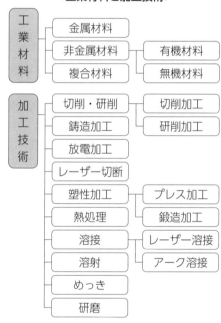

＜工業材料と加工技術＞

なお、工業材料、加工技術とも、出題頻度は高くなく、出題される場合は内容的に複雑になる場合が多いので、基本的な言葉や概要の理解程度にとどめておくことが望ましいでしょう。

過去問トライアル	平成22年度　第6問
	工作機械の加工方法について
類題の状況	R02-Q5　R01-Q4　H27-Q8　H18-Q13 ※加工技術のみ

工作機械に関する記述として、最も適切なものはどれか。

ア　研削盤は、加工物に回転運動を与え、固定された砥石で、研磨する機械である。
イ　旋盤は、切削用バイトに回転運動を与え、加工物を固定して切削する機械である。
ウ　フライス盤は、加工物に回転運動を与え、工具のフライスを送りながら切削する機械である。
エ　ボール盤は、ドリルを回転させながら、固定された加工物に穴をあける機械である。

1 工業材料

工業材料の分類、および概要を下記に記載します。

【3-8-1　工業材料の分類と概要】

金属材料		光沢を持ち、電気および熱伝導性が高く、展性（たたかれて薄く広がる性質）や延性（引き伸ばされる性質）が高い材料で、放電加工や塑性加工に用いられます。
非金属材料	有機材料	原則、構造に炭素原子を含む材料のことで、高分子材料ともいいます。例：ゴム、プラスチック、合成樹脂（ポリエステルなど）、合成繊維（ナイロンなど）
	無機材料	原則、構造に炭素原子を含まない材料です。例：セラミックス、ガラス、セメント、硫酸、無機化学薬品
複合材料		2つ以上の材料を組み合わせた、一般的には繊維を含む材料です。単独材料より強度などの性能が高いという特徴があります。例：合板、繊維強化プラスチック

2 加工技術

加工技術の分類、および概要を下記に記載します。

【3-8-2　加工技術の分類と概要】

切削・研削	切削	刃物を用いた工具を使用して、不要部分を除去することにより、目的の形状、精度に加工する方法です。旋盤加工、フライス盤加工などの方法があります。
	研削	硬度の高い材料を用いた砥石を高速に回転させ、工作物表面を削って目的の形状に加工する方法です。切削より、微細な加工を行うことができます。
鋳造加工		アルミニウム合金・銅合金などの金属材料を溶解し、砂型・金型などの各種鋳型（いがた）に注湯・凝固させることによって、目的の形状に加工する方法です。
放電加工		電極と被加工物との間に周期的に電力を流すことで、被加工物の表面の一部を、熱で溶解し、削り取る加工方法で、極めて固い金属の加工に適しています。

レーザー切断		強力なレーザー光を被加工物に直接照射し、非接触で金属を溶融させて、溶融した金属を吹き飛ばすことで切断する加工方法です。
塑性加工		材料に大きな力を加えて変形させることで、目的とする形状に加工する方法です。
	プレス加工	対となった工具の間に加工物をはさみ、工具に強い力を加えることで、素材を工具の形に成形する加工方法です。板を打ち抜くせん断加工などの分類があります。
	鍛造加工	加工物をハンマーなどでたたいたり、圧縮したりする加工方法です。圧力を加えることで金属内部の空隙をつぶし、強度を高めることができます。日本刀製造などに用いられる工法です。
熱処理		鋼を加熱冷却して、機械部品などを実用に耐えうる性質にする加工方法です。焼入れ・焼戻しといった熱処理によって、材料を強靭にしたり、さびにくくしたりします。
溶接		金属など2つ以上の材料を溶かして一体化する加工方法です。
	レーザー溶接	レーザーを用いて被加工物を溶融し、つなぎ合わせる溶接方法です。制御もしやすく、微小な溶接や精密な溶接に適しています。
	アーク溶接	母材と電極の間に発生させた放電現象（アーク放電）を利用し、同じ金属同士をつなぎ合わせる溶接方法です。厚板などの溶接に適しています。
溶射		加熱することで溶融またはそれに近い状態にした粒子を、被加工物の表面に吹き付けて皮膜を形成する表面加工方法です。
めっき		金属などの材料の表面を、異なる金属の薄い膜で覆う表面加工方法です。例えば、酸化しやすい金属を、酸化しにくい金属で覆うことで耐久性を高めます。
研磨		被加工物を、より硬度の高い材料を用いて、断続的にこすることによって表面部分を微細に削ったり、研ぎ磨いて平滑にする表面加工方法です。

3 切削・研削機械

切削・研削加工で用いられる、主な機械を下記に記載します。

【3-8-3　主な切削・研削機械】

旋盤	切削用バイトと呼ばれる刃物を用いた工具に直線運動を与え、加工物に回転運動を与えて切削する機械です。
フライス盤	切削用バイトに回転運動を与え、加工物を固定して切削する機械です。
ボール盤	ドリルを回転させながら、固定された加工物に穴をあける機械です。
研削盤	加工物を固定し、回転運動を与えた砥石で研磨する機械です。
ホーニング盤	加工対象物の内径を精密に研磨する機械です。

🔑 Keyword

▶ **レアメタル・レアアース**

　レアメタルは、採掘や精錬のコストが高いといった理由などから、産業界での流通量・使用量が少なく希少な金属のことです。レアアースは、希土類元素のことであり、例として磁石の原料となるネオジムなどがあります。埋蔵量の枯渇は心配ないものの、多くが中国により産出されています。経済産業省は、レアメタルの確保やレアアースの代替材料開発のための施策を打ち出しています。

▶ **ナノテクノロジー**

　物質をナノメートル（10^{-9}m）の領域において、新素材やデバイスの開発を行う技術です。

▶ **バイオテクノロジー（生物工学）**

　生物学の知識を実社会で活用する技術のことです。具体的には醸造、発酵の分野から、再生医学や創薬、農作物の品種改良など様々な分野の技術を指します。特に遺伝子を操作する技術は、遺伝子工学と呼ばれることもあります。

▶ **バイオインフォマティクス（生命情報学）**

　生物学の分野の1つで、情報学や統計学などを応用し、遺伝子やタンパク質の構造といった生命情報を分析することで生命について調べる学問および技術のことです。ヒトゲノム分析などは、バイオインフォマティクスの応用例です。

▶ **バイオマス**

　生物資源（bio）の量（mass）を表す概念で、一般的には「再生可能な、生物由来の有機性資源で化石資源を除いたもの」のことを示します。具体的には、廃棄される紙、家畜排せつ物・食品廃棄物などが対象で、再生可能エネルギーとしての活用が注視されています。

3
生産のオペレーション

過去問 トライアル解答 **エ**

☑チェック問題

工作物の平面削りや溝削りをするためには、フライス盤が使用される。　⇒○

▶ フライス盤を用いるフライス加工機は、工具を主軸とともに回転させて平面削りや溝削りなどの加工をする工作機械である。

廃棄物管理
廃棄物の管理と環境保全に係る法規

学 習 事 項 廃棄物の処理と管理，環境保全関連法規

このテーマの要点

環境対応のポイントをおさえよう！

工場の生産工程では、多数の原材料を用い、その結果多数の廃棄物が生成されます。生産現場では、廃棄物自体を減らし、再利用する3R（リデュース、リユース、リサイクル）や省エネに対する取り組みを重要視しています。また、生産工程の前の、設計・調達工程においても、環境負荷の少ない原材料を用い、加工・組立工数を抑えてCO_2排出を減らす生産設計を行うグリーン設計、環境負荷の少ない原材料を優先的に購入するグリーン調達、などといった取り組みを行う必要があります。

＜工場（企業）が要求される環境対応＞

環境保全関連法規

対応

工場生産工程

設計	←	グリーン設計
調達	←	グリーン調達
生産	←	3R対応 省エネ対応
出荷	←	回収・廃棄・再生の推進

さらに、環境意識の高まりを踏まえ、企業は、市場に出荷した製品を管理対象とし、回収・廃棄・再生などの対策に取り組む必要があります。

一方で、政府においても、これまでの大量生産・大量消費・大量廃棄の反省を踏まえ、循環型の経済社会を推進すべく、様々な環境保全に係る政策を打ち出しています。企業にとっては、こうした環境保全関連法規に対する適切な対応を行う必要があります。

過去問トライアル	平成24年度　第20問
	省エネルギー法
類題の状況	R05-Q5　R05-Q20　R05-Q24　R04-Q21　R03-Q21 R03-Q25　R02-Q22　R01-Q26　H27-Q21　H21-Q16 H20-Q10　H18-Q9　H17-Q12 ※環境保全関連法規のみ

「エネルギーの使用の合理化に関する法律」（省エネ法）に関する記述として、最も適切なものはどれか。

ア　省エネ法が直接規制する事業分野は、工場、輸送、建築物の３分野である。

イ　省エネ法で規定する「エネルギー管理指定工場等」では、エネルギー管理者もしくはエネルギー管理員を選任することが義務付けられている。

ウ　省エネ法で規定する「特定事業者」は、中長期的にみて年平均10％以上のエネルギー使用量の低減を達成しなければならない。

エ　省エネ法では、事業者のエネルギー使用量を、燃料と熱の使用量に基づいて算定する。

1　廃棄物の処理と管理

廃棄物の削減を行うためには、工場（企業）において全社的に取り組む必要があります。工場における環境対策を下記に概観します。

①グリーン設計

環境負荷の低い原材料使用を前提とし、製造時の環境負荷が低い生産設計を行ったり、部品のリサイクルが可能となるような設計を行ったりすることです。

②グリーン調達

環境負荷の低い原材料の調達や、環境負荷低減に努める事業者から調達することです。

③ゼロ・エミッション

廃棄物を原材料やエネルギーとして再利用し、廃棄物をゼロとする活動のことです。

④３R：Reduce、Reuse、Recycle

廃棄物を減少させ、有効に再利用するための取り組みのことです。リデュース（減らすこと）、リユース（そのまま再利用すること）、リサイクル（形を変えて再利用すること）の頭文字Rをとったものです。３Rにおいては、環境負荷低減に有効な取り組みから、つまり、リデュース、リユース、リサイクルの順番に取り組むことが大切です。

2　環境保全関連法規

環境保全関連法規を下記に記載します。

①環境基本法

環境保全に係る方針や施策の方向性を示す基本法です。環境基本計画として、循環型社会の実現、自然と人間の共生、すべての主体の参加の実現、国際的取組の推進を打ち出しています。

②循環型社会形成推進基本法

廃棄物やリサイクルの枠組みを示す法律です。循環型社会の定義を明確化し、再

（右側縦書き）3　生産のオペレーション

利用できる廃棄物を「循環資源」と定義しています。廃棄物の処理順位を、「発生抑制→再使用→再生利用→熱回収→適正処分」と法定化しています。

③個別法

　環境基本法、循環型社会形成推進基本法に基づく、主な関連法規を下記に示します。＊は「個別物品の特性に応じた規制」

【3-9-1　環境保全関連法規】

建設 リサイクル法＊	特定の建設資材について分解解体・再資源化を促進し、解体工事業者を登録制とすることにより、資材有効活用と廃棄物の適切な処理を目的とする法律です。
食品 リサイクル法＊	食品廃棄物の発生抑制と減量化、および飼料・肥料などへの再生利用の促進を目的とした法律です。飲食店のほか、食品製造・小売・卸売業も対象です。
家電 リサイクル法＊	エアコン、テレビ、冷蔵庫、洗濯機の、小売店による消費者からの引取りや、製造業者の再商品化を目的とした法律です。
容器包装 リサイクル法＊	容器包装の収集、および再資源化について定めた法律です。レジ袋やプラスチック製容器の排出抑制や、ＰＥＴボトルなどの再利用促進のため、容器包装の有償化、排出の抑制促進に対する取り組みを求めています。
グリーン購入法	国などの行政機関が率先して、環境物品などの調達推進、情報提供を行い、環境負荷軽減を図ることを目的とした法律です。
自動車 リサイクル法＊	使用済自動車の再資源化を目的とした法律です。リサイクル費用は、自動車の使用者が負担し、特に処理が困難なシュレッダーダスト、フロン類、エアバック類について適正な処理を行うことを自動車メーカーに義務付けています。
小型家電 リサイクル法＊	2012年（平成24年）8月に、使用済小型電子機器等のリサイクルを推進するために制定された法律です。対象品目は、一般消費者が通常生活の用に供する電子機器その他の電気機械器具のうち、効率的な収集運搬が可能であって、再資源化が特に必要なものとして電卓など28類型の品目が政令において指定されています（「家電リサイクル法」の対象となる家電4品目を除く）。
廃棄物処理法	廃棄物の排出を抑制し、適正な処理を進めるとともに、生活環境を清潔にすることなどを目的とする法律です。また、委託基準やマニフェストの交付、処理業の許可、罰則など、産業廃棄物の処理にあたり必要な規定を整備しています。2010年の改正では、不法投棄の罰金が3億円以下に引き上げられています。
省エネ法	燃料資源の有効利用のため、エネルギーの合理的使用促進を目的とした法律です。2010年に施行された改正省エネ法では、工場・事業場ごとの管理から、企業全体での管理に変わり、企業全体のエネルギー使用量が原油換算値で1,500kl／年以上であれば規制対象になっています。また、フランチャイズチェーンについても、事業全体として規制の対象になっています。

🔑 Keyword

▶ **ライフサイクルアセスメント（LCA）**

　製品のライフサイクル（原材料入手から、製造、使用、処分に至るプロセス）において、環境にどのような負荷を与えたのかを評価する手法です。

▶ **ISO14001**

　環境マネジメントシステムとも呼ばれ、組織活動、および提供する製品・サービスにおいて、地球環境の悪化に歯止めをかけるための仕組みを組み込んだ国際規格です。

▶ **環境対応生産**

　「原材料・資源の採取、製品の開発、製造、流通・販売、使用、保全、再生、廃棄などプロダクトライフサイクルの各段階で、環境負荷を減少させるよう工夫された生産の総称」（JIS Z8141-2401）です。環境問題を緩和するために、使用済製品の回収、廃棄、リサイクルなど、従来の生産体系の範囲外までを対象としています。

▶ **循環型生産システム**

　「物質循環系として、製品の供給と使用が閉じた系を構成していなければならないという考え方に基づく生産の仕組みまたは体系」（JIS Z8141-2402）です。循環型生産システムの範囲は、プロダクトライフサイクルに関する処理プロセス全体と製品そのものであり、リユース、および同一種類の製品の中で再利用する閉ループリサイクルを対象としています。一方で、他の製品に低品質の材料として使用するカスケードリサイクルは対象としていません。

▶ **産業廃棄物**

　事業活動から生じる廃棄物のうち、燃え殻、汚泥、廃油、廃酸、廃アルカリ、畜産農業から排出される動物のふん尿、畜産農業から排出される動物の死体など20種類の廃棄物のことです。産業廃棄物以外の廃棄物を、一般廃棄物といいます。

過去問 トライアル解答

3

生産のオペレーション

環境基本計画における廃棄物・リサイクル対策に関する次の文中の空欄A〜Cに最も適切なものの組み合わせを下記の解答群から選べ。

「廃棄物・リサイクル対策については、『循環型社会形成推進基本法』の定める優先順位に基づき推進します。すなわち、第一に廃棄物等の発生の抑制を図ります。第二に発生した循環資源は製品や部品としての　（A）　を図ります。第三に　（A）　されない循環資源は原材料としての　（B）　を図ります。第四に　（A）　及び　（B）　がされない循環資源については　（C）　を図ります。第五に循環的な利用が行われない循環資源は適正に処分します。」

〔解答群〕

ア	A：熱回収	B：再生利用	C：再使用
イ	A：熱回収	B：再使用	C：再生利用
ウ	A：再生利用	B：熱回収	C：再使用
エ	A：再使用	B：熱回収	C：再生利用
オ	A：再使用	B：再生利用	C：熱回収

⇒オ

▶ 循環型社会形成推進基本法の基本知識を問う問題である。

循環型社会の基本概念は、3Rにある。これは、①リデュース（Reduce）：廃棄物の抑制（ごみを出さない）、②リユース（Reuse）：廃棄物の再使用（そのまま使用する、新たに資源を使わない）、③リサイクル（Recycle）：廃棄物の再生利用（新たな資源を使用して形を変え再利用する）の順に資源を有効活用する考え方である。3Rできなければ、④熱回収を検討し、不可であれば適正処分する。よって、A：再使用、B：再生利用、C：熱回収が正解である。

生産情報システム

生産情報システム

1 各テーマの関連

生産管理

　生産情報システム

　　生産情報システム ─── 4-1　生産と生産情報システム

　　　　　　　　　　　　── 4-2　CAD・CAM・CAE

　　　　　　　　　　　　── 4-3　自動製造システム

　　製造業における
　　生産情報システム ─── 4-4　MRPの発展とSCM

　生産情報システムの分野では、主に生産の設計・製造工程で用いる生産情報システムと、資材供給業者（サプライヤー）から消費者に至るまでのサプライチェーンの中で、製造業の情報システムが果たす役割を学習します。生産情報システムは、生産に係るシステムの総称であり、生産工程（需要予測から出荷まで）ごとに、管理や技術支援などの目的に応じたシステムが構築されます。前テーマで学習した生産の設計・計画や生産のオペレーションを効率化し、QCDの最適化を支援する役割を担います。

　生産情報システムの分野では、まず「4－1　生産と生産情報システム」で生産工程ごとにどのような生産情報システムが構築されているかを確認します。次に「4－2　CAD・CAM・CAE」で、設計工程で用いられるCADおよびCAEと、製造工程で用いられるCAMを学習します。作業時間の短縮、品質の改善、コストの低減にどのように貢献するかを意識しながら学習を進めていきましょう。「4－3　自動製造システム」では、製造設備の自動化が生産合理化に果たす役割を学びます。生産設備自動化の歴史を踏まえ、それぞれの自動製造システムが企業の生産工程にどのような効果を与えているのか、理解していきましょう。

　製造業における生産情報システムでは、製造業を取り巻くサプライチェーンの中で、情報システムが担う役割について学習します。「4－4　MRPの発展とSCM」では、部門間・企業間のIT連携を行うSCMが、関係する部門・企業の収益

向上にどのような役割を果たすのかを学びます。またＭＲＰの発展では、ＭＲＰが発展していく過程においてどのような機能が付与されてきたのかを学習します。機能拡張したＭＲＰシステムが、企業の効率性・合理性向上に対してどのように貢献するのか、理解を深めていきましょう。

2 出題傾向の分析と対策

① 出題傾向

#	テーマ	H26	H27	H28	H29	H30	R01	R02	R03	R04	R05
4-1	生産と生産情報システム	2			1	1					
4-2	ＣＡＤ・ＣＡＭ・ＣＡＥ	2			1						1
4-3	自動製造システム			1	2	1					
4-4	ＭＲＰの発展とＳＣＭ	1					1		1		

② 対策

　生産情報システム、製造業における生産情報システムの分野からは、出題が数問程度と、出題頻度はそれほど高くありません。しかし、その中で生産情報システム分野のＣＡＤ・ＣＡＭ・ＣＡＥは、出題頻度が高いだけでなく、ＣＡＥで用いられるシミュレーションに関する出題が行われており、重点的に学習する必要があります。２次試験でもＣＡＤ／ＣＡＭ（ＣＡＤとＣＡＭを連結したもの）の導入効果を問われており、学習必須の分野といえるでしょう。

　製造業における生産情報システムの分野からは、ＳＣＭやＭＲＰを中心に出題されるため、当内容の理解を深めておく必要があります。新しい論点の出題が多くない生産管理分野において、「ブルウィップ効果」に関する出題が多く見られます。生産管理だけでなく、店舗・販売管理分野においても「ブルウィップ効果」が出題されており、確実に習得しておくべき内容となります。

　生産情報システム、製造業における生産情報システムの出題内容は基礎的な問題が多いため、１次試験通過に向けて得点を確保したい分野です。本テキストを中心に、基礎的な内容については確実におさえておきましょう。

4
生産情報システム

生産情報システム

生産と生産情報システム

このテーマの要点

生産を支える情報システム

生産情報システムは、生産に係るシステムの総称であり、生産工程（需要予測から出荷まで）ごとに、管理や技術支援などの目的に応じて構築されます。

工程ごとに独立したシステムを一元化・共有化したＥＲＰ（「4－4 ＭＲＰの発展とＳＣＭ」に記載）などの統合情報システムを構築することで、企業が持つ経営資源を有効に活用することができます。また、ＳＣＭ（サプライチェーン・マネジメント）を行う際、供給業者、卸・小売業者などの他企業との情報システムと、社外ネットワークを通して情報共有を図る上でも、自社の情報システムの整備が不可欠となります。

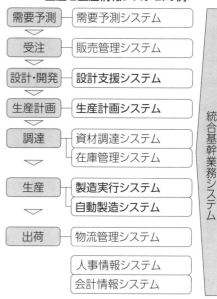

＜生産と生産情報システムの例＞

需要予測	需要予測システム
受注	販売管理システム
設計・開発	設計支援システム
生産計画	生産計画システム
調達	資材調達システム
	在庫管理システム
生産	製造実行システム
	自動製造システム
出荷	物流管理システム
	人事情報システム
	会計情報システム

（統合基幹業務システム）

過去問トライアル	平成27年度　第3問
	生産情報システム
類題の状況	H30-Q5　H29-Q2　H27-Q7　H24-Q5

製造プロセスのデジタル化に関する記述として、最も適切なものはどれか。

ア CADを導入することで複数台のNC工作機がコンピュータで結ばれ、効率的な設備の運用が可能となった。

イ CAE を導入することで樹脂や金属製の立体物が造形され、開発コストの低減と開発期間の短縮が可能となった。

ウ CAMを導入することでCADと連携したマシニングセンタへの指示プログラム

が作成され、熟練工の高度な加工技術を再現することが可能となった。

エ　３次元CADと３Dプリンタを連携させることで構造解析・流体解析などのシミュレーションがコンピュータ上で可能となり、開発コストの低減と開発期間の短縮につながった。

1　生産活動のプロセスと情報システム

　生産情報システムは、生産活動の基本要素（設計・調達・作業）に対応して様々な目的や機能を持った情報システムが存在します。設計、作業（生産計画、生産指示、工程管理、実績管理）の各プロセスにおける主な情報システムには、以下のものがあります。

①設計（設計・開発プロセス）

　設計・開発に関するプロセスでは、製品開発の効率化を進めるために、CAD／CAMなどの設計支援システムが多くの企業で利用されています。CADを利用することは過去の設計データの流用を促すため、設計期間の短縮とともに、設計品質を向上させる効果が期待できます。近年は３次元モデルの作成を支援する３D−CADの利用が拡大するとともに、試作品の製作などで３Dプリンタの利用が増加しています。

②作業（生産計画プロセス）

　生産計画に関するプロセスでは、製品の販売計画や在庫計画などに基づいて、いつ、何を、どれだけの量、どの設備を使用して製造するかを計画し、それを支援するのが生産計画システムです。生産計画システムの１つであるAPS（Advanced Planning and Scheduling：先進的スケジューリング）は、部品表と作業手順を用いて納期を回答し、合わせて部品の手配を行うなど、組織間や企業間の枠を超えて同期を取り合いながら全体最適化を志向して、生産計画のスケジューリングを行うシステムのことを指しています。

③作業（生産指示、工程管理、実績管理）

　生産指示〜工程管理〜実績管理に関するプロセスでは、製造の実行や、製造の進度、製造余力などを管理し、計画通りの生産を支援する情報システムが利用されます。製造の実行では、MES（Manufacturing Execution System：製造実行システム）が製品設計や生産計画の情報を自動製造システムに連携して、工場の生産ラインにある設備のコントロールや、製造実績の収集などを支援します。MESを利用することで、製造の自動化や、製造実績の自動報告、製造ロットの追跡に必要な情報などを効率的かつ正確に収集することが可能になります。MESには、「生産活動で発生する情報を、その発生場所で即時に収集する」仕組みであるPOP（Point Of Production：生産時点情報管理）と連携するシステムや、POP自体を含んだシス

4

生産情報システム

テムがあります。

　製造業における情報システムには、生産活動を支援するものだけでなく、他の業種と同様に、販売、購買、財務、人事などの業務プロセスや、生産、在庫、物流などの業務プロセスがあります。それらの業務プロセスを相互に結び付け、企業内の経営資源を統合的に管理する情報システムをＥＲＰ（Enterprise Resource Planning：統合基幹業務システム）と呼びます。

3 ＩｏＴ／Ｍ２Ｍ

　ＩｏＴとは、Internet of Thingsの略で、「モノのインターネット」とも呼ばれるものです。インターネットを通じて様々なモノがインターネットに接続され、様々な情報が交換されることによって相互に制御する仕組みであり、それを活用したネットワーク社会の実現を目指す概念です。Ｍ２Ｍは、Machine-to-Machineの略で、コンピュータネットワークなどにつながれたマシン（製造設備、産業ロボット、制御システムなど）同士が人の手を介在せずに相互に情報を交換し合い、自動的に最適な制御が行われるシステムを指しています。前述したＩｏＴも、モノとモノの情報交換や情報に基づく機器制御などを行っていればＭ２Ｍに含まれることになります。

【4-1-1　ＩｏＴ／Ｍ２Ｍ】

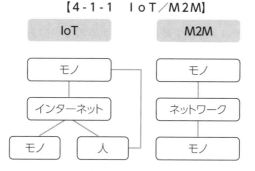

(モノ)
製造設備、産業用ロボット、家電製品、制御システムなど

① ＩｏＴ／Ｍ２Ｍの動向
　インターネットの技術や、温度・照度・人感・加速度などの各種センサー技術の進化に伴い、パーソナルコンピュータやスマートフォンなどのインターネット接続端末に加えて、家電製品や自動車、電力検針のメーター類、工場設備など、様々なモノが、インターネットを介してつながり始めており、今後もインターネットにつ

ながるモノが大きく増加していくことが予想されています。特に、自動車や産業分野、ウェアラブルデバイス分野でのＩｏＴデバイスが近年増加しています。

② インダストリー 4.0

ドイツ政府が推進する製造業の高度化を目指す戦略的プロジェクトがインダストリー 4.0と呼ばれるもので、ＩＣＴ（情報通信技術）を駆使した製造業の経営革新を指しています。すべての機器がインターネットによってつながり、さらにビッグデータを駆使しながら機械同士（モノ同士）が連携して動作することによって、製造現場が効率化・合理化されることを想定しています。

近年は、日本でもインダストリー 4.0の考え方の浸透が進んでいます。内閣府が2016年に公表した「日本再興戦略2016」では、新たな有望成長市場の創出の鍵として「第４次産業革命の実現（ＩｏＴ・ビッグデータ・ＡＩ・ロボット）」が掲げられ、国家戦略として世界最先端のスマート工場の実現を目指しています。

⚙ Keyword

▶ フロントローディング設計

製品開発のライフサイクルにおいて、以前には試作品の製造後に行っていた機能・強度解析などの工程を、ＣＡＥを使用して設計の初期段階でシミュレーションすることが可能になります。その結果、問題点の早期発見を行うことができ、製品の品質向上や製品開発のリードタイム短縮などの効果を期待することができます。

▶ ＡＩ（Artificial Intelligence：人工知能）

ＡＩ（人工知能）とは、人工的にコンピュータ上で人間と同様の知能を実現させようという試みや、そのための一連の基礎技術を指す言葉です。ＩｏＴの進展によって、インターネットに接続された様々なモノから大量のデータを収集できるようになるため、その大量データを効率的に分析するための仕組みとしてもＡＩが注目されています。

過去問 トライアル解答 **ウ**

☑チェック問題

インターネットに接続した遠隔監視カメラはＩｏＴ実用例の１つである。
⇒○

▶ 正しい説明です。インターネットに接続された遠隔監視カメラは、河川情報、火山情報、防犯用途などで、既に多くの場面で利用されています。

4 生産情報システム

生産情報システム
CAD・CAM・CAE

学習事項 CAD, CAM, CAE, PDM, CE, 3Dプリンタ

このテーマの要点

技術を支える情報システム

CAD、CAM、CAEは、設計支援システム、あるいは製造支援システムとして、現在多くの企業や工場で利用されています。設計・製造工程において、システムを利用することで作業時間の短縮が図れ、過去の蓄積データなどを有効利用することで品質の改善を行うことができます。

また、CADデータなどの製品情報を一元的に管理するPDMなどのシステム導入、さらにはCE（コンカレントエンジニアリング）などの製品開発手法の導入が、生産プロセスの迅速化・効率化に貢献しています。近年は、3D－CADで作成したデータを使って3Dプリンタで試作品などを製作するシーンも増加しています。

<製品開発プロセスと情報システム>

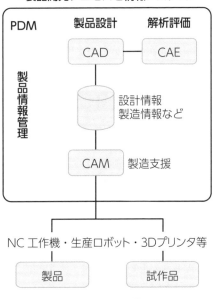

過去問 トライアル	平成24年度　第5問
	生産情報システム
類題の状況	R05-Q4　H29-Q21　H27-Q3　H27-Q7　H21-Q9　H19-Q4

生産活動におけるコンピュータ支援技術に関する記述として、最も適切なものはどれか。

ア コンピュータの内部に表現されたモデルに基づいて、生産に必要な各種情報を作成すること、およびそれに基づいて進める生産の形式は、CADと呼ばれる。

イ 生産活動に関連する設備、システムの運用、管理などについて、コンピュータの支援のもとで教育または学習を行う方法は、CAIと呼ばれる。

ウ 製品の形状その他の属性データからなるモデルをコンピュータ内部に作成し、

解析・処理することによって進める設計は、CAEと呼ばれる。

エ　製品を製造するために必要な情報をコンピュータを用いて統合的に処理し、製品品質、製造工程などを解析評価することは、CAMと呼ばれる。

1　CAD・CAM・CAE

設計、製造を支援するシステムにCAD、CAM、CAEがあります。

① CAD（Computer Aided Design）

CADは、コンピュータ支援による設計のことで、2次元の図面を描く2次元モデル（2D）、立体形状を表現する3次元モデル（3D）があります。コンピュータ内に、3次元モデルとして製品の形状設計を行うことで、CAE、CAMシステムを用いた解析評価、製造自動化支援を行うことが可能となります。3次元モデルの主なものは下表の通りです。

【4-2-1　CAD・CAM・CAE】

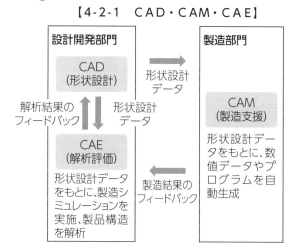

【4-2-2　CADの3次元モデル】

ワイヤーフレームモデル	頂点とワイヤー（線）のみで表現したモデルです。データ量が少ないため、短時間での表示が可能ですが、面や位相情報がないため、用途が限定的となります。
サーフェスモデル	面データの集合として表現したモデルです。ワイヤーフレームモデルに比べて実態に近い形状を表現できますが、中身の情報がないため、体積や重心の算出は不可能です。
ソリッドモデル	体積情報を持ち、立体の完全な表現が可能であるモデルです。体積や重心の算出、構造解析などが可能ですが、データ量が多くシステム負荷が高くなる可能性があります。パラメトリック機能など、高度なモデリング機能を備えるものが主流となっています。

② CAM（Computer Aided Manufacturing）

CAMは、コンピュータによる製造活動の自動化支援のことです。CADデータを活用し、数値データ、ロボット用プログラムなどを自動生成します。

また、CAD／CAMという用語もあり、CADデータを直接CAMに利用して、

設計・生産を行うことをいいます。CAMは、当初CADとは独立しており、形状定義などを独自に行う必要がありました。CADデータを直接得られるようにすることで、設計から製造までの情報を一貫して支援できるCAD／CAMとして発展してきています。

❸ CAE（Computer Aided Engineering）

　CAEとは、コンピュータによる設計解析のことです。CADデータを用いたシミュレーションや構造解析、曲げやねじれなどの応力・変形解析などを行うことで、実際に製造する前に、製品の品質や性能の評価を行います。設計開発段階における品質の作り込みに大きく貢献します。

【4-2-3　シミュレーション手法例】

デジタルモックアップ（DMU）	3次元CADの設計データをもとに、製品モデルを、コンピュータ上で3次元シミュレーション表示することにより、設計やデザインの検証、評価を行うことです。製品設計の段階で製作される実物模型（モックアップ）ではなく、DMUを利用することで、設計期間の短縮、試作コストの削減、品質向上などの効果を期待することができます。
バーチャルマニュファクチャリング	工場（設備/装置）・作業者・製品などの生産システムをコンピュータ上に仮想構築し、製品の性能・構造の生成状態、生産プロセス・設備などの動き・変化、製造ラインにおける人・物の流れや設備などの動きをシミュレーション解析することです。

❹ 3D−CADと3Dプリンタ

　3次元モデルは3D−CADと呼ばれるシステムで設計され、解析評価などを経て製造に使用されます。近年は、3Dプリンタによって立体を造形する技術が進み、短期間での試作品の製作、金型の製作、実際の部品の製造などでの活用が広がっています。3Dプリンタには、主に以下の種類があります。

【4-2-4　3Dプリンタの主な種類】

方式	概要	メリット	デメリット
光造形	光硬化性樹脂をレーザーで硬化させる	造形精度が高い	導入コストが高い 材料が限定される
粉末焼結積層造形	粉末状の材料をレーザーで焼結させる	造形速度が速い	導入コストが高い 造形精度が低い
熱溶解積層法	樹脂などの材料を溶融して押し出して積層する	導入コストが低い（低価格な3Dプリンタの代表的なもの）	造形速度が遅い 造形精度が低い 材料が限定される
インクジェット	紫外線硬化性樹脂を噴射して積層する	造形速度が速い フルカラー造形ができる	加工精度が低い 造形物の強度が低い

2 PDM（Product Data Management：製品情報管理システム）

　PDMとは、製品に関するすべての情報（CADデータ、製造指示書などの図面・文書情報、部品構成情報など）や開発プロセスを一元的に管理するシステムのことです。PDM導入により、複数部門にまたがる情報共有、協調作業が可能となり、製品開発工程を中心に、業務の迅速化と効率化を期待することができます。

【4-2-5　PDMとCE】

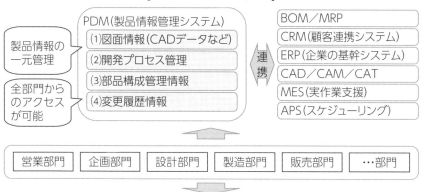

3 CE（Concurrent Engineering：コンカレントエンジニアリング）

　CEは、製品設計、製造、販売などの各プロセスを、同時進行的に進める開発手法です。関連部門と連携し、PDMのような、一元化したデータベースを用いたシステムを背景に、製品開発の上流工程をオーバーラップしながら進めるアプローチです。製品開発のリードタイム短縮や、手戻りロスの削減が可能となり、生産効率の向上に貢献します。

4

生産情報システム

Keyword

▶ パラメトリック機能

　パラメータの値を変えるだけで自動的に形状を変更できる機能です。外部からパラメータを与えるだけで、容易にモデルを変更でき、効率的な設計が可能です。

▶ 　CAPP（Computer Aided Process Planning）
　コンピュータを用い、加工工程の自動編成、自動作成を計画することです。

▶ 　CAT（Computer Aided Testing）
　コンピュータによるテストの自動化支援のことです。

▶ 　CAI（Computer Aided Instruction）
　学校や企業などにおけるコンピュータ支援教育のことです。CAIは生産活動における設備、システムの運用、管理などにも活用されています。

過去問 トライアル解答 イ

☑チェック問題

　コンピュータの内部に表現されたモデルに基づいて、生産に必要な各種情報を作成すること、およびそれに基づいて進める生産の形式は、CADと呼ばれる。
⇒×

▶ 　CADに関する記述ではなく、CAMの定義が記述されている。CAMとは、「コンピュータの内部に表現されたモデルに基づいて、生産に必要な各種情報を生成すること、およびそれに基づいて進める生産の形式」（JIS B 3401-0103）のことである。CAMでは、CADなどで作成した設計情報を用いて、製造に必要な数値データや製造用プログラムなどの自動生成を行う。

3 生産情報システム
自動製造システム

学習事項　NC, CNC, DNC, FMC, FMS, FA, CIM, POP

このテーマの要点

生産合理化に貢献する自動製造システム

　生産の合理化を進める上で、大きな役割を果たすのが、製造設備の自動化です。

　工作機械の自動化は、ＮＣ工作機械から始まりました。ＮＣ工作機械とは、数値制御（ＮＣ：Numerical Control）を組み込んだ工作機械のことです。さらに、コンピュータ制御によって稼働するＣＮＣ工作機械や、自動工具交換が可能なマシニングセンタ（MC）として発展していきます。

　その後、様々な機械を組み合わせ

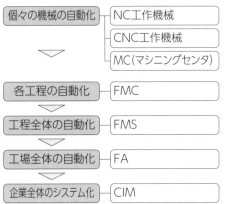

＜製造装置自動化の発展＞

個々の機械の自動化 ── NC工作機械 / CNC工作機械 / MC（マシニングセンタ）

各工程の自動化 ── FMC

工程全体の自動化 ── FMS

工場全体の自動化 ── FA

企業全体のシステム化 ── CIM

ることにより、各工程内の自動化が可能となりました。ＦＭＣの導入は、工程内の自動化を可能とし、さらには工程全体の自動化を可能とするＦＭＳとして発展しています。

　次いで、工場全体の自動化を図るＦＡ、さらには企業全体のシステム化を図るＣＩＭとして自動化レベルが向上しています。

　本テーマでは、自動製造システムと、そのシステムがもたらす効果について学習します。

過去問 トライアル	平成22年度　第3問
	FMS
類題の状況	H30-Q5　H29-Q2　H29-Q8　H28-Q5　H17-Q7

FMS（Flexible Manufacturing System）の一般的な特徴に関する次の記述の正誤について、最も適切なものの組み合わせを下記の解答群から選べ。

a　生産品種の多様化への対応が容易である。
b　設備変更に対して柔軟性がある。
c　生産内容の変更が容易である。

〔解答群〕

ア　a：正　　b：正　　c：正　　イ　a：正　　b：誤　　c：正
ウ　a：誤　　b：正　　c：誤　　エ　a：誤　　b：誤　　c：誤

1 自動製造システム

❶NC工作機械

NC（Numerical Control）とは数値制御のことで、NC工作機械は、工作機械に自動制御のためのNCを組み込んだものです。加工数値情報を入力し、NC内蔵のソフトウェアによって加工指示情報に変換することで、旋盤やボール盤などの加工を実施します。現在では、コンピュータ制御によるCNC、DNCを用いた工作機械として発展しています。

(1)　CNC（Computerized Numerical Control：コンピュータ数値制御）

CNCとは、「コンピュータを組み込んで、基本的な機能の一部または全部を実行する数値制御」（JIS B 3000-3011）のことです。

(2)　DNC（Distributed Numerical Control：分散形数値制御）

DNCとは、「生産管理コンピュータと数値制御システムとの間でデータを分配する階層システム」（JIS B 3000-3012）のことです。複数台のNC工作機械をネットワークで接続し、並列的に複数のコンピュータから制御することができ、CNCに比べ、より幅広い制御が可能です。

❷MC（Machining Center：マシニングセンタ）

MCとは、「主として回転工具を使用し、フライス削り、中ぐり、穴あけおよびねじ立てを含む複数の切削加工ができ、かつ、加工プログラムに従って工具を自動交換できる数値制御工作機械」（JIS B 3000-2002）のことです。ATC（Automatic Tool Changer：自動工具交換装置）と呼ばれる機能を具備し、1回の段取りで、旋削、穴あけ、平面加工など多数の異なる種類の作業を自動的に行うことができます。ATCは、複数の工具を格納する工具マガジンからコンピュータの指令によって必要

な工具を選定し、工具保持台に自動で取り付ける装置です。

❸ FMC（Flexible Manufacturing Cell：フレキシブル加工セル）

　FMCとは、「数値制御機械に、ストッカ、自動供給装置、着脱装置などを備え、複数の種類の製品を製造できる機械」（JIS B 3000-1003）のことです。NC工作機械、産業用ロボットなど複数の機械を組み合わせることであり、複数種類の製品の加工を自動化します。

❹ FMS（Flexible Manufacturing System：フレキシブル製造システム）

　FMSとは、「生産設備の全体をコンピュータで統括的に制御・管理することによって、混合生産、生産内容の変更などが可能な生産システム」（JIS B 3000-1002）のことです。FMSでは、複数のFMCや加工機械を自動搬送装置で接続することで、柔軟な製造過程を実現します。

❺ FA（Factory Automation：ファクトリーオートメーション）

　FAとは、「工場における生産機能の構成要素である生産設備（製造、搬送、保管などにかかわる設備）と生産行為（生産計画および生産管理を含む）とを、コンピュータを利用する情報処理システムの支援のもとに統合化した工場の総合的な自動化」（JIS B 3000-1001）のことです。FAでは、総合的なシステム管理を通して、生産機能の最適化を目指します。

❻ CIM（Computer Integrated Manufacturing：コンピュータ統合生産システム）

　CIMとは、「生産に関係するすべての情報をコンピュータネットワークおよびデータベースを用いて統括的に制御・管理することによって、生産活動の最適化を図る生産システム」（JIS B 3000-1005）のことです。情報の共有化と、モノと情報の一体化を図ることで、生産業務の効率化を図り、外部環境に対しても迅速・柔軟に対応することを可能とします。

【4-3-1 CIMの構成】

━━▶ 物の流れ　　━━▶ 情報の流れ

CIM

生産計画システム

情報の一元化
共有化

製造システム

FMS

FMC
NC工作機械
産業用ロボット

FMC
MC(ATC／APC)

FMS
FMC

設計
システム
CAD／
CAM

自動倉庫

物流・納品
システム
製品

調達
システム
原材料
部品

物の流れ

⚲ Keyword

▶　AGV（Automatic Guided Vehicle：無人搬送車）
　工場内を無人で自動走行し、指定された場所で人手または無人で荷卸しを行う無軌道車両です。

▶　AWS（Automatic Warehouse System：自動倉庫システム）
　材料、部品、仕掛品、製品などを、コンピュータ制御のもと、自動で入出庫・格納するシステムです。品目や在庫量の情報なども併せて管理します。

▶　APC（Automatic Palette Changer：自動パレット交換システム）
　生産ライン上の、加工物を載せたパレットを、加工を行うNC工作機械や加工物置場に、自動的に移送する装置のことです。

2　POP（Point of Production：生産時点情報管理）

　POPとは、搬送用パレットや製品に付けられたバーコードやRFタグ（ICタグ）などを読み込むことで、生産時点で発生する情報を、情報の発生場所（機械、作業者、ジョブ）においてリアルタイムに収集することです。POPを活用することで、進捗状況や現場で発生している問題を即座に把握でき、生産量の柔軟な変更

や、問題に対する迅速な対応を実現します。ＰＯＰは主に、個別生産やロット生産に採用されています。

過去問 トライアル解答　**イ**

☑チェック問題

　ＦＭＳ（Flexible Manufacturing System）は、生産品種の多様化への対応が容易であり、設備変更に対して柔軟性があり、生産内容の変更が容易である。
⇒×

▶　設備変更に対して柔軟性がある、という記述が誤りである。ＦＭＳは、ある製品群・部品群を想定し、品種と生産量の変更に容易に対処できる自動加工システムである。自動加工システムは、複数のＣＮＣ工作機械と加工物の脱着用の自動パレット交換機を構成要素にし、マテリアルハンドリングシステムとしての加工物搬送用の無人搬送車、自動倉庫などを、コンピュータによって統合した多品種生産対応可能な加工システムである。このためＦＭＳは、生産品種の多様化への対応や生産内容の変更が容易である。反面、自動加工システムの形態が固定されているため、設備の変更に対しては柔軟な対応ができない。

4 製造業における生産情報システム
ＭＲＰの発展とＳＣＭ

学習事項 ＳＣＭ，オープンループＭＲＰ，クローズドループＭＲＰ，ＭＲＰⅡ，ＥＲＰ

このテーマの要点

ＳＣＭで業務の全体最適化を図る！

サプライチェーン・マネジメント（ＳＣＭ：Supply Chain Management）とは、ＩＴを駆使して、資材供給業者（サプライヤー）から、消費者に至るまでの一連のプロセスをネットワークで結ぶことで情報を共有し、経営業務全体のスピードおよび効率を高めながら全体最適を実現するマネジメント手法です。

ＳＣＭの詳細は「9－5　サプライチェーン・マネジメント」で学習するため、本テーマでは製造業に関連する部分について取り上げます。

ＳＣＭへの発展の出発点は、企業内で資材所要量計算を行うＭＲＰ（オープンループＭＲＰ、狭義のＭＲＰ）

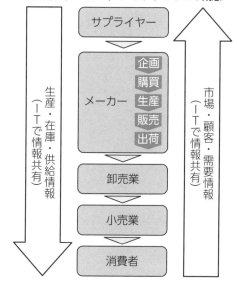

＜製造業（メーカー）におけるＳＣＭの概念＞

でした（「2－8　資材管理の概要と需給計画」参照）。その後、資材所要量計算に能力所要量計画（ＣＲＰ：Capacity Requirement Planning）を加えたクローズドループＭＲＰ、さらに財務会計情報と連携したＭＲＰⅡ、経営管理全体へと機能拡充したＥＲＰ（Enterprise Resource Planning）、複数企業間の連携を行うＳＣＭとして発展しています。当テーマでは、ＭＲＰからＥＲＰ・ＳＣＭへの発展のプロセスを概観します。

過去問 トライアル	平成23年度　第4問
	生産システムへのＩＴ利用
類題の状況	R04-Q9　R02-Q2　H27-Q13　H20-Q12

生産システムへのＩＴの利用に関する記述として、最も適切なものはどれか。

ア 資材の計画、要員の設備などの管理のために、MRPⅡを導入する。
イ 生産情報をリアルタイムに処理し、現場管理者に提供するために、MRPを導入する。
ウ 製品のモデルを用いて製品設計を仮想的に評価するために、ERPを導入する。
エ 物、人、金を対象に、生産を総合的に管理するために、CAEを導入する。

1 サプライチェーン・マネジメント（SCM）

サプライチェーン・マネジメント（SCM）の詳細は、「9-5 サプライチェーン・マネジメント」で学習します。本テーマではメーカーに関連する部分のみを特記します。

❶メーカーにとってのSCMの効果

部門間・企業間のIT連携によって情報共有を図るSCMの導入で、以下の効果を見込むことができます。

- 市場や顧客の需要情報などを迅速に確認でき、販売計画・生産計画の精度が向上するため、業務の効率化、合理化が可能となります。
- 生産・在庫・供給情報を共有するため、バッファとして保持する在庫を削減できます。
- メーカーの生産計画、在庫情報に準じたサプライヤーからの納品が可能となり、メーカーにとって、手待ち時間が削減でき、生産リードタイムを短縮することができます。

❷SCMを加速させる生産方式

SCM導入効果が高い生産方式として、BTO、マスカスタマイゼーション、制約理論（TOC理論）などがあります。

(1) BTO（Build To Order）

　BTOは、事前に仕掛品や部品を製造しておき、顧客からの注文が確定したのちに、最終製品の組立を行って、短期間で顧客に納品する方式です。顧客のニーズに沿った製品を製造するために、SCMによって市場や顧客の需要予測を収集することが有効です。

(2) マスカスタマイゼーション

　マスカスタマイゼーションは、顧客ごとにカスタマイズした製品やサービスを、効率よく大量に生産することです。SCMによって顧客ニーズを収集し、精緻な需要予測と供給管理を行うことが必要です。

(3) 制約理論（TOC（Theory of Constraints）理論）

　制約理論は、生産ラインの制約条件（ボトルネック）に着目し、ボトルネックの稼働率を最大にする一方で、他の余裕ある工程をボトルネック工程に同期させ

た生産スケジュールを立案する理論です。ボトルネック工程を重点的に管理することで生産性向上を図り、ボトルネック工程に同期させることで、他の工程の仕掛品在庫を削減することができます。この考え方をＤＢＲ（Drum Buffer Rope：ドラム・バッファ・ロープ）といい、ＳＣＭでの情報共有が不可欠となります。

♂ Keyword

▶ ブルウィップ効果

　小売現場のわずかな需要変動が、サプライチェーンの上流では過剰に認識され、結果として余剰在庫を生む、という現象です。ブルウィップとは、「牛の鞭」という意味であり、手元で軽く振った振動が、鞭の先では大きな振動になることになぞらえています。ブルウィップ効果を防ぐために、ＳＣＭによって、需要情報や在庫情報を共有することが有効とされています。

2　ＭＲＰの発展

　先に学習したＭＲＰから、ＥＲＰ・ＳＣＭへと発展する流れを概観します。

❶クローズドループＭＲＰ

　クローズドループＭＲＰは、ＭＲＰ（オープンループＭＲＰ）に、ＣＲＰ（能力所要量計画）を付加したものです。ＣＲＰは、工程・日程ごとの生産能力（キャパシティ）や製造優先度（プライオリティ）を考慮して立案する計画・管理のことです。

❷ＭＲＰⅡ

　ＭＲＰⅡは、クローズドループＭＲＰに、要員、設備、財務などの経営資源を含め、生産活動にかかわるすべての資源を計画・管理対象とした、総合的な生産管理システムです。管理対象を、企業業務の上・下流域まで広げることで、経営計画との整合を図ることを可能としています。

❸ＥＲＰ

　ＥＲＰは、ＭＲＰⅡの発展系で、販売、購買、財務、人事といった基幹業務プロセスと、生産、

【4-4-1　ＭＲＰの発展】

オープンループ ＭＲＰ	資材所要量・必要時期を、漏れなく効率的に手配することが可能
クローズドループ ＭＲＰ	オープンループＭＲＰに、ＣＲＰ（能力所要量計画：工程・日程計画、負荷計画）を付加
ＭＲＰⅡ	クローズドループＭＲＰに、要員や設備、財務などの経営資源を管理対象に追加
ＥＲＰ	ＭＲＰⅡの発展系で、企業内の情報資源活用のため、部門間を超越して総合的に管理
ＳＣＭ	サプライチェーンに関連する企業と連携して、サプライチェーン全体の最適化を実現

在庫、物流などの機能を相互に関連付けた総合情報システムです。ＥＲＰの導入により、ヒト・モノ・カネ・情報などの経営資源の、統合的な管理・支援が可能となります。

✦ Keyword

▶ ＡＰＳ（Advanced Planning and Scheduling：先進的スケジューリング）
　部品表と作業手順を用いて生産計画を立てて納期を回答し、あわせて部品の手配などを行うことです。スケジューリングをＣＲＰ、ＭＲＰと同時並行的に行い、市場の要求に即座に対応することによって企業利益の最大化を図るもので、ＳＣＭで取り入れられています。

過去問 トライアル解答　

☑チェック問題

　サプライチェーンの上流に行くほど発注量の変動が大きくなるブルウィップ効果と呼ばれる現象が知られている。定期発注方式を用いたときに需要量の変動よりも発注量の変動が増加する原因として、<u>最も不適切なものはどれか</u>。

ア　多頻度小口配送
イ　需要量の予測誤差の増加
ウ　納入リードタイムの増加
エ　発注間隔の増加

⇒ア

▶ 　サプライチェーン・マネジメントにおけるブルウィップ効果に関する問題である。ブルウィップとは鞭のことであり、サプライチェーン・マネジメントにおけるブルウィップ効果とは、ムチがしなって先に行くほど力が強くなるように、上流工程に行くほど消費の需要予測が大きく振れてしまうことを指す。例えば、製品が10個売れると小売店は売れ筋と考えて20個を発注する。20個の受注をした卸売企業はもっと在庫しておかなければ機会損失につながるとしてメーカーに30個発注する。メーカーではその情報を受けて50個生産する、といった具合に小売現場で10個売れたという数値が、見込みや期待で上流工程にいくほど大きくなり、ついには50個の生産となってしまう。すなわち、ブルウィップ効果とは、実際の需要を超えた在庫量がサプライチェーン全体で保有されてしまう現象のことである。

4 生産情報システム

ア　適切でない。　多頻度小口配送はブルウィップ効果を抑制する手段となりうるため誤りである。反対に、調達期間が長く大口の配送となるものは、需要予測が難しく、また通常よりもバッファが必要となることからブルウィップ効果による影響が生じやすい。

イ　適切である。　需要量の予測誤差が大きくなれば、上流側の誤差は拡大する。結果として、発注量の変動要素となりうる。

ウ　適切である。　納入リードタイムが長い場合、需要予測変動に対して、迅速な対応をとることが難しい。したがって安全在庫を多めに見込んでおく必要が発生し、発注量変動要因となりうる。

エ　適切である。　上記ウと同様、発注間隔が長くなれば、迅速な対応をとることが難しくなり、安全のための発注量を増加する、という行動につながる。
　　よって、アが正解である。

店舗販売管理

第 **5** 分野

店舗販売管理

店舗販売管理

1 各テーマの関連

```
店舗販売管理
    └─ 店舗販売管理
            └─ 店舗販売管理の基礎 ──── 5-1 小売業の戦略立案・展開プロセス
```

　店舗販売管理の分野では、最初に、店舗販売管理の基礎として、小売業の戦略立案と展開プロセスを学習します。そのもとで、経営理念・ビジョン、ＳＷＯＴ分析、ドメイン／ストアコンセプトの策定など、小売業の戦略策定プロセスを学習していきます。

　特に、本テーマはこれから学習を始める店舗販売管理の根本となる考え方となります。したがって、学習を進める中で、学習中のテーマが小売業の戦略やその展開プロセスのどこに位置付けられるかを常に意識してください。

2 出題傾向の分析と対策

❶出題傾向

#	テーマ	H26	H27	H28	H29	H30	R01	R02	R03	R04	R05
5-1	小売業の戦略立案・展開プロセス									1	

❷対策

　本テーマは第１次試験ではケース型問題を解くための背景知識ですが、第２次試験の「事例Ⅱ　マーケティング・流通」では一貫性を持って解答をするために必須となる基礎的なフレームワークです。ツールとしてフレームワークを使いこなせるよう、しっかり理解してください。

1 店舗販売管理の基礎
小売業の戦略立案・展開プロセス

学 習 事 項 経営理念・ビジョン，ＳＷＯＴ分析，ドメイン策定，小売業のマーケティング戦略，マーチャンダイジング戦略

このテーマの要点

経営戦略に基づきマーケティング戦略、マーチャンダイジング戦略を意思決定

企業経営理論で学習する経営戦略は、製造業を想定した解説が多いのですが、小売業も同様に、経営理念、ＳＷＯＴ分析からドメイン（事業領域）を策定して経営戦略を立案します。小売業のドメインは「ストアコンセプト」を同意義として位置付けることができます。

経営戦略に基づき、次はマーケティング戦略を立案します。小売業のマーケティング戦略は、以下のように４Ｐのフレームで検討することができます。

① 商品の品揃え（Product）と価格（Price）は、合わせてマーチャンダイジングとします。

② プロモーション（Promotion）は、インストアプロモーションとアウトストアプロモーションに分けることができます。

③ プレイス（Place）にあたる部分は、店舗の構成、売り場レイアウト、陳列方法、照明など店舗そのものです。

この中で、最も重要なマーチャンダイジング戦略は、標的市場の欲求充足を目的とする市場戦略と、投下資本の効率化を目的とする財務戦略の２つに分けられます。

市場戦略では、商品ラインやアイテムから商品ミックスを計画します。財務戦略では、主に商品予算計画（売上高予算／在庫高予算／減価予算／値入高予算／仕入高予算）を策定します。

計画後は、実際の仕入活動を実行します。商品や仕入先の選定と交渉を行い、発注オペレーション、物流オペレーション、納品オペレーションを、情報技術を用いて整備し、商品を仕入れて店舗に品揃えし、顧客に満足してもらう販売活動を行って売上向上を図ります。同時に、数量と金額の観点から在庫をコントロールすることで、顧客満足と投資効率の最適バランスを図ります。

過去問 トライアル	平成19年度　第33問
	商品の選定基準
類題の状況	R04-Q27

　小売業が商品を選定するには、販売面と利益面での期待がある。この中で、利益面での期待を高める上で必要となる情報に関する説明として、最も不適切なものはどれか。

ア 競合他店の販売数量実績。

イ 生鮮品や日配品における商品ロス率。

ウ 当該ブランドが属する市場における価格競争の程度。

エ 販売や商品補充に必要な人手や陳列に要する面積などの販売経費の見通し。

オ リベートや販売促進費などを加えた取引条件。

1　小売業の戦略策定

【5-1-1　小売業の戦略策定】

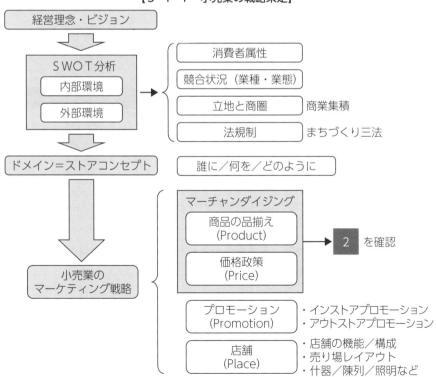

【5-1-2　マーチャンダイジング戦略】

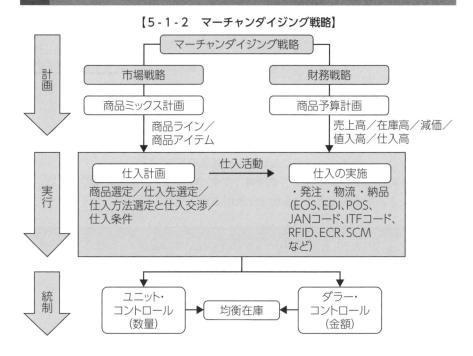

▶ **経営理念**

　経営者が明文化するもので、「この会社や組織は何のために存在するのか」ということを抽象的に表したものです。

▶ **経営ビジョン**

　経営理念に基づき会社の具体的な将来像を視覚的な表現で示すものです。

▶ **ＳＷＯＴ分析**

　企業を取り巻く外部環境に潜む機会や脅威を発見し、組織の内部環境にある自社の強みと弱みを評価し、この４つの要素を組み合わせて行います。

　ＳＷＯＴ分析の目的は、外部・内部環境の現在の姿を正しく把握することにより、成功要因や自社にとっての事業機会を導きやすくすることです。

▶ **ドメイン**

　企業が経営活動を継続して行うための事業領域のことを指します。①顧客層、②機能、③技術の３つの軸に類型化してドメインを定義します。

　つまり、どのような顧客に、その顧客のどのようなニーズに、どのような技術で提供するのかを規定したものです。

▶ **ユニット・コントロール**

　品目ごとに在庫の数量を把握して統制する方法です。平たく言えば、何が「いくつ」あるのかを把握することです。

▶ **ダラー・コントロール**

　商品の仕入・在庫・販売をすべて金額で把握して統制する方法です。平たく言えば、何が「いくら」あるのかを把握することです。

過去問 トライアル解答　**ア**

☑チェック問題

　小売経営においては、マージン管理と商品在庫投資管理を組み合わせた、いわゆる商品投下資本粗利益率（GMROI）の管理が重要である。GMROIは、商品の有利な仕入や大量仕入れにより高めることができる。　⇒×

▶ GMROI（Gross Margin Return On Inventory investment）は、以下の計算式で求められる。

　　GMROI＝粗利益／平均在庫高（原価）×100%　(1)

　　　　　＝粗利益／売上高×売上高／平均在庫高（原価）×100%　(2)

　　　　　＝粗利益率×商品回転率（商品投下資本回転率）　(3)

　GMROIが高いということは、商品投下資本に対する収益性がよいと判断される。そのためには、粗利益率を低く設定し、商品回転率（商品投下資本回転率）を高める商品回転率主義タイプ（いわゆる薄利多売）、粗利益率を高く設定し、商品回転率は低くても目標GMROIが達成できるようにする売上高粗利益率主義タイプ、などの戦略が考えられる。(2)計算式より平均在庫高が一定の場合は、売上高が増大すれば、それに伴い粗利益も増加し、GMROIが高まる。商品の有利な仕入は、平均在庫高が減少するのでGMROIは高まるが、大量仕入れでは平均在庫高が増加し、GMROIが低下することになる（「8-1　売上高予算」参照）。

5
店舗販売管理

第 **6** 分野

店舗施設と法律知識

テーマ別ガイダンス

店舗施設と法律知識

1 各テーマの関連

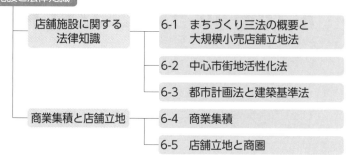

先のテーマで、小売業の戦略立案と展開プロセスを学習しました。戦略立案と展開プロセスにおいては、関連する法律知識を遵守し、出店計画や店舗周辺地域への配慮、営業時間の決定などを行う必要があり、店舗施設と法律知識のテーマで、それらの関連する法律の全体像と改正のポイントを理解する必要があります。また、法律の対象となる店舗は、店舗の用途や立地などによって決まってくるため、商店街やショッピングセンターの分類、店舗の立地条件に関する知識を合わせて理解しておくことが重要です。

小売業の戦略策定プロセス時に配慮が必要になる、関連する法律の概要を店舗施設に関する法律知識で、店舗施設の種類と立地に関する基礎知識を商業集積と店舗立地で解説しています。

店舗施設に関連する法律は複数ありますが、中でも、大規模小売店舗立地法（「6－1　まちづくり三法の概要と大規模小売店舗立地法」）、中心市街地活性化法（「6－2　中心市街地活性化法」）、都市計画法（「6－3　都市計画法と建築基準法」）は、わが国のまちづくりの基本として制定されている、店舗施設に関する中心的な法律です。過去の試験では、法律の対象となる店舗面積などの数値や、法改正のポイントなどが多く出題されています。商業集積と店舗立地のテーマでは、「6

－4　商業集積」の種類と動向、「6－5　店舗立地と商圏」に関する知識などを解説しています。

2　出題傾向の分析と対策

❶出題傾向

#	テーマ	H26	H27	H28	H29	H30	R01	R02	R03	R04	R05
6-1	まちづくり三法の概要と大規模小売店舗立地法	1		1	1	1	1				1
6-2	中心市街地活性化法	1								1	
6-3	都市計画法と建築基準法		2		1		2	2	1	1	4
6-4	商業集積	2	1		2		2	2	2		3
6-5	店舗立地と商圏						1		1	1	1

❷対策

　まちづくり三法および建築基準法に関する問題は、毎年1～3問が出題されており、頻出分野となっています。法律の対象になる店舗面積や対象となる店舗施設の種類、届出の種類などを問う形式が多い傾向にあります。また、法改正が行われた場合に、改正が行われた背景やポイントが問われることが多いため、法律の基本的な内容、店舗面積などの閾値となる数値（例えば、大規模小売店舗立地法の対象となる店舗面積が$1,000m^2$を超えるものであること）と、近年の改正ポイントをおさえておくことが重要です。H26年度の1次試験では、H26年に行われた中心市街地活性化法の改正論点が問われたこともあり、改正論点にも注意したいです。

　商業集積と店舗立地の分野では、各種官公庁の商業統計調査や一般社団法人日本ショッピングセンター協会が公表する統計資料から出題されます。この分野では、商店街の分類、ハフ・モデルやライリー・コンバースの法則などの基本的な知識が問われるだけでなく、商店街の空洞化など、近年の商店街やショッピングセンターの動向や課題が問われます。したがって、基本的な知識をテキストおよび過去問題で学習することに加え、普段の生活の場における見聞を広げて、商業活動の動向を把握しておくことが有効です。

1 店舗施設に関する法律知識
まちづくり三法の概要と大規模小売店舗立地法

学 習 事 項 まちづくり三法，大規模小売店舗立地法

このテーマの要点

まちづくり三法は相互補完的な役割

　店舗施設に関する法律として、最も中心的なものにまちづくり三法があります。まちづくり三法とは、わが国のまちづくりの基本として制定されている「大規模小売店舗立地法」「中心市街地活性化法」「都市計画法」のことです。店舗の立

＜まちづくり三法の関係＞

対象	法律名
個別店舗	大規模小売店舗立地法
中心市街地	中心市街地活性化法
まちづくり全体	都市計画法

地戦略や店舗施設に直接影響を与える法律であるため、内容と関係性を把握することが重要です。

過去問 トライアル	平成24年度　第22問
	まちづくり三法について
類題の状況	R05-Q25　R02-Q23　H30-Q21　H29-Q26　H28-Q23 H26-Q22　H25-Q23　H23-Q23　H21-Q21　H20-Q22

　大規模小売店舗立地法は、大規模小売店舗の設置者に対し、特に周辺地域の生活環境の保持のため、その施設の配置および運営方法について合理的な範囲で配慮を求めている。大規模小売店舗を設置する者が配慮すべき事項として、<u>最も不適切なものはどれか</u>。

ア　騒音の発生に係る事項への配慮

イ　地域商業の需給調整への配慮

ウ　駐車需要の充足等交通に係る事項への配慮

エ　廃棄物に係る事項等への配慮

オ　街並みづくり等への配慮

1 まちづくり三法の概要

　まちづくり三法は、中心市街地の衰退状況から、関連法を一体的に推進し、地域の実情に合ったまちづくりを行うことを目的として、平成10年に制定、順次施行されました。

【6-1-1　まちづくり三法の概要】

> 大規模小売店舗法（S49〜H12）の廃止、中小小売業者との商業調整の廃止

> 都市計画法の改正によるゾーニング
> （土地利用規制）（H10〜）
> 地域ごとに大型店の適正な立地を実現

> 大規模小売店舗立地法（H12〜）
> 大型店の立地に際して、「周辺の生活環境の保持」の観点からの配慮を求める

> 中心市街地活性化法（H10〜）
> 中心市街地の活性化のために8府省庁で「市街地の整備改善」、「商業地の活性化」を一体的に推進

（「中心市街地活性化法の概要と支援策について」 経済産業省/国土交通省 P.2）

　施行から数年が経過しても中心市街地の衰退の状況に改善が見られないことから、社会資本整備審議会などにおいて見直しが進められ、平成18年にまちづくり三法の改正法案が成立しました。郊外への無制限な都市機能の拡散を防ぐため、立地制限を強化するとともに、一方で地域の判断により柔軟に都市計画を立案推進することが可能になっています。

🔑 Keyword

▶ 　大規模小売店舗法

　大規模小売店舗立地法制定前に施行され平成12年に廃止された法律です。中小小売店の事業機会の保護と発展を目的としていました。しかし、社会情勢の変化に伴い、大型店出店抑制の要因となった同法律に対し、国際的な見地からの見直しを要請され、本法の廃止と大規模小売店舗立地法の制定が行われました。

① 目的

大規模小売店舗の立地に関し、その周辺の地域の生活環境の保持のため、大規模小売店舗を設置する者によりその施設の配置および運営方法について適正な配慮がなされることを確保することにより、小売業の健全な発達を図り、国民経済および地域社会の健全な発展ならびに国民生活の向上に寄与することを目的とします。

② 対象となる大規模小売店舗

対象となる大規模小売店舗の条件は以下の通りです。

(1) 店舗面積が1,000m²超であること

店舗面積とは、小売業を行うための店舗の用に供される床面積のことで、政令で定める「一の建物」である場合、各建物の合計床面積が基準面積になります。店舗面積には、階段、エレベーター、売り場間通路、事務所、食堂などは含まれません。

【6-1-2　基準面積の対象となる部分】

店舗面積の対象となる部分	店舗面積の対象とならない部分
売場、ショーウィンドウ、ショールーム、モデルルーム、サービス施設（手荷物一時預かり所、買物品発送等承り所、買物相談所、店内案内所など） 物品の加工修理場（顧客から引受・引渡の用に直接供する部分）	階段、エスカレーター、エレベーター、売場間通路および連絡通路、文化催場、客室休憩室、喫煙所、公衆電話室、便所、外商事務室、事務室、荷扱い所、食堂、喫茶室、塔屋、屋上、はね出し下、軒下　など

(2) 小売業であること

小売業には、飲食店業を含めず、洋服のイージーオーダーやワイシャツの委託加工などを行う物品加工修理業を含めます。また、営利目的かどうかは問わないため、生協、農協など組合員に物資の供給事業を行っている場合も同法の対象となります。

③ 届出先

法の運用主体は都道府県・政令指定都市を基本とします。店舗の設置者が、店舗面積、開店・閉店時刻、駐車場・駐輪場の収容台数、廃棄物保管施設の容量などを届け出ます。

④ 大規模小売店舗を設置する者が配慮すべき基本的な事項

大型店の設置者が配慮すべき責務として、以下の配慮事項を規定しています。

- 立地に伴う周辺の地域の生活環境への影響についての十分な調査や予測
- 地域住民への適切な説明
- 都道府県からの意見に対する誠意ある対応

- 小売業者の履行確保、責任体制の明確化
- 大規模小売店舗の開店後における適切な対応

⚷ Keyword

▶ 一の建物

大規模小売店舗立地法では以下の条件を満たすものを、「一の建物」として定義しています。

- ・屋根、柱または壁を共有する建物を共通にする建物
- ・別々の建物であっても、通路によって接続され機能が一体となっている建物
- ・一の建物に附属建物があるときには、附属建物を含めたもの

過去問 トライアル解答 イ

☑チェック問題

大規模小売店舗法と異なり、大規模小売店舗立地法は小売店舗が営利活動を営んでいるかどうかを問題としないため、生協や農協の大規模店舗も同法の対象となる。　　　　　　　　　　　　　　　　　　　　　　　⇒○

▶ 大規模小売店舗立地法の対象となる「小売業」については、以下の規定事項がある。
- ・営利目的の有無を問わない
- ・飲食店業は対象とならない
- ・物品加工修理業（靴の修理業者など）は対象となる
- ・物品を継続反復して消費者に販売する行為がその業務の主たる部分を占める場合は小売業とみなす（例えば、イートインスペースがあるが、売上の大半が物販となる場合は、飲食を提供している店も対象になる）

店舗施設に関する法律知識
中心市街地活性化法

学 習 事 項　中心市街地活性化法の目的とスキーム，平成26年の改正

このテーマの要点

法の目的と役割分担、改正ポイントの理解が重要

中心市街地が地域の経済および社会の発展に果たす役割の重要性にかんがみ、近年における急速な少子高齢化の進展、消費生活の変化などの社会経済情勢の変化に対応して、平成 10 年に本法律が制定・施行されました。

中心市街地活性化法は、平成 18 年に大幅な改正が行われており、また平成 26 年において一部改正が行われ

<中心市街地活性化法の特徴>

【国による選択と集中の強化】 ・中心市街地活性化本部の設置 ・内閣総理大臣による基本計画の認定制度の創設
【中心市街地活性化協議会の法制化】 ・民間主導の多様な主体の参画
【支援措置】 ・商業等の活性化 ・都市機能の集積促進 ・まちなか居住の推進

ています。断りがない限り、平成 18 年の改正法に基づいて説明し、平成 26 年の改正内容については章を分けて説明します。

過去問 トライアル	平成24年度　第23問
	中心市街地活性化法
類題の状況	R05-Q22(再)　R04-Q23　H28-Q23　H26-Q23　H20-Q22

中心市街地活性化法が定めた中心市街地の要件として、最も適切なものを下記の解答群から選べ。

a　相当数の小売商業者が集積し、都市機能が相当程度集積している市街地であり、その存在している市町村の中心としての役割を果たしていること。

b　土地利用及び商業活動の状況等からみて、機能的な都市活動の確保又は経済活力の維持に支障を生じ、又は生ずるおそれがあると認められる市街地であること。

c　都市機能の増進及び経済活力の向上を総合的かつ一体的に推進することが、市街地の存在する市町村及びその周辺の地域の発展にとって有効かつ適切であると認められること。

〔解答群〕

ア a、b、cいずれか1つの要件を満たしていること。

イ a、b、cすべての要件を満たしていること。

ウ aおよびbの要件を満たしていること。

エ aおよびcの要件を満たしていること。

オ bおよびcの要件を満たしていること。

1 中心市街地活性化法のスキーム

❶目的

中心市街地における都市機能の増進および経済活力の向上（中心市街地の活性化）を総合的かつ一体的に推進するため、地域の振興および秩序ある整備を図り、国民生活の向上および国民経済の健全な発展に寄与することを目的としています。

平成18年の改正においては、「都市機能の増進（市街地の整備改善、住宅供給・まちなか居住、都市福利施設の整備等）」、「経済活力の向上（商業をはじめとする事業活動の促進）」が目的に盛り込まれている点が特徴的です。

❷概要

中心市街地の活性化に関し、基本理念、政府による基本方針の策定、市町村による基本計画の作成およびその内閣総理大臣による認定、当該認定を受けた基本計画に基づく事業に対する特別の措置、中心市街地活性化本部の設置などについて定めています。

❸中心市街地活性化法改正の概要（平成18年8月施行）

① 「中心市街地の活性化に関する法律」へ名称変更

② 基本理念・責務規定の創設

③ 国による「選択と集中」の仕組みの導入

- 中心市街地活性化本部の創設
- 基本計画の内閣総理大臣の認定制度の導入
- 市町村の基本計画作成時における、中心市街地活性化協議会の意見確認

④ 多様な関係者の参画を得た取り組みの推進：民間主体が参画する中心市街地活性化協議会の法制化

【6-2-1　平成18年改正　中心市街地活性化法の概要】

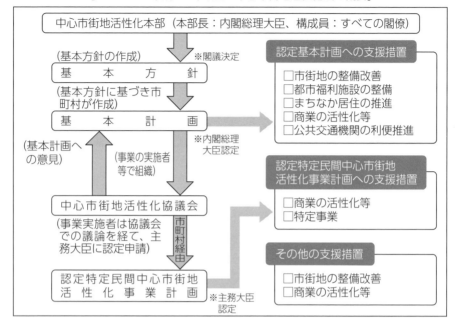

④ 基本理念

　中心市街地活性化法では、中心市街地の活性化に取り組む関係主体が意識を共有すべき基本理念を次のように明示しています。

- 都市機能の集積の促進、商業等の事業活動の促進
- 地域の関係者による主体的な取り組み
- 国による支援の選択と集中

☌ Keyword

▶　中心市街地の要件

　中心市街地の要件は、以下の3つすべてを満たすことです。

① 集積要件

　　相当数の小売商業者が集積し、加えて都市機能が相当程度集積しており、その存在している市町村の中心としての役割を果たしている市街地であること

② 趨勢要件

　　当該市街地の土地利用および商業活動の状況等からみて、機能的な都市活動の確保または経済活力の維持に支障を生じ、または生ずるおそれがあると認められる市街地であること

③ 広域効果要件

当該市街地における都市機能の増進および経済活力の向上を総合的かつ一体的に推進することが、当該市街地の存在する市町村およびその周辺の地域の発展にとって有効かつ適切であると認められること

▶ **中心市街地活性化本部**

中心市街地の活性化を推進する国の主体として設置されています。構成要員は全閣僚で、中心市街地活性化本部長は内閣総理大臣です。

・基本方針案の作成
・基本方針に基づく施策の推進
・重要な施策の企画立案
・施策の総合調整

▶ **中心市街地活性化協議会**

都市機能の増進および経済活力の向上を推進する者で構成されています。具体的には、中心市街地整備推進機構をはじめ、株式会社、商工会または商工会議所、公益法人などであり、民間事業者や近隣の市町村もメンバーになることが可能です。次のような役割があります。

・市町村が基本計画を作成する際に意見を述べること
・中心市街地の活性化のために必要な事項について協議すること

▶ **中心市街地整備推進機構**

市町村が指定する団体で、中心市街地整備に関する相談、援助、およびその管理を行います。中心市街地活性化協議会の中心的な役割を担います。

2 平成26年の改正

少子高齢化の進展や商業施設・病院などの公共施設の郊外移転により、中心市街地における空き店舗、未利用地の増加に歯止めが掛かっていない状況を改善することを目的に、平成26年に中心市街地活性化法が改正されています。主な改正内容は以下の2点です。

❶ 民間投資を喚起する新たな重点支援制度の創設

• 中心市街地への来訪、および就業の効果が高い、小売業の売上高の増加効果が高い民間プロジェクトに対する、経済産業大臣が認定する制度を創設

• 認定を受けたプロジェクトに対する貸付支援、および大規模小売店舗立地法の立地手続きを簡素化

② 中心市街地の活性化を図る措置を拡充

- 中心市街地の商業の活性化に資する事業を認定する制度を創設（小売顧客増加や経営効率化を支援するソフト事業を経済産業大臣が認定する制度など）
- 認定を受けた基本計画に対し、規制の特例等を創設（オープンカフェなどの道路使用許可の特例の創設、中心市街地における特例通訳案内士制度の創設、など）
- 基本計画を作成しようとする市町村の規制の解釈に関する疑問等に対し、国が回答する制度を創設

過去問 トライアル解答　　**イ**

☑チェック問題

　中心市街地活性化法において、「中心市街地」とは、その存在している市町村の人口が相当数あり、その中心としての役割を果たしている市街地であることが要件の1つとされている。　　　　　　　　　　　　　　　　　　　⇒×

▶　中心市街地活性化法の第2条において、「中心市街地」の定義として、「相当数の小売商業者が集積し、及び都市機能が相当程度集積しており、その存在している市町村の中心としての役割を果たしている市街地であること」と定義されている。市町村の人口が相当数かどうかは要件に含まれていない。

第6分野 店舗施設と法律知識

店舗施設に関する法律知識
3 都市計画法と建築基準法

学習事項 都市計画法，建築基準法

このテーマの要点

法のスキームの理解が重要

都市計画法は、人口減少や超高齢社会にふさわしいまちづくりを実現するための都市づくりの基本法です。

昭和43年に制定され、平成18年に中心市街地活性化法や建築基準法などとともに改正が行われました。都市の健全な発展と秩序ある整備、国土の均衡ある発展と公共の福祉の増進を目的としています。

建築基準法は、建築物の敷地、構造、設備および用途に関する最低の基準を定め、国民の生命、健康および財産の保護を図ることを目的とする法律です。

＜都市計画法における区域分類＞

都市計画区域	区域区分あり（線引き区域）	市街化区域（用途地域指定必須）
		市街化調整区域（原則、用途地域指定なし）
	区域区分なし（非線引き区域）	用途地域指定あり
		用途地域指定なし（白地地域）
都市計画区域外	準都市計画区域	用途地域指定あり
		用途地域指定なし（白地地域）
	準都市計画区域外	その他の地域

過去問トライアル	平成22年度　第21問
	都市計画区域について
類題の状況	R05-Q26　R05-Q27　R05-Q21(再)　R05-Q23(再)　R04-Q24 R03-Q23　R02-Q24　R02-Q27　R01-Q23　R01-Q24 H29-Q23　H27-Q23　H27-Q24　H25-Q22　H23-Q22 H20-Q21　H19-Q21　H18-Q21　H17-Q15

都市計画法に関する記述として、<u>最も不適切なもの</u>はどれか。

ア 市街化区域とは、すでに市街地を形成している区域及びおおむね10年以内に優先的かつ計画的に市街化を図るべき区域をいう。

イ 市街化調整区域とは、おおむね10年後から段階的かつ計画的に市街化を図るべき区域をいう。

ウ 都市計画区域は、一体の都市として総合的に整備し、開発し、及び保全する必要がある区域として、原則として都道府県が指定する。

エ 都市計画法は、国土の均衡ある発展と公共の福祉の増進に寄与することを目的

としている。

1 都市計画法のスキーム

　都市計画法は、都市の健全な発展を図るために制定された法律です。都市計画法に基づいて、都市計画区域、市街化区域、市街化調整区域などの区分や開発許可制度が定められており、特に市街化調整区域での開発行為は、原則として抑制されています。

❶都市計画の原則

　都市計画法では、大規模集客施設の立地は、まちづくりの観点で判断する仕組みとし、具体的な判断は、地域の判断に基づいた都市計画手続きに準ずるものとしています。

❷都市計画の構成

　都市計画法では、一体の都市として、総合的に整備し、開発し、および保全する必要がある区域を都市計画区域として、都道府県が指定することを定めています。都市計画区域について無秩序な市街化を防止し、計画的な市街化を図るため必要があるときは、**市街化区域**と**市街化調整区域**との区分（**区域区分**）を定めることができます。

【6-3-1　都市計画法における区域分類など】

都市計画区域	市町村の中心の市街地を含み、かつ、自然的および社会的条件や人口、土地利用、交通量などの現況と将来の推移を勘案して、一体の都市として総合的に整備し、開発し、および保全する必要がある区域です。都道府県が指定します。
線引き都市計画区域	市街化区域と市街化調整区域との区分を定めた都市計画区域です。
非線引き都市計画区域	市街化区域と市街化調整区域との区分を定めていない都市計画区域です。
市街化区域	既に市街地を形成している区域、およびおおむね10年以内に優先的かつ計画的に市街化を図る区域です。
市街化調整区域	市街化を抑制する区域です。
準都市計画区域	都市計画区域外の区域のうち、相当数の建築が行われている、あるいは行われる予定の区域であり、かつ、自然的条件、社会的条件などの現況と将来の推移を勘案して、そのまま放置すれば、将来における一体の都市としての整備、開発および保全に支障が生じるおそれがあると認められる区域です。都道府県が指定します。
用途地域	住居、商業、工業など市街地の大枠としての土地利用を定めた地域です。工業地域、商業地域など、13種類の分類があり、市町村が指定します。
白地地域	非線引き都市計画区域、および準都市計画区域のうち、用途地域の定めがない地域です。

❸ 用途地域

　住居、商業、工業など市街地の大枠としての土地利用を定めた地域です。平成18年の改正によって、大規模集客施設が立地可能な用途地域が見直され、従前の６地域から、近隣商業地域、商業地域、準工業地域の３つに限定されています。具体的な用途地域については、以下の通りです。

【6-3-2　用途地域】

	用途地域	内容
住宅	第一種低層住居専用地域	低層住宅に係る良好な環境を保護するため定める地域
	第二種低層住居専用地域	主として低層住宅に係る良好な環境を保護するため定める地域
	第一種中高層住居専用地域	中高層住宅に係る良好な環境を保護するため定める地域
	第二種中高層住居専用地域	主として中高層住宅に係る良好な環境を保護するため定める地域
	第一種住居地域	住居の環境を保護するため定める地域
	第二種住居地域	主として住居の環境を保護するため定める地域
	準住居地域	沿道業務の利便促進と、これと調和した住居環境を保護するため定める地域
	田園住居地域	田園風景とその周辺の良好な低層住宅の環境を守る地域
商業	近隣商業地域	近隣の住宅地に対する日用品供給を主体とする商業その他の業務の利便性を増進するための地域
	商業地域	商業その他の業務の利便性を増進するため定める地域
工業	準工業地域	主として環境の悪化をもたらすおそれのない工業の利便性を増進するため定める地域
	工業地域	主として工業の利便を増進するため定める地域
	工業専用地域	工業の利便を増進するため定める地域

❹ 都市計画法改正の概要（平成18年８月から順次施行）

　従来の都市計画法では、都市計画区域内の約９割において、大規模集客施設の立地が可能でした。また、必要に応じて市町村で規制することは可能でしたが、実施例はほとんどありませんでした。このような状況は、無秩序に都市機能が拡散する原因の１つと捉えられていました。

　改正法では、既存の社会資本の

【6-3-3　都市計画法改正の主な内容】

準都市計画区域制度の見直し （指定権者を都道府県に変更）	
開発許可制度の見直し	公共公益施設に対する開発許可の拡大
	市街化調整区域における開発許可基準の見直し
用途規制を緩和する新たな地区計画制度の創設	
都市計画提案制度の拡充	
広域的調整手続きの円滑化	

ストックを有効に活用しつつ、都市機能を集約したコンパクトなまちづくりを進めるため、広域的に都市構造やインフラに大きな影響を与える大規模集客施設の立地をいったんほとんどすべての地域で禁止し、まちづくりの観点から地域が納得できる議論を経た上で柔軟に都市計画を推進できる制度に変更されています。

2 建築基準法のスキーム

① 目的

建築物の敷地、構造、設備および用途に関する最低の基準を定めて、国民の生命、健康および財産の保護を図り、もって公共の福祉の増進に資することです。

② 概要

適用の範囲、原則、制度、手続き、罰則規定、および以下の規定を定めています。

【6-3-4　規定の分類】

安全確保についての規定（単体規定）	個々の建築物の構造耐力、防火、避難施設、衛生設備などに関する規定
建築物の秩序を確保するための規定（集団規定）	接道義務、用途地域、容積率制限、建ぺい率制限、高さ制限、防火地域・準防火地域内の制限などに関する規定

③ 建築基準法改正の概要（平成18年5月から順次施行）

建築基準法では、用途地域等に立地制限を定めています。平成18年の改正により、立地制限が改められています。

【6-3-5　建築基準法の主な改正ポイント】

用途地域内の建築物の用途制限見直し		
用途地域における立地制限の見直し	大規模集客施設の立地規制 （商業地域、近隣商業地域、準工業地域以外の用途地域での床面積1万m²を超える劇場、店舗、飲食店の建築の禁止）	
	近隣商業地域での建築物使用用途の緩和 （客席床面積が200m²以上の劇場、映画館、演劇場）	
既存不適格建築物に対する規制の合理化（1.2倍までの増床が可能）		

用途地域における立地制限の見直しの詳細は次の通りです。

【6-3-6　用途地域における立地制限の見直し】

		改正前（店舗）	H18改正後（店舗）
用途地域	第一種低層住居専用地域	50m²超不可	同左
	第二種低層住居専用地域	150m²超不可	
	第一種中高層住居専用地域	500m²超不可	
	第二種中高層住居専用地域	1,500m²超不可	
	第一種住居地域	3,000m²超不可	
	第二種住居地域	制限なし	大規模集客施設については、用途地域の変更または用途を緩和する地区計画決定により立地可能
	準住居地域		
	工業地域		
	近隣商業地域		
	商業地域		制限なし※
	準工業地域		
	工業専用地域	用途地域の変更または地区計画（再開発等促進区）決定が必要	
市街化調整区域		原則不可 ただし、計画的大規模開発は許可（病院、福祉施設、学校等は開発許可不要。）	大規模開発も含め、原則不可 地区計画を定めた場合、適合するものは許可（病院、福祉施設、学校等も開発許可を必要とする。）
非線引き都市計画区域 準都市計画区域の白地地域		制限なし	大規模集客施設については、用途地域の指定により立地可能。また、非線引き都市計画区域では、用途を緩和する地区計画決定でも立地可能。

※　準工業地域では、特別用途地区を活用し、大規模集客施設の立地を制限しています。特に地方都市においては、中心市街地活性化法の基本方針の中で、国が認定する基本計画において準工業地域を特別用途地区に指定することを条件としています。

※　田園住居地域は平成30年より新設された用途地域であり、平成18年の改正の対象ではありません。また、田園住居地域では、農産物直売所や農家レストランである場合を除き、基本的には第二種低層住居専用地域と立地制限が同じになります。

🔑 Keyword

▶ **特別用途地区**

　都市計画法の用途地域内の地区において、当該地区の特性にふさわしい土地利用の増進、環境の保護などのため、用途地域の指定を重ねて指定できる地区です。用途地域による規定では建てられるはずの建物に対して、特別用途地区の指定によって建築を制限することができます。

▶ **特定用途制限地域**

　用途地域が定められていない土地の区域（市街化調整区域を除く）内において、その良好な環境の形成、または保持のため当該地域の特性に応じて合理的な土地利用が行われるよう、制限すべき特定の建築物などの用途の概要を定める地域です。

▶ **田園住居地域**

　平成30年より運用が開始された用途地域で、田園風景とその周辺の良好な低層住宅の環境を守る地域のことです。店舗の立地制限は原則、第二種低層住居専用地域と同じですが、その地域で採れた野菜を販売する直売所やレストランを出店する場合は、店舗等の面積が500㎡以下の建物まで建築できます。（※第二種低層住居専用地域は150㎡以下まで）

過去問 トライアル解答 **イ**

☑チェック問題

　映画館やアミューズメント施設などにも、大規模集客施設として、大規模小売店舗と同様の出店制限がある。　　　　　　　　　　　　　　　　　⇒◯

▶ 　映画館やアミューズメント施設は大規模集客施設に該当し、かつ都市計画法によって出店制限されているため正しい。大規模集客施設に該当するものとして、客席部分が1万㎡を超える劇場、映画館、演芸場、観覧場のほか、用途部分の床面積が1万㎡を超える店舗、飲食店、展示場、遊技場（パチンコ店やアミューズメント施設など）、勝馬投票券発売所、場外車券売場、舟券売場が該当する。このような大規模集客施設の出店を無制限に許可してしまうと、都市機能が無秩序に拡散してしまうため、都市計画法において、大規模集客施設の出店を制限している。

4 商業集積と店舗立地
商業集積

学習事項 商店街, ショッピングセンター, 小売業態

このテーマの要点

商業集積は分類軸を理解する

商業集積とは、特定の場所に店舗が集中している状態をいいますが、商店街のように自然発生的に形成されたものと、ショッピングセンターのようにディベロッパーといわれる事業者により計画的に設置されたものとに分類できます。

かつては、商業集積というと街の中心に位置する商店街が主なものでしたが、1990年に大規模小売店舗法の運用緩和がなされたことに伴う郊外型ショッピングセンターの積極

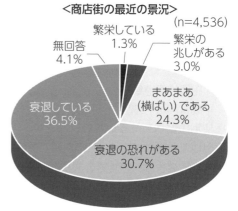

<商店街の最近の景況>
(n=4,536)

令和3年度 商店街実態調査報告書 P.30 中小企業庁

的な進出や、中心市街地の衰退などにより、その勢いはなくなってきています。

このような状況は、都市機能の無秩序な拡散の一部として捉えられており、超少子高齢社会を迎えるためには、多くの商店街が位置する中心市街地の活性化が不可欠です。

過去問 トライアル	平成30年度　第22問
	商店街の分類
類題の状況	R05-Q22　R05-Q23　R05-Q20(再)　R03-Q22　R02-Q26 R02-Q28　R01-Q22　R01-Q27　H29-Q22　H29-Q25 H27-Q27　H26-Q24　H26-Q25　H25-Q25　H24-Q25 H23-Q24　H21-Q22　H18-Q23

中小企業庁『平成27年度商店街実態調査報告書』で用いられている商店街のタイプに関する説明として、最も適切なものはどれか。

ア 近隣型商店街：最寄り品と買回り品の店舗が混在する商店街で、地域型商店街よりやや広い範囲であることから、徒歩、自転車、バス等で来街する商店街

イ 広域型商店街：百貨店・量販店を含む大型店があり、買回り品よりも最寄り品

の店舗が多い商店街
ウ 地域型商店街：最寄り品中心の商店街で、徒歩または自転車等により買い物を行う商店街
エ 超広域型商店街：百貨店・量販店を含む大型店があり、有名専門店、高級専門店を中心に構成され、遠距離からも来街する商店街

1 商店街の分類

　商店街は、個々の店舗の経営力、顧客吸引力などを勘案した「集客力」と、個々の店舗の業種構成や取扱商品の内容などを勘案した「集積機能」の2つの側面から、図表6-4-1のように分類することができます。また、商店街の機能は、図表6-4-2のように整理できます。

【6-4-1　集客力と集積機能による商店街の分類】

分類名	説明
近隣型商店街	地元密着型で、小規模、最寄品を扱う店舗を中心に構成されています。例えば、町村の中心商店街が該当します。
地域型商店街	最寄品を扱う店舗と買回品を扱う店舗によって構成されています。また、商業機能だけでなく、金融、行政、医療、飲食、レジャーといったサービス機能が結び付いています。例えば、地方都市の都心商店街が該当します。
広域型商店街	都市デパート、大型スーパーなどを核として各種専門店が多く見られ、最寄品を扱う店舗より買回品を扱う店舗の構成比が高いです。都市・文化・サービス機能を備えています。例えば、大都市の都心商店街が該当します。
超広域型商店街	高級デパート、ファッションデパートなどを核に、高級専門店を中心に構成されています。広域型商店街が備える機能に加え、政治・経済機能を付加しており、例えば、巨大都市の都心商店街が該当します。

【6-4-2　商店街の機能】

商店街の本来的機能	商店街の付随的機能
利便性、経済性、選択性、安全性	快適性、情報性、先進性、サービス性、レジャー性、コミュニティ性、文化性

ショッピングセンターは、立地条件によって次のように分類することができます。

【6-4-3　ショッピングセンターと立地の関係】

分類名	説明
都心型	都心に立地するショッピングセンターのことです。計画的に開発され、多様な小売店舗により構成されています。
ターミナル型	ターミナル駅の駅ビル内に併設されたショッピングセンターのことです。利便性が高く、多くの人が出入りするため、駅ナカなどの名称で注目されています。
郊外型	モータリゼーションの発展により、中心市街地から離れた場所に立地するショッピングセンターのことです。映画館などのアミューズメント施設が併設されている複合商業施設や、アウトレット商品を中心に販売する店舗が集積したアウトレットモールなどが注目されています。 大規模小売店舗法の廃止、大規模小売店舗立地法の制定などにより、大規模な郊外型店舗の設置が盛んになっています。

3 小売業態

商業環境や消費構造の変化に伴い、様々な小売業態が生まれています。

❶ カテゴリーキラー

特定商品群（カテゴリー）の品揃えに特化し、その商品群の中で圧倒的な品揃えを誇る業態です。その地域の同業種の店舗が存在できなくなることからこの名称が付けられています。日本では紳士服店などに見られます。

❷ アウトレットストア

サンプル品、型落ち品、B級商品、過剰生産品などを低価格で販売する店舗です。アウトレットストアが集積されたショッピングセンターをアウトレットモールといいます。アウトレットモールなどで自社製品の在庫処分を行うことで、ブランドや店舗のイメージの低下を避けることができます。

❸ ホールセールクラブ

キャッシュ・アンド・キャリー（現金決済・持ち帰り）による会員制の卸・小売業です。会員には卸価格で販売するもので、低価格を実現するために販売経費を極力削減します。その方法として、①郊外立地、②簡易な建物、③簡易な什器、④大量・一括仕入れ、⑤キャッシュ・アンド・キャリー、が挙げられます。

❹ パワーセンター

低価格販売で集客力があるカテゴリーキラーやディスカウントストアが集積した大型ショッピングセンターです。かなりの集客力で遠隔地からも集客できるため、ロードサイドに多く立地します。

⑤ GMS（General Merchandising Store）

　食料品のほか、日用品を全般にわたって扱っている大型の総合スーパーのことです。百貨店と比較して、日用品、便宜品などを中心としてセルフサービス方式をとっている点が異なっており、また、プライベートブランド商品が多い、などの特徴があります。

⑥ ハイパーマーケット

　スーパーマーケットより規模が大きく、土地・建物・内装・什器などのコストを低減した、低価格志向の小売業態です。

⑦ ディスカウントストア

　低価格販売を経営戦略とする小売業形態です。大量仕入・現金仕入などにより仕入価格の引き下げや、店舗投資の圧縮・人件費・各種サービスなどを極力抑えるローコスト経営により、ＥＤＬＰ（Every Day Low Price：毎日が安売り）を実現しています。

⑧ アイテムショップ

　品揃えを特定の品目に限った小売店舗です。例えば、日本では靴下だけとかハンカチだけ扱うといった店舗が挙げられます。

⑨ ＳＰＡ（Specialty Store Retailer of Private Label Apparel）

　アパレル商品の企画、生産、販売までを一貫して行う製造小売業です。ＳＰＡは、自ら企画および生産した商品を、自ら確保した店舗で販売します。ＧＡＰやユニクロがＳＰＡに相当します。

▶ 共同店舗

　商業者などが共同でテナントビルやショッピングセンターなどの集団店舗を形成することです。商業集積の核機能を創出する１つの手法であり、大型店が持つワンストップショッピング機能や顧客利便性を向上させることができます。

▶ ディベロッパー

　ショッピングセンター、専門店ビルなどの店舗施設開発者のことです。施設内に自己店舗を持たない場合と、核店舗として施設内に大型店舗を持つ場合とがあります。

▶ 核店舗

　マグネットストアともいい、店舗施設の中において、中心となって顧客の吸引を行う店舗のことです。多くの場合、大型店舗が核店舗になります。

▶ テナント

　ショッピングセンターなどの商業施設に、賃借によって出店する店舗です。テナントの中で、特に集客力が強く、大きな売場面積を持つ店舗をキーテナントといいます。

過去問 トライアル解答　　**エ**

☑チェック問題

　共同店舗全体としてはワンストップショッピング対応が可能な反面、ほとんどの場合、専門性の高い店舗は埋もれやすい。　　　　　　　　　　⇒×

▶　共同店舗全体は、ワンストップショッピングの機能を備えることを目指している。しかし、専門性の高い店舗が埋もれやすいとは限らない。言い換えれば、共同店舗における業種構成を考えるときに、商圏ニーズに合致した店舗を集積させるように配慮して、「埋もれる」ような店舗を作らないことが大切である。ニーズがありながらも、従来は存在しなかった業種・業態の店や、個性的な店舗を積極的に誘致することも求められる。そうした個性的な店舗が共同店舗全体の集客要因になる場合もある。

5 商業集積と店舗立地
店舗立地と商圏

学 習 事 項　立地条件，商圏理論

このテーマの要点

立地条件と商圏の視点から店舗の場所を決める

店舗立地の条件として、商圏を規定する地理的
条件を中心とした外部環境を理解し、立地の判断
ができるようにします。

また、商圏の定義や商圏理論など商圏に対する
正しい知識を得るとともに、商圏から考察する売
上高予測の方法を理解しましょう。

＜立地条件の要素＞

都市の性格
人口動態
交通機関の整備状況
競合店の状況
立地や建築物に対する法規制
商圏の大きさ
商圏内の購買力
住民特性
地価
従業員の居住地

過去問トライアル	平成25年度　第24問
	小売吸引力
類題の状況	R05-Q24(再)　R04-Q25　R03-Q24　R02-Q25　H30-Q23 H21-Q23　H18-Q22

小売吸引力に関して、次の文中の空欄A～Cに入る語句として最も適切なものの
組み合わせを下記の解答群から選べ。

小売吸引力とは、小売店が顧客を引き付ける力を意味し、市場地域特性、個別消
費者特性、立地点特性、店舗特性、マーケティング特性などによって規定される。
引力モデルで有名なハフは、ある目的地の効用はその地点にある小売施設の規模に
　　A　し、消費者がその目的地に到着するのに必要な時間に　B　すると指摘した。
また、小売吸引力によって、小売店が顧客を引き付ける地域を　C　という。

〔解答群〕

ア　A：反比例　　B：比例　　　C：商圏

イ　A：反比例　　B：比例　　　C：ポジショニング

ウ　A：比例　　　B：反比例　　C：ポジショニング

エ　A：比例　　　B：反比例　　　C：商圏

1　立地

❶立地条件

　　立地条件とは、店舗経営にあたって、その成否を決定付ける要素です。具体的には、前ページの図の要素が考えられます。

❷立地因子

　　立地因子とは、立地条件の評価指標となるもので、2つに分類できます。

- 収入因子：売上高　　など
- 費用因子：地代・家賃、労働費、物流費用　　など

❸立地選定プロセス

　　立地選定は、自店の経営の方向性を踏まえて、次のように実施されます。必ずしも時系列で行われるわけではなく、状況によって順番が異なったり、省略されることがあります。

　　　地域（市町村）の選定　→　地区の選定　→　地点の選定

2　商圏

❶商圏の定義

　　商圏とは、小売店舗が顧客を吸引できる地理的範囲のことです。また、同じ商圏内の顧客でも購買状況が異なることから、購買率の観点から商圏を次のように分類することができます。なお、商圏の分類については絶対的な基準がないため、下記の分類は、経験則的な分類となります。

- **1次商圏**：売上の50%〜70%程度を占める地理的範囲
- **2次商圏**：売上の30%〜50%程度を占める地理的範囲
- **3次商圏**：売上の5%〜30%程度を占める地理的範囲
- **影響圏**　：「1次から3次商圏」外になるが、当該店舗の影響を受ける地理的範囲

❷商圏理論

　　商圏理論は、都市の人口、距離などから、理論的に商圏の範囲を特定する分析手法です。主な商圏理論は下記の通りです。

(1)　ライリーの小売引力モデル

　　　ライリーは、2つの都市は、その間に位置する都市から、2つの都市の人口に比例して購買力を吸引すること、距離の2乗に反比例して購買力を吸引することを小売吸引力モデルとして示しました。

$$\frac{B_a}{B_b} = \frac{P_a}{P_b} \times \left[\frac{D_b}{D_a}\right]^2$$

Ba ：任意の中間の都市がA都市に吸収される小売販売額

Bb ：任意の中間の都市がB都市に吸収される小売販売額

Pa ：A都市の人口

Pb ：B都市の人口

Da ：中間の都市からA都市までの距離

Db ：中間の都市からB都市までの距離

(2) ライリー・コンバースの法則

コンバースは、ライリーの小売引力モデルを応用して、A都市とB都市の吸引力が均衡する点「商圏分岐点」を求める法則を示しました。

$$D_a = \frac{D_{ab}}{1 + \sqrt{\dfrac{P_b}{P_a}}}$$

Da ：A都市から分岐点までの距離

Dab ：A都市とB都市の距離

Pa ：A都市の人口

Pb ：B都市の人口

(3) コンバースの小売引力モデル

コンバースは、大都市と近くの小都市の間における購買吸引力についてのモデルを示しました。小都市の総消費支出は、地元での購買部分（残留する分）と大都市での購買部分（吸引される分）とに分かれるとするものです。

$$\frac{B_a}{B_b} = \frac{P_a}{H_b} \times \left[\frac{4}{d}\right]^2$$

Ba ：大都市での購買額（吸引される分）

Bb ：小都市での購買額（残留する分）

Pa ：大都市の人口

Hb ：小都市の人口

d ：大都市と小都市の距離

4 ：慣性因子

(4) ハフの確率モデル

デービッド・ハフは、ある店舗に消費者が買い物に出かける確率（出向確率）を、他の店舗との競合状況を考慮しながら予測するモデルを示しています。消費者は近くにある大きな商業集積や店舗へ行くことを前提にして、ある店舗を選択する確率は、店舗の売場面積に比例し、店舗までの距離に反比例するとするものです。

過去問 トライアル解答　▶ エ

☑チェック問題

　商圏とは当該商業施設が客を吸引できる地域を指すが、自施設の商圏を戦略的に設定するための体系的方法を示したのがライリー・コンバースの法則である。 ⇒×

▶ ライリー・コンバースの法則は、都市の吸引力あるいは商業集積の吸引力を求める。自施設の商圏を戦略的に設定する体系的方法には、ハフ・モデルがある。

第 **7** 分野

店舗施設とレイアウト

店舗施設とレイアウト

1 各テーマの関連

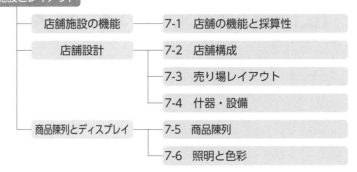

店舗販売管理		
店舗施設とレイアウト		
	店舗施設の機能	7-1　店舗の機能と採算性
	店舗設計	7-2　店舗構成
		7-3　売り場レイアウト
		7-4　什器・設備
	商品陳列とディスプレイ	7-5　商品陳列
		7-6　照明と色彩

　前テーマでは、小売業の戦略立案・展開プロセスに関連する法律知識、商業集積と店舗立地について学習しました。店舗施設とレイアウトでは、実際に店舗を設計する際に必要な知識と、採算性の評価方法、店舗そのものの設計や商品陳列に関する知識を学習します。

　店舗施設の機能では、店舗施設が持つ基本的な機能と、店舗投資に対する採算性評価方法について学習します。店舗設計では、より具体的な店舗設計方法として、店舗外装や店頭に関する基礎知識、売り場のレイアウト方法、商品陳列に必要な什器備品に関する知識を学習します。基本的な店舗設計、売り場構成が決まったら、次は購買を促進する演出が重要になります。商品陳列とディスプレイでは、購買促進を目的とした様々な商品陳列方法や演出技法、商品を際立たせる照明設計や色彩に関する基礎知識を深めることが重要です。

　「7－1　店舗の機能と採算性」では、店舗を目立たせる、店舗に顧客を誘導する、店内の巡回性を高める、商品を選ばせる、商品購買を促すなどの店舗施設の機能と、店舗開発における投資と採算性に関する知識を学習した上で、具体的な「7－2　店舗構成」、「7－3　売り場レイアウト」、「7－4　什器・設備」と、「7－5　商品陳列」、「7－6　照明と色彩」に関する基礎知識を理解してください。学習で

得た知識が実際の店舗でどのように活かされているか、日常の買い物などを通して理解を深めていきましょう。

2 出題傾向の分析と対策

① 出題傾向

#	テーマ	H26	H27	H28	H29	H30	R01	R02	R03	R04	R05
7-1	店舗の機能と採算性			1	2	1	1				3
7-2	店舗構成										
7-3	売り場レイアウト				1	1					1
7-4	什器・設備										
7-5	商品陳列	1							1		
7-6	照明と色彩		2			1	1		1		1

② 対策

　店舗施設とレイアウトのテーマでは、ほぼ毎年数問出題されています。近年は出題頻度が減少する傾向にありますが、その中において、商品陳列に関する出題は頻度が高い傾向にあります。難度はそれほど高くなく、補充型陳列（オープンストック）と展示型陳列（ショーディスプレイ）の違いなど、量販店や衣料品店などで一般的に見られる陳列方法に関する知識が問われています。日常的な買い物で見られるすべてが学習対象になる意識を持って、学習した知識を実際のモノや陳列方法と結び付けて観察することで理解が深まります。

　照明と色彩のテーマでは、2年に1度ほどの割合で出題されていますが、少し変則的です。学習範囲が広くなる論点ですが、学習効率を考えると過去問で問われた内容を中心に基本知識を整理していくことが有効となります。

　近年は、省資源・省エネルギー化意識の高まりの中、店舗運営における環境への配慮が重要なテーマになっています。このような分野に対しては、経済産業省のホームページなどで動向を捉えておくことも、試験対策として有効です。

店舗施設の機能
店舗の機能と採算性

学習事項 店舗施設の機能，店舗規模と採算性，スペース収益性，売場効率

このテーマの要点

店舗の機能と採算性の考え方を理解する

店舗施設は、顧客が商品を購買する場であり、経営理念を実現する手段です。店舗投資の効率性や採算性を十分考慮した上で、求められる役割と機能を十分発揮できるように店舗設計を行うことが重要です。

商品が売れるためには、顧客を引きつけ、顧客の消費者心理を刺激し、実際に購買させる店舗施設であることが重要です。そのために、店舗施設は経営戦略や販売戦略と調和した、様々な店舗機能や役割を持つ必要があります。

＜店舗施設は経営理念の具体化＞

経営理念・経営戦略
↓
販売戦略
↓
店舗施設

また、よりよい店舗を開発するためには一定の投資が必要となりますが、店舗投資は多額になることが多く、財務上の負担も重くなることから、回収を十分考慮した店舗投資を行うことが重要です。

過去問トライアル	平成20年度　第32問
	ＣＶＳのスペース収益性
類題の状況	R05-Q28(1)(2)　R05-Q26(再)　R01-Q28　H30-Q26　H29-Q27 H29-Q28　H28-Q29　H19-Q35

コンビニエンス・ストアの店舗運営において、店舗の生産性はスペース収益性（売場の単位スペース当たりの収益性）で評価することができる。このスペース収益性に関する記述として、<u>最も不適切なもの</u>はどれか。

ア スペース収益性は、粗利益率と単位スペース当たり在庫額の2つから構成されている。

イ スペース収益性は、単位スペース当たり粗利益額を高めることで向上する。

ウ スペース収益性は、店舗や商品カテゴリーなどの各レベルで生産性を示すことができる。

エ スペース収益性を指標化することによって、マーチャンダイジング、インスト

ア・マーチャンダイジング、新商品導入管理の改善に役立てることができる。

1　店舗施設の機能

店舗施設は、次のような機能を持っています。

【7-1-1　店舗施設の機能】

訴求機能	店舗を目立たせる機能です。店舗の前を通る通行人に対し、店舗を認知してもらうことを目的としています。具体的には、外装や看板、店頭などを魅力的なデザインや照明などで演出したり、ＢＧＭを流すことなどで目立たせます。
誘導機能	店内に顧客を呼び込む機能です。具体的には、出入口を広くとって入りやすくする、店内の見通しをよくする、店頭に特売品を陳列する、ショーウィンドウを魅力的に演出することなどにより、店内に誘導する、などです。
演出巡回機能	魅力的な演出により商品を引き立たせる機能です。それにより顧客の消費者心理を高揚させ、店内の巡回性を高めます。具体的には、店舗内の空間デザインやカラー・コンディショニング、照明などの工夫を行い、商品の魅力を引き立てます。
選択機能	商品を選ばせる機能です。目で見て選択する場合もありますが、さらに手に取って確かめることで選択しやすくします。具体的には、手に取りやすい商品陳列にする、フェイシング管理を徹底する、ＰＯＰを設置することなどにより商品を選びやすくする、などです。
購買促進機能	商品の購買を促す機能です。具体的には、販売員の接客やＰＯＰの活用などにより顧客の意志決定を促し、商品を買いやすくする、などです。

2　店舗規模と採算性

❶店舗投資の考え方

投資額を回収できる店舗投資であることが重要です。また、経営効率上は、経営資源の投入（input）は最小に抑え、最大の成果（output）を生み出すことが求められます。

店舗にかかるコストは、初期投資コスト（イニシャルコスト）と、運営コスト（ランニングコスト）に分けられます。店舗開発を行う際には、初期投資コストのみならず運営コストも考慮し、全体の投下コストを最小化することが必要です。

【7-1-2　店舗のコスト区分】

初期投資コスト（イニシャルコスト）	運営コスト（ランニングコスト）
創業費、開業費など	固定費：広告宣伝費、家賃など 変動費：仕入代金、通信費、水道光熱費など

❷ 採算性の確保

　経営を継続するためには、適正な利益を確保していくことが求められます。店舗運営における利益は、主に粗利益率を中心に考えます。粗利益は、売上から原価（仕入代金など変動費）を引いたものであり、採算性については下記のように分解して考えることができます。

【7-1-3　店舗の採算性の考え方】

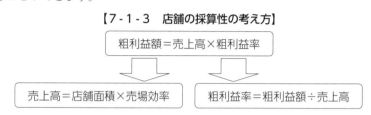

- **売場効率**を上げるためには、単位売場面積当たりの売上の向上が必要です。
- **粗利益額**を確保するためには、適正な価格設定が求められます。
- **売上原価**を適正に保つためには、仕入活動を重視する必要があります。

❸ 売場ごとのスペース配分

　各々の売場に割り当てられるスペース（売場面積）は、店舗戦略やカテゴリーごとの在庫保管単位などを考慮した上で、最終的には、スペースごとの利益額（スペース収益性）やスペースごとの売上金額（売場効率）によって決定します。これらの金額が高い売場は、店舗内の優位置への配置やスペースの拡大、低い売場は、商品の改廃を検討しつつ、スペースの縮小や再配置を考慮します。売場ごとのスペース配分を見直し、売場ごとの限界生産性が等しくなるようにすることで、ＲＯＩ（投下資本収益率）の最大化を図ります。

❹ 売場ごとの収益性（相乗積）

　各々の売場の収益性を判断する指標の１つに相乗積があります。相乗積は、店舗全体に対する各売場の粗利益の貢献度を表す指標です。算出式は、各売場の売上構成比と粗利益率の積で求められます。また、各売場の相乗積の和は店舗全体の粗利益率に等しくなります。

相乗積＝売上構成比×粗利益率

【7-1-4　店舗ごとの収益性（相乗積）】

売場名	売上高 (万円)	売上 構成比	粗利益高 (万円)	粗利益率	相乗積
売場A	1,200	40.0%	300	25.0%	10.0%
売場B	1,050	35.0%	315	30.0%	10.5%
売場C	750	25.0%	150	20.0%	5.0%
合計	3,000	100.0%	765	25.5%	25.5%

Keyword

▶ スペース収益性

店舗における生産資源である売場スペースがどれだけ収益を上げているかを測る指標です。スペース収益性は、単位スペース面積当たりの粗利益額を高めることで向上します。

スペース収益性 = 粗利益額 ÷ 単位スペース面積（売場面積）

店舗運営において、ＲＯＩ（投下資本収益率）を向上させるためには、スペース収益性を上げる必要があります。ＲＯＩは「純利益額 ÷ 投下資本」ですので、店舗レベルで考えると、純利益額は粗利益額に、投下資本は店舗の資産価値に相当します。ここから、ＲＯＩとスペース収益性の関係は、以下のように導くことができます。

店舗ＲＯＩ＝粗利益額÷（単位スペース面積×単位スペース当たり資産価値）
　　　　　＝（粗利益額÷単位スペース面積）÷単位スペース当たり資産価値
　　　　　＝スペース収益性÷単位スペース当たり資産価値

▶ 売場効率

スペース収益性と同様、売場が効率よく活かされ、期待している生産性を上げているかどうかを測る指標です。分子に売上額を使用します。

売場効率＝売上額÷単位スペース面積（売場面積）

過去問 トライアル解答 ア

☑チェック問題

売場における商品カテゴリー別の陳列量は、単位売場面積当たりの売上高が全売場について均等になるように決定することが目指される。　⇒○

▶ 店舗内の商品配置の原則として、部門別（カテゴリー別）売上高のシェアと売場面積のシェアを比例させるというものがある。結果、単位売場面積当たりの売上高が均等に近づくことになる。

2 店舗設計
店舗構成

学習事項 外装，店頭，ファサード，パラペット，看板

このテーマの要点

店舗の外側部分の構成要素を理解する

店舗の外側部分である外装と店頭について理解します。外装は、店舗の第一印象を決めます。魅力的なデザインや色彩を使うことで店舗を目立たせることができ、同時に店の特徴や取扱商品などを伝えることができます。また、近年では景観条例などにより、まちづくりの一環として整備されるようになっています。

店頭は、広い意味では店舗の前面全体や店頭閑地などを含んでいますが、狭い意味では店舗前面の下半分を指します。店舗への入りやすさを決める重要な要素です。

＜店舗の外側部分の構成要素＞

・店舗認知　・まちづくり
・購入意欲　・店舗イメージ向上
・店内誘導　・季節感の演出

遠方客・売上向上

| 駐車場 | フロントスペース |

ショーウィンドウ　出入口

| 外装 | 店頭 |

店舗の外側部分

店内

過去問トライアル	平成18年度　第33問
	店舗施設および店舗計画
類題の状況	H17-Q16

店舗計画に関する説明として、<u>最も不適切なものはどれか</u>。

ア 店内各所に消費者の目を引くマグネットポイントを設けることは、店内動線を長くするために有効である。

イ 店舗のイメージを最も伝えやすく、看板の設置などに利用されるのは、パラペットである。

ウ 間口のユニットを設定する場合は、通常、約90cmあるいは100cm単位で考えるのがよい。

エ 最寄品販売の小売業において、一般的には、店内誘導を高めるために店舗の開

放度を低く設定するのがよい。

1 外装

① ファサード

ファサードとは、店舗前面の外観全体を指します。

ファサードのうち、上部がパラペットであり、下部が狭義の店頭です。

② パラペット

パラペットとは、店舗前面の上部部分を指します。

③ 看板

看板は、店舗の広告機能を持っており、設置場所によって、屋上看板、パラペット看板、袖看板、壁面看板、スタンド看板（置看板）などに分類されます。

【7-2-1　外装の要素】

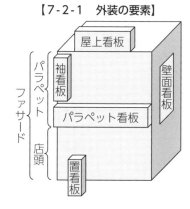

2 店頭

店頭は、広義には、店舗の前面、店内の入口に近い部分を含めることが多いですが、狭義の意味としては、店舗前面のシャッターボックスより下の部分を指す用語して用いられます。

① 店頭閑地（フロントスペース）

計画的に作られた店頭の空き地のことです。店頭閑地を設置することで、店舗そのものの面積は狭くなるものの、全体にゆとりが感じられるようになります。また、植栽や家具などを設置することで、店舗イメージの向上にもつなげることができ、顧客が入店しやすくなります。

② 駐車場

店頭閑地に駐車場を設置することにより、次のようなメリットが期待できます。

- 遠方からの来客が期待でき、商圏が拡大する
- 重い商品や大量の商品の持ち運びが可能となるので、売上の向上が期待できる

③ 出入口

店頭における出入口には、引き戸、開閉ドア、自動ドアなどの種類があり、店の入りやすさの決め手となっています。日本では従来の尺貫法に基づいた設計思想が残っており、約90cm（3尺に相当）幅を基準に出入口が設計されていることが多く見られます。しかし、最近では店舗の大型化などで、より幅の広い出入口も見られるようになっています。

⑴ **出入口の数**

　出入口の数は、一般的に、最寄品店では多く、買回品店、専門店、飲食店で少なくなります。出入口の数は、通路の本数や、形、業種、扱い商品などによっても変動します。また、一般的に、通路の本数に合わせて出入口を設定します。

⑵ **出入口のタイプ**

　店頭が壁やガラスなどで占められている割合を**店頭開放度**といい、店頭開放度の大小によって出入口のタイプを分類することができます。

【7-2-2　出入口のタイプ】

開放型	出入口が大きく、壁の部分が少ないタイプです。店内の様子がよくわかり、気軽に入りやすい雰囲気のため、顧客の出入りが頻繁な最寄品店に向いています。
閉鎖型	出入口以外は、店頭が壁やガラスとなっているタイプです。落ち着いた雰囲気を出すことができる一方、開放度が低く、店に入りにくい面もあるため、来店動機が明確な専門品店や買回品店に向いています。
半閉鎖型	店頭の半分程度がショーウィンドウなどになっており、残りが出入口となっているタイプです。一般的で大衆的な商品を扱う買回品店に向いています。

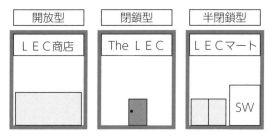

④ **ショーウィンドウ**

　店頭の一部をガラス張りとし、商品陳列や飾り付けを行うことで、店舗イメージをアピールします。また、季節感や流行を踏まえた演出をすることで通行人の消費意欲を刺激し、店内誘導を促進します。

> ⚿ **Keyword**
>
> ▶ **踏込み**
> 　ドアラインや、シャッターラインの内側のことです。踏込みを広くとることで、店内に落ち着きを感じさせることができます。
>
> ▶ **シンボルタワー**
> 　企業のイメージやイベントのテーマなどを象徴する塔や構造物のことです。

▶ 透視度

　店舗正面の外部から店内を見渡すことができる割合のことです。間口全体に対し、店内を見通せる割合をパーセントで表示します。店頭がウィンドウになっているシースルータイプの構成であれば透視度が高くなり、開放感を高めることができるので、店内に入りやすくなるというメリットと、閉鎖型のメリットの双方を得ることができます。

過去問 トライアル解答　**エ**

☑チェック問題

　一般的に店舗の間口が狭いよりも広い方が出入口の客動線がよくなる。　⇒○

▶　出入口の間口を広くすると、店舗内の様子がよくわかり、気軽に入りやすい雰囲気となるため、客動線の向上が期待できる。顧客の出入りを向上させることで売上向上を図る、ドラッグストアなどの最寄品店に適している。

3 店舗設計
売り場レイアウト

学習事項 動線, 商品配置, プラノグラム, グルーピング, ゾーニング, フェイシング, 通路設計

このテーマの要点

売り場レイアウトは目的から手法を理解する

売り場レイアウトとは、商品や什器を店舗内に配置することですが、売り場の生産性を最大化することを目的として設計することが重要です。つまり、顧客からより多くの購買を引き出すとともに、従業員の動きを省力化するなど、店舗の売上高や利益が増加するようなレイアウトに設計する必要があります。

具体的には、顧客の店内購買行動の特徴を捉え、来店客の動線長の最

＜売り場レイアウトの目的＞

店舗内での回遊性の向上	店舗内で顧客の回遊性を高めることにより、なるべく多くの商品を目に触れさせ、購買機会を増やす。
販売効率の向上	従業員の動きのムダを排除することにより、作業効率の向上、省力化を図る。
売り場の生産性の向上	単位面積当たりの売上高および利益を増加させることにより、売り場全体の生産性を向上させる。

大化と、顧客に対する効果的な刺激の提示や配置を計画し、店舗の生産性の向上を図ります。一方、従業員に対しては、スムーズに店内を移動させるなどの効率的な動きを促進するよう作業動線を計画します。

過去問トライアル	平成19年度　第22問
	売り場のレイアウト
類題の状況	R05-Q27(再)　H30-Q29　H29-Q29　H24-Q31　H22-Q25 H21-Q26　H20-Q33　H19-Q35　H18-Q33　H17-Q16

店舗レイアウトの考え方に関する記述として、<u>最も不適切なもの</u>はどれか。

ア 一般的に、売場の括り（くくり）は、以前は「売る立場」から考えられたものが、近年では「買う立場」からも考えられるように変化してきている。

イ 一般的に、すべての階の実際の通行量をそのまま比較することによって、どの階のレイアウトがよいかを判断できる。

ウ 客に通路上をできる限り長い距離を歩いてもらえるように、通路は売場内の隅から隅へと、最初に大回りしてもらえるように設定することが一般的である。

エ 客にとって商品が見やすく、さわりやすいように、通路が適切に設計されてい

ることが大切である。

1 動線計画の立案

動線とは、店舗内で人が動く経路を線で表したものです。売り場レイアウトでは、客動線と従業員動線の2つを考えます。動線の基本的な考え方は次の通りです。

【7-3-1 客動線と従業員動線の設計方法】

客動線はできるだけ長く	客動線が長いほど、顧客は店舗の隅々まで回遊し、商品を目にする機会が多くなるため、購買機会が増え、売上の向上が期待できます。
従業員動線はできるだけ短く	従業員動線が短いほど、従業員は商品の運搬作業などの時間や労力が少なく済むため、作業効率が向上します。

客動線を長くするための施策としては以下があります。

(1) **購買順序に基づくカテゴリーの配置**

主動線に沿って、顧客の購入順序に合わせて商品を配置することで、買い物しやすい売り場を設計でき、買い上げ点数の増加を図ることができます。

(2) **店舗内に顧客を引きつける売り場（マグネット）を配置**

マグネットとは、顧客を引きつける商品や売り場のことです。特売品や新商品などのほか、実演販売などもマグネットに相当する場合があります。マグネットをコーナーや店奥に配置することで、顧客の店内回遊性を高めます。

(3) **ワンウェイコントロール**

ワンウェイコントロールとは、「コ」の字型（通常は下向きの「コ」の字）という形で主通路が設定され、顧客の大半がレジに直行せず、また副通路に進入しても、再び主通路に戻って回遊するようコントロールすることです。上記(1)(2)のような対策を行うことが有効です。

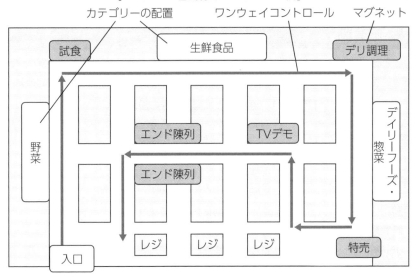

【7-3-2 客動線のコントロール例】

カテゴリーの配置　　ワンウェイコントロール　　マグネット

試食　　生鮮食品　　デリ調理

エンド陳列　　TVデモ

野菜

デイリーフーズ・惣菜

エンド陳列

レジ　　レジ　　レジ　　特売

入口

<hr />

2　商品の配置

　商品の配置とは、「どの商品を、どの売り場に、どのような配列で、何個ずつ配置するのか」を決定することです。棚割（プラノグラム）の作成とも呼ばれます。

　棚割（プラノグラム）では、「どの売り場に、どの商品を割り当てるのか」を検討しますが、この売り場の割り当てのことを売り場の配賦といいます。売り場面積は有限であるため、**売り場の配賦**は売上高全体を左右する重要な要素となります。留意点は以下の通りです。

- ニーズ距離の短い商品を近接させ、関連購買を促進する
- 顧客の目を引くように、視認性を向上させる
- 単位面積当たりの売上高を均等化するように、品目別の陳列量を決める
- シェルフROI（品目別純利益／単位面積当たりの投資額）がすべての売り場で平均化するように、品目別の配賦面積を決める
- よい売り場に強い商品を置くなど、商品力と販売力の組み合わせを考える

3 棚割作成のステップ

棚割（プラノグラム）は、一般的に、グルーピング、ゾーニング、フェイシングの順に行います。

① グルーピング

顧客が商品を選択しやすく、かつ比較しやすいよう、いくつかのグループに分けることです。グルーピングの基準としては、商品特性の似ている商品群をまとめる、顧客に関連購買・同時購買を訴求できる、顧客が商品同士を比較できる、などがあります。

- グルーピングの例

(1) 同時購買の促進

　　同一ブランドで、タイプやフレーバーの異なるアイテムが複数購買される可能性のあるカテゴリーは同時購買を促進するようなグルーピングが有効です。

　　右図はインスタントカレーを例に、同時購買促進のグルーピング例を示したものです。辛口フレーバーでグルーピングしていたものをブランドでグルーピングし直し、複数フレーバーの同時購買を促進したグルーピングに変更しています。

(2) 比較購買の促進

　　同一ブランド内で、プレミアムタイプへのスイッチを促進したり、小・中容量から大容量へのスイッチを促進したりするためには、グレード別、容量別のグルーピングからブランド別のグルーピングに切り替えるのが有効です。

　　右図はビールを例に、比較購買促進のグルーピング例を示したものです。グレード別から、ブランド別のグルーピングに変更することで、同一ブランド内の比較購買がしやすくなり、またプレミアムグレードへのスイッチングを促しやすくなります。

② ゾーニング

グルーピングされた商品グループごとに、売り場の場所と面積の割り当てを行う

【7-3-3　同時購買の促進】

- フレーバー別

- ブランド別

- グレード別

【7-3-4　比較購買の促進】

- ブランド別

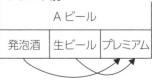

7
店舗施設とレイアウト

ことです。グルーピングされた商品群を水平に陳列する横陳列（ホリゾンタル陳列）
と、垂直に陳列する縦陳列（バーティカル陳列）を検討します。

(1) 横陳列（ホリゾンタル陳列）

　　同一のグループを横に並べる陳
列です。限られたグループとしか
視線が交わらないため、同一グルー
プ内の商品の比較がしやすいとい
う特徴があります。

(2) 縦陳列（バーティカル陳列）

　　商品を縦に割り付ける陳列です。
商品が縦に固まって陳列されるの
で、遠目からでもわかりやすく、
売場を左右に行き来せずに商品を
探すことができます。商品グルー
プ間の比較がしやすいため、カテ
ゴリーやファミリーグループなど、
大きな括りのゾーニングを行う際
は、縦陳列が有効です。

【7-3-5　横陳列】

しょうゆ			
プレミアム商品	小びん	産地直送品	大びん

ソース			
プレミアム商品	小びん	特売品	大びん

【7-3-6　縦陳列】

スナック菓子	チョコレート菓子	煎餅・あられ	海外のお菓子	…

❸ フェイシング

　ゾーニングで決められた各グループのスペースに商品の割り付けを行うことで
す。具体的にはフェイス数の決定と陳列位置の決定を行います。また、フェイスとは、
商品パッケージの陳列面のことであり、商品の正面や特徴を強調して商品の魅力を
訴求するために、陳列の計画や実施を行うことをフェイス管理といいます。

(1) フェイス数の決定

　　フェイス数と販売数量は一般的には比例するので、販売したい重点商品ほど
フェイス数を増やします。ただし、ある一定数を超えると販売数量の増加の伸び
率が逓減する（例えば、フェイスを1から2に増やしたときよりも、4から5に
増やしたときの方が売上数量の伸び率が小さくなる）ため、最適なフェイス数を
決定する必要があります。

(2) フェイス配分の見直し

　　品切れによる機会損失や、過剰在庫によるスペース生産性の低下をなくし、ど
の商品も店頭在庫に対して均等に売れるよう、ＰＯＳデータなどを活用して商品
ごとの売上動向を把握し、フェイス配分を見直します。

(3) 商品ごとの最適フェイス面の決定

　　商品のどの面を見せるのが最も魅力的であるかを検討した上で陳列を行いま
す。

4 その他の売り場レイアウトの考慮事項

①販売方法の選定

対面販売、側面販売（セルフセレクション）、セルフサービスなど、販売方法に応じた売り場レイアウトを考慮します。

②通路設計

通路設計は、売り場レイアウトにおける基本的な要素なので、通常は商品の配置や陳列などを計画する前に決めます。順序として、まず主通路を決め、主通路を結ぶ形で副通路を決めます。

♂ Keyword

▶ 販売方法

- 対面販売：ショーケースやカウンター越しに顧客と販売員が対面して接客する販売方式です。
- 側面販売（セルフセレクション）：顧客の横に販売員がついて、商品の方を向きながら接客する販売方式です。
- セルフサービス：顧客が自由に商品を見て回り、レジで精算する販売方式です。

▶ 主通路と副通路

主通路は、多くの顧客が通る通路であり、通路幅を広くとる必要があります。人間は壁に沿って歩く習性があることから、壁面に沿って主通路を設定し、ここに主力商品を配置することが効果的です。

副通路は、主通路と主通路の間を結ぶもので、通路幅はやや狭くとります。ここには補助的な商品を配置するのが一般的です。

過去問 トライアル解答 **イ**

☑チェック問題

売り場のレイアウトを考える際には、動線計画（歩きやすく）、商品構成（見やすく）、販売形態（買いやすく）を整理することが重要である。　　⇒○

店舗設計
4 什器・設備

学 習 事 項 ショーケース，陳列棚，陳列台，ショーウィンドウ，ステージ

このテーマの要点

什器や設備は、業態からイメージする

什器とは、販売用の機材全般のことを指します
が、本テーマでは商品陳列を目的とした什器を説明
します。店舗で使用される什器や設備には様々なも
のがあり、すべてを把握することは難しいですが、
代表的なものはおさえておきましょう。また、什器
や設備の寸法を適切に把握することは、店舗レイア
ウトや棚割（プラノグラム）の大きな決定要因とな
ります。

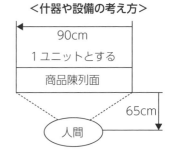

＜什器や設備の考え方＞

これらの什器や設備の寸法は、人間工学に基づいて考えられています。例えば、
陳列面から 65cm 離れた場所で視認できる広さが 90cm のため、１ユニットが
90cm のものが多いこと、人間の手先から肘までの長さが約 45cm のため、ゴン
ドラ什器の深さは商品が手に取れる範囲の 45cm 未満になっていること、などが
あります。

過去問 トライアル	平成15年度　第19問
	什器と商品
類題の状況	H20-Q31

売り場の什器と商品の関係で、<u>最も不適切なものはどれか</u>。

ア　ウォークインクーラー ― ビール
イ　ガラスケース　　　　 ― 宝石
ウ　ゴンドラ　　　　　　 ― 缶詰
エ　トルソー　　　　　　 ― ハム、ソーセージ
オ　リーチインクーラー　 ― ワイン

1 ショーケース

　ショーケースは、通常、ガラス素材でできた箱型のケースで、商品の在庫や展示に利用されています。高さが低いものは接客のカウンターとして利用されることがあります。また、冷凍冷蔵用ケースもショーケースの一種です。主なショーケースの種類と内容は次の通りです。

① クローズドケース

　ガラスなどで囲まれているショーケースです。高級商品の展示や保管、保護などに有効ですが、顧客が自由に商品を取り出せない、という欠点があります。

② オープンケース

　前面にガラスなどがないケースです。顧客が商品を自由に手に取ることができます。

③ リーチインケース（リーチインクーラー）

　前面にガラス扉の付いた大型の冷蔵冷凍庫です。商品の補充を前面のガラス扉を開けて行います。コンビニエンスストアの冷凍食品などの保存・販売などに使われています。

④ ウォークインケース（ウォークインクーラー）

　リーチインケース同様、前面にガラス扉の付いた大型の冷凍冷蔵庫ですが、陳列部分の裏側が在庫品収納庫とつながっており、後ろから従業員が中に入って、先入先出方式で補充作業をすることができます。コンビニエンスストア、ミニスーパーなどで多く採用しています。

2 陳列棚

　陳列棚は、複数の段からなる構造を持ちますが、棚板が可変式となっているものが多く、商品の種類に応じて柔軟に陳列することができます。一般的にゴンドラなどの陳列台より高さがあります。

3 陳列台

　陳列台は、箱型やひな壇型になっており、上に商品をのせて陳列します。箱型の陳列台は、商品を大量に置くことができ、特売品の陳列などに向いています。ひな壇型の陳列台は、あまり多くの商品は載せられませんが、演出性の高い陳列に利用されています。そのほかに次のような陳列台があります。

① ゴンドラ

　複数の棚がある陳列台で、たくさんの商品を陳列できるため、スーパーマーケットやコンビニエンスストアなどで使われています。壁面型とアイランド型などの種

類があります。

②ワゴン

　鉄製フレームでできた陳列台でキャスターが付いており、移動に便利です。特売品の陳列にも用いられるため、特売セールのことをワゴンセールと呼ぶこともあります。

4　ショーウィンドウ

　ショーウィンドウに商品を展示することで、歩行者の注意を引きつけ、店内に誘導する役割を担います。一般に買回店、専門店で利用されています。

①オープン型ウィンドウ：ショーウィンドウと店内を隔てる壁がなく、外から店内を見ることができます。ウィンドウと店内の展示などに連続性を持たせると、誘導効果が高くなります。

②ボックス型ウィンドウ：ショーウィンドウが壁に囲まれているため、展示商品に対する集視効果が高く、閉店後でも顧客に訴求することが可能です。

5　ステージ

　周囲より一段高い場所に商品を展示することで、顧客にアピールします。周囲の装飾を工夫したり、陳列器具を利用することで陳列効果を高めることができます。通路中央に設置するアイランド・ステージ、床を掘り下げて周囲より低くしたプール・ステージなどの種類があります。

6　業態別の重要設備・什器

　業態によって、必要となる設備・什器は、以下のように分類することができます。

【7-4-1　業態別の主な設備と什器】

業態	主な設備・什器
コンビニエンスストア	リーチインケース、ゴンドラ、ウォークインケース
ミニスーパー	リーチインケース、ウォークインケース、ゴンドラ、サッカー台
酒販店	リーチインケース、ウォークインケース
薬局	6.6m^{2}以上の調剤室、相談コーナー
化粧品店	カウンセリングスペース
靴・バッグ販売店	椅子、鏡、バックルーム
洋服店	フィッティングルーム

メガネ店	検眼室
生花店	フラワーキーパー、水槽、作業台
レストラン	厨房、休憩・着替え室

🔑 Keyword

▶ サッカー台

　主にスーパーマーケットなどで、会計を終えた品を客が袋詰めするための台のことです。サッカー台の上に、ビニール袋（生ものや化学製品を入れるための薄手のもの）やセロハンテープ、アイスクリーム用の木製スプーンなどを提供している店もあります。

▶ フラワーキーパー

　生花店などで、生花を冷蔵保存するための設備です。通常、前面は透明ガラスなどのため、中身が見えやすい仕様になっています。

▶ トルソー

　マネキン人形の一種で、胴体部分だけのものを指します。洋服などを着せ付けて陳列するためのものです。

過去問 トライアル解答　**エ**

☑チェック問題

　複合商業施設の構成計画に関する項目のうち、優先順位が最も高いものはどれか。
ア　什器の配置計画
イ　照明・設備計画
ウ　動線計画
エ　内装仕上げ計画

⇒ウ

▶ 複合商業施設とは、共同店舗やショッピングセンターのことであり、物販、飲食、アミューズメントなどの専門店を数多く集積した大規模な商業施設のことである。複数の商業施設が集積する構成計画には、什器、照明・設備および内装などのハード面の計画以前に、効率的な動線（通路）計画が最も重要となる。

商品陳列とディスプレイ
5 商品陳列

学習事項　商品陳列（陳列のタイプと方法）

このテーマの要点

商品の陳列方法をその目的から理解しましょう

商品陳列とディスプレイは同じ意味で使われますが、ともに購買促進を目的とした演出のことです。商品陳列の目的は、商品を魅力的に見せることで顧客の購買意欲を刺激し、より多くの購買に結び付けることです。そのためには、小売店舗は、商品の分類と配置、顧客に対する見やすさ、選びやすさの観点から商品の陳列方法を考える必要があります。

本テーマでは、基本的な陳列の種類や手法などを学習します。

＜商品陳列のポイント＞

商品が見やすいか
商品を手に取りやすいか
商品が選びやすいか
商品が豊富にあるか
商品の魅力が伝わるか
陳列作業は効率的か

過去問トライアル	平成26年度　第29問
	商品陳列
類題の状況	R05-Q28(再)　R02-Q29　H24-Q29　H23-Q31　H22-Q24 H21-Q28　H20-Q23　H20-Q31　H19-Q34　H18-Q31 H17-Q16

店舗における商品陳列に関する記述として、最も不適切なものはどれか。

ア　アイランドタイプのショーケース陳列は、どの方向からでも商品を見ることができる。

イ　衣料品の陳列で用いられるボックス陳列は、商品のデザインが見えにくい。

ウ　カットケース陳列は、価格の安さを訴求しやすい。

エ　ジャンブル陳列は、商品が少なくなると売れ残りのイメージが出やすい。

オ　前進立体陳列は、前出し作業が不要である。

1 商品陳列

① 商品陳列のタイプ

商品陳列のタイプは、量感陳列と展示陳列に大別できます。

• 量感陳列

　商品をまとめて陳列することでボリューム感と割安感を訴求する陳列方法です。陳列にかかるコストが安く、主に食料品などの最寄品店で多く利用されます。

• 展示陳列

　特定のテーマを設定して商品構成や飾り付けを行うなど、高級感やファッション性を訴求する陳列方法です。陳列コストが比較的高いため、主に高級衣料品などの買回品店で利用されます。

【7 - 5 - 1　量感陳列と展示陳列】

	量感陳列	展示陳列
対象商品	最寄品（食料品など）	買回品（高級衣料品など）
陳列コスト	安い	高い
陳列場所	店頭、ワゴン、平台、ゴンドラ、ハンガー、壁面、など	ウィンドウ、ステージ、コーナー、ガラスケース内、など
陳列方法	ジャンブル陳列、エンド陳列、島出し陳列、など	ショーケース陳列、など
訴求内容	ボリューム、迫力、安さ	美しさ、センスの良さ、ライフスタイル
留意点	商品を豊富に、アイテムは多く、手に取りやすく	テーマ性を出す、美しく見せる、小道具を使う、季節感を訴える

② 陳列パターン

商品陳列のパターンは、什器別、販売方法別などに分類することができます。

【7 - 5 - 2　什器別の陳列パターン】

平台陳列	商品を平面的に並べる陳列方法です。陳列台が低いため、商品を手に取って選びやすく、食料品や日用品を中心に広く使用されています。
ハンガー陳列	衣料品をハンガーにかけ、ハンガー台につるしておく陳列方法です。商品を手に取って選びやすい反面、ほこりや汚れがつきやすいというデメリットがあります。
ゴンドラ陳列	定番商品を主体に置き、多数の品目をわかりやすく訴求することができる陳列方法です。
フック陳列	フックバーに商品を掛ける陳列方法であり、主に文房具や日用雑貨、菓子類などで使用されます。商品が見やすく在庫量もわかりやすい陳列方法です。

ボックス陳列	中に仕切りを設けた箱型の什器に、それぞれの分類基準に従って商品を陳列する方法です。主に衣料品などで利用されています。商品のデザインが見えにくいという特徴があります。
ショーケース陳列	主に高級な商品をショーケースに納めておく陳列方法であり、顧客の要望に応じて、販売員が商品を取り出して見せます。
カットケース陳列	什器を使わずに、商品の入っている段ボール箱をカットして、そのまま売り場に陳列する方法です。陳列の手間を減らし、かつ新鮮さや安さを訴求することができます。
ショーウィンドウ陳列	小売店の店頭に設けて通行人の注意を引きつけ、店内誘導を図る陳列方法です。商品特性に応じたテーマや、季節感や流行などを訴求し、魅力的な商品演出を行います。

【7-5-3 販売方法別の陳列パターン】

前進立体陳列	フェイスごとに、商品を手前から、かつ積み上げて陳列する方法です。迫力を出すことができますが、商品の前出し作業が必要であり、商品補充に手間がかかります。
ジャンブル陳列	カゴなどに商品を投げ込む陳列方法です。目玉商品などの陳列に向いており、陳列の手間がかからず、割安感を訴求できる一方で、商品が少なくなると売れ残りのイメージが出やすくなります。
レジ前陳列	セルフサービス店のレジ前に、小型商品を中心に陳列する方法です。ついで買いや衝動買いの促進が期待できます。
島出し陳列	通路上に平台やカゴなどの什器を配置し、顧客の注目を集める陳列方法です。主に目玉商品などの陳列に使用されます。
エンド陳列	ゴンドラやハンガー台のエンド部分に商品を積み上げる陳列方法です。特売品などを大量に積み上げて目立たせて陳列します。
ステージ陳列	顧客の回遊性を高めるために、効果的な位置にステージ（舞台）を設置し、商品を展示する陳列方法です。
壁面陳列	壁面を利用して陳列する方法です。床から天井まで陳列することで、アイテムの豊富さをアピールできるため、販売員による側面販売に向いています。

● OnePoint　エンド陳列

陳列棚の端の部分をエンドといいます。エンドは、店内におけるマグネットポイントの1つであり、最もよく売れる場所です。したがって、エンドには、店舗の方針に準じて、新商品、売り筋商品、季節商品や特売品などを大量陳列することで顧客に訴求することが有効です。

⚷ Keyword

▶ ゴールデンゾーン

　顧客が見やすく、手の届きやすい陳列範囲を指します。明確な規定はありませんが、一般的には男性は70〜160cm、女性では60〜150cmの範囲の高さといわれています。

▶ 先入先出法

　古い商品を手前に陳列し、新しい商品を後方に補充していく陳列方法です。生鮮品などの鮮度を維持するために行われています。

過去問 トライアル解答　**オ**

☑チェック問題

　カットケース陳列には、高級感を出しやすいというメリットがある。　⇒×

▶ 　カットケース陳列は、什器を使わずに、商品の入っている段ボール箱をカットして、そのまま売り場に陳列する方法である。主にディスカウントストアなどで、食料品や飲料水、日常用品などを対象に行われる。メリットとしては、ボリューム感が出せる、大量に陳列できる、安さを訴求できる、などである。一方、デメリットは、空箱の整理が必要で、すべての商品に値札を貼ることが難しいことなどである。設問の記述にあるような高級感を出すための陳列方法ではない。

商品陳列とディスプレイ

照明と色彩

学 習 事 項　照明，色彩，照明方法，照明の単位，色の3要素

このテーマの要点

照明と色彩の目的は、来店促進と顧客誘導、および購買促進

照明や色彩は、人間の心理状態に大きな影響を与えます。照明や色彩は、店舗設計全体を左右する重要な要素です。照明を検討する際には、店舗や商品を照らしたり、彩ったりという機能のみに着目するのではなく、ストアコンセプトに基づいた戦略的な設計が求められます。照明や色彩は、来店促進と顧客誘導、および購買促進などの役割を担います。

＜照明と色彩の目的＞

ストアコンセプト

↓

照明　　　色彩

【目的】
・来店促進
・顧客誘導
・購買促進

(1) 来店の促進

照明や色彩の工夫により店格や店舗イメージを演出し、店舗の存在をアピールすることで、より多くの顧客来店を促進します。

(2) 顧客の誘導

店内の照明の配置や色彩の工夫により、店の隅々まで顧客を回遊させます。店の奥に明るいポイントを設けることで、顧客を店奥まで誘導します。

(3) 購買の促進

照明や色彩の工夫により売り場や商品を演出し、商品価値や情報を正しく伝達します。また、魅力的な買い物環境を実現することで、より多くの商品購入を促進します。

過去問トライアル	平成25年度　第26問
	色彩
類題の状況	R05-Q25(再)　R03-Q26　H30-Q24　H29-Q30　H27-Q25　H27-Q26　H22-Q23　H20-Q24

売場や商品を演出する色彩に関する説明として、<u>最も不適切なものはどれか</u>。

ア　オクラを緑色のネットに入れることで、対比現象により商品の色を鮮やかに見せることができる。

イ　色相が連続する虹色の順に商品を陳列すると、売場に連続性が形成される。

ウ　フェイスアウトの陳列をする場合、明度のグラデーションで高明度の色を手前に、暗い色を奥に置くのが一般的である。

エ　ベビー用品は、優しい印象を与えるために、明度が高く、やわらかく見える色が多く使われている。

1 照明

照明方法や照明の単位は以下の通りです。

① 照明方法

【7-6-1　照明方法】

直接照明	商品の陳列面や店内を直接照らす方法です。蛍光灯やスポットライトが主に使用されます。
半直接照明	直接照明の上部にアクリルのカバーなどを付けたものです。商品などを直接照らすとともに、天井方向にはカバーを通じた柔らかい光を演出することができます。
間接照明	光源が直接目に触れないようにカバーで覆い、壁や天井などに光を反射させて照らす方法です。照明効率は落ちますが、高級感漂うムード演出が可能です。
半間接照明	直接照明の下部にカバーなどを付けたものです。半直接照明の逆の形状で、カバー越しの柔らかい光で商品などを照らすとともに、間接照明のような高級感も演出できます。
全般拡散照明	光を均一に店内に行きわたらせる方法です。シャンデリアなどが使われます。

② 照明の単位

【7-6-2　照明単位】

光束 (ルーメン)	光源から出る光の量を表す単位で、一般的にはlmと表記されます。光束が大きいほど明るく感じられます。
光度 (カンデラ)	光源から出る光の強さを表す単位です。1ステラジアン（立方角）当たり1ルーメンの光束を出す光源の強さが1カンデラと定義されます。
照度 (ルクス)	単位面積当たりの光の量を表す単位です。1m²当たり1ルーメンの光束が入射する受光面の照度が1ルクスと定義されます。
輝度 (スチルブ)	光源や反射光、透過光などによって照らされた面などから、目に入る輝きの強さを表す単位です。1cm²当たり1カンデラの光度が1スチルブと定義されます。

【7-6-3　照明単位のイメージ】

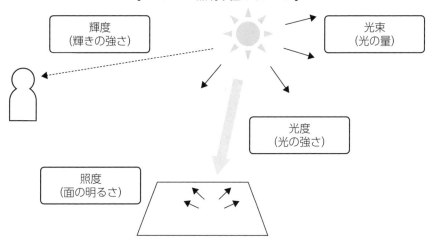

③ 光源の種類

【7-6-4　光源の種類】

白熱灯	演色性に優れており、ちらつきがありません。ベース照明など全般的に使われているほか、スポットライトやダウンライトなどの重点照明にも使用されています。なお、演色性とは光源による色の見え方のことで、「色を忠実に見せる性質」を指します。
蛍光灯	演色性では白熱灯に劣り、ややちらつきがあるものの、経済性に優れています。スーパーなどの最寄品店などで多く使われています。近年では演色性の高い蛍光灯なども開発されています。
HIDランプ	高圧ナトリウム灯、水銀ランプ、メタルハライドランプなどの総称です。ランプ1つ当たりの光束が強く、大規模空間の照明に適しており、経済面やメンテナンス面でも優れています。

LED (発光ダイオード)	軽量で衝撃に強く、長寿命であり、故障が少ないという特徴があります。紫外線・赤外線を含まないため、文化財・芸術品など、熱を嫌うものの照明に用いられます。大量生産が可能ですが、白熱灯・蛍光灯に比べて短期的な経済性は劣り、かつ演色性は白熱灯より低くなります。

④ 色温度

色温度とは、ある光源が発している光の色から推定される温度のことであり、単位には熱力学的温度のK（ケルビン）が用いられます。光色が赤いほど色温度が低く、青いほど色温度が高くなります。色温度が高いほど、寒色系の色が鮮やかになり、低いほど暖色系の色が強調されます。

2 色彩

① 色彩計画

店舗イメージを向上させ販売促進を図るためには色彩計画を策定し、効果的なカラー・コンディショニング（色彩調整）を行うことが重要です。

② 色の3要素

【7-6-5　色の3要素】

色相	色合いや彩りのことです。光の波長の長さにより、赤・黄・緑・青・紫などの色が構成されています。なお、上記の5色を基本として円形につなげたものが色相環です。
明度	色の明るさや暗さのことです。白が最も明度が高く、明度10です。黒が最も明度が低く、明度0です。なお、明度を徐々に変化させ、灰色の階層で表したものがグレースケールであり、これらの色を無彩色と呼びます。また、無彩色以外の色味のある色を有彩色といいます。
彩度	色の鮮やかさのことです。濁りのない純色が最も彩度が高く、純色に白・黒・灰色などの無彩色の割合が増えるにつれて彩度が低くなります。無彩色の彩度は0です。

③ 色彩の性質

【7-6-6　色彩の性質】

視認性	注意を向けている人に遠くからでも見つけやすく、周囲から際立って見えるような色や配色のことです。背景に対し色や形が際立っていたり、文字が大きくてわかりやすかったりする度合いを表します。
明視性	見つけた対象物の形や細部が認めやすく、意味や情報が細かく判別できるような色や配色のことです。図形が持つ意味の理解のしやすさを表すもので、例えば道路標識などは、図形を捉えやすいような配色が工夫されています。
誘目性	周囲の環境から特に目を引く効果のことです。注意や禁止といった情報を提示する場合や、ＰＯＰや商品パッケージを目立たせたい場合は、誘目性を高めることが求められます。

| 可読性 | 文字や数字が読める度合いを表します。可読性を高めるためには、白い背景に対して、黒文字で表示するなど明度差を高めることが重要となります。 |

☌ Keyword

▶ 色相環

　赤・黄・緑・青・紫の5色を基本に、有彩色を円形につなげたものです。マンセルの色相環では、全体で10色の色相に分かれており、向かい合う色は**補色**となっています。補色とは対照色のことであり、混ぜると無彩色になります。

▶ 平均演色評価数

　物が正確に見える光の演色性を表す、色彩の再現度合いを示す指標です。単位には、Raを用い、原則として100に近いほど演色性がよいことを示します。

過去問 トライアル解答 ▶ **ア**

☑チェック問題

　ベビー用品は、優しい印象を与えるため、明度が高く、やわらかく見える色が多く使われている。　　　　　　　　　　　　　　　　　　　　　　⇒○

▶ 　明度が高く、やわらかく見える色を使用すると、商品には優しい印象を与えることができる。一般に、明度の高い色はやわらかく、明度の低い色は硬く感じられる。

第 **8** 分野

仕入管理と販売

テーマ別ガイダンス

仕入管理と販売

1 各テーマの関連

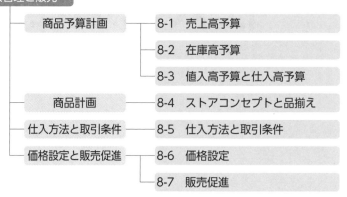

店舗販売管理
└ 仕入管理と販売
　├ 商品予算計画 ── 8-1　売上高予算
　│　　　　　　　── 8-2　在庫高予算
　│　　　　　　　── 8-3　値入高予算と仕入高予算
　├ 商品計画 ──── 8-4　ストアコンセプトと品揃え
　├ 仕入方法と取引条件 ── 8-5　仕入方法と取引条件
　└ 価格設定と販売促進 ── 8-6　価格設定
　　　　　　　　　　　　── 8-7　販売促進

　仕入管理と販売では、マーチャンダイジングに重要な、商品予算計画と商品計画、仕入の基礎知識、販売における価格設定と販売促進について学習していきます。マーチャンダイジングにはいくつかの定義がありますが、ＡＭＡ（アメリカ・マーケティング協会）では、「適正な商品を、適正な場所で、適正な時期に、適正な数量を、適正な価格でマーケティングすることに関する諸計画」と定義されています。「5つの適正」とも呼ばれ、流通業の主要なテーマですので、しっかりと理解しておく必要があります。

　商品予算計画では、「8－1　売上高予算」、「8－2　在庫高予算」、「8－3値入高予算と仕入高予算」で、仕入・在庫・販売のマーチャンダイジング・サイクルに従って、売上高予算や仕入高予算などを計画する方法を学習します。商品計画では、「8－4　ストアコンセプトと品揃え」で、立案した計画（予算）を実現するためのストアコンセプトの策定、商品ミックス（商品の品揃え）に関する基礎知識を理解していきます。

　仕入活動の面では、「8－5　仕入方法と取引条件」で、商品を仕入れる際の仕

入方法の分類と、割引やリベートなどの仕入活動における商慣行を学習します。販売活動の面では、「8−6　価格設定」、「8−7　販売促進」で、ストアコンセプトに沿った販売価格の設定方法と価格設定の種類を理解し、店頭での商品計画、販売促進活動として、インストアマーチャンダイジング（ISM）とインストアプロモーション（ISP）、スペースマネジメントに関する基礎を学習していきます。

2 出題傾向の分析と対策

❶出題傾向

#	テーマ	H26	H27	H28	H29	H30	R01	R02	R03	R04	R05
8-1	売上高予算	1	1	1				1			1
8-2	在庫高予算										
8-3	値入高予算と仕入高予算	1	1		2						
8-4	ストアコンセプトと品揃え			1			1	1	2	2	
8-5	仕入方法と取引条件			1				1			
8-6	価格設定		1		1				1	1	
8-7	販売促進	1	2	1		1				1	3

❷対策

　仕入管理と販売のテーマは、年度によってバラツキがあるものの、毎年3〜5問程度出題される頻出分野です。販売促進活動として、インストアマーチャンダイジング（ISM）とインストアプロモーション（ISP）が最も多く出題されています。また、GMROI（商品投下資本粗利益率）や交差主義比率、値入率などの計算問題は、過去にも多く出題されている分野ですので十分な理解が必要です。

　注意しておきたいのは、1つの問題で問われる範囲の広いケースがあるため、テーマ全体をまんべんなく理解しておくことが求められています。しかし、過去の出題内容と比べて大きく内容が変化する分野ではないため、過去問題に繰り返し取り組むことで対応力を高めることができます。

　このテーマでは、マーチャンダイジングの目的である、消費者価値の最大化と、売上高や利益の最大化についての考え方をおさえておくことが重要です。その上で、どのような商品予算計画やストアコンセプトを策定し、どのような商品の品揃えと仕入を行うのかを把握し、基本的な語句や計算式を理解していきましょう。

　また、近年ではインターネット販売やインターネット取引に関する出題が行われています。普段より見聞を広げ、ITなどの最新動向を把握することも、試験対策として有効です。

1 商品予算計画
売上高予算

学 習 事 項 5つの適正，売上高予算，ＧＭＲＯＩ，交差比率，商品回転率，販売予測の方法

このテーマの要点

売上高予算は、マーチャンダイジングの商品予算計画の中で最も重要！

ＡＭＡ（アメリカ・マーケティング協会）は、マーチャンダイジングを、「企業のマーケティング目標を実現するのに最も役立つように、適正な商品またはサービスを、適正な場所、時期、価格、数量で市場に出すことに伴う計画と統制である」と定義しています。

この定義にあるマーチャンダイジングの要素は、右図の「５つの適正」としてまとめることができます。

商品予算計画は、マーチャンダイジング遂行のための経済性と合理性を管理するために編成される予算計画です。

＜５つの適正＞

項目	主な検討の観点
適正な商品	・品揃えの幅と深さ ・商品の品質
適正な場所	・販売チャネルの選択 ・店舗立地 ・売り場レイアウト
適正な時期	・季節需要 ・販売促進期間の設定 ・消費者の購買時間帯
適正な価格	・質に見合った価格設定 ・プライスライン
適正な数量	・品切れ回避 ・過剰在庫回避

仕入れた商品は、売買されたときに初めて利益が発生しますが、売上高予算を中心として、仕入や在庫などのプロセスごとに予算計画を立案します。

売上高予算は、マーチャンダイジングの商品予算計画の中でも、特に重要な予算です。

過去問 トライアル	平成24年度　第26問
	ＧＭＲＯＩ
類題の状況	R05-Q32　R02-Q32　H28-Q28　H27-Q32　H26-Q30 H23-Q32　H22-Q27　H21-Q24　H20-Q36　H19-Q29 H18-Q27　H17-Q18

ある小売店では、年間売上高2,900万円、期首在庫高（原価）800万円、期中仕入高1,600万円、期末在庫高（原価）700万円であった。この店のＧＭＲＯＩとして最も適切なものはどれか。

ア　120％

イ　130％

ウ　160％

エ　180％

オ　200％

1 商品予算管理の基礎

　商品予算計画は、ある特定の期間に対して、マーチャンダイジング遂行のための経済性と合理性を管理するために、金額ベースで表した予算計画です。商品予算管理のポイントは次の通りです。

(1)　商品予算管理は、仕入・在庫・販売のマーチャンダイジング・サイクルに従って編成されます。具体的には、①販売予測に基づく売上高予算、②在庫予算、③減価予算、④値入予算、⑤仕入高予算の順に策定されます。

(2)　商品予算管理では、マーチャンダイジングの財務面しか管理できません。したがって、どの商品を、どれだけ仕入れるかといった商品ミックス計画に対しては、数量面での分析が別途必要です。

2 売上高予算

❶商品投下資本粗利益率（GMROI）

　GMROIは、商品に投下された資本に対して、どれだけの粗利益（売上総利益）が獲得できているかを示す指標であり、数値が高いほど評価がよいといえます。

　GMROIを上げるためには、売上高総利益率を高めることと、商品投下資本回転率を高めることの2つの方向性で検討する必要があります。しかし、現実的には双方を同時に高めることは難しく、両者のバランスをとりながら最も効果的な選択をすることになります。

$$GMROI（\%）= \frac{売上総利益（粗利益）}{平均在庫高（原価）} \times 100$$

$$= \frac{売上総利益}{売上高} \times \frac{売上高}{平均在庫高（原価）} \times 100$$

$$= 売上高総利益率（\%）\times 商品投下資本回転率$$

　　　　※平均在庫高（原価）＝（期首在庫高＋期末在庫高）÷2

② 交差比率（交差主義比率）

交差比率とは、ＧＭＲＯＩを売価基準で表した指標です。販売面から生産性を判断する指標であり、数値が高いほど評価はよいといえます。

$$交差比率(\%) = \frac{売上総利益}{平均在庫高(売価)} \times 100$$

$$= \frac{売上総利益}{売上高} \times \frac{売上高}{平均在庫高(売価)} \times 100$$

$$= 売上高総利益率(\%) \times 商品回転率$$

③ 商品回転率

商品回転率とは、一定期間のうちに商品が何回転したかを示す指標であり、言い換えると、売場に陳列された商品がどれくらいの期間で売れるのか、つまり、「一定期間（通常は１年）に、平均手持ち在庫の何倍の売上が形成されたのか」を示す数値となります。数値が高いほど効率がよく、在庫投資の有効性を測定する手段として用いられます。

$$売価基準の商品回転率 = \frac{売上高}{平均在庫高(売価)}$$

$$原価基準の商品回転率 = \frac{売上原価}{平均在庫高(原価)}$$

$$数量基準の商品回転率 = \frac{売上数量}{平均在庫数量}$$

3 販売予測方法

販売予測は、予算策定の第１ステップです。自社を取り巻く外部環境と内部環境を把握することからスタートします。その上で、過去の売上高データを活用した長期傾向の予測と、主に季節変動を考慮した短期傾向の予測があります。

① 長期傾向の予測

• 目安法

過去の売上高データをグラフ上にプロットして折れ線で結び、傾向線を見つけて販売予測を行う方法です。

• 両分平均法

過去の売上高データをグラフ上にプロットするのは目安法と同様ですが、グラフの期間を半分に分け、前期と後期のそれぞれの平均値を求めて２点を直線で結び、傾向線とする方法です。

• 移動平均法

　過去の売上高データのうち、任意の一定期間の平均値を計算し、グラフ上にプロットして傾向をつかむ方法です。

・最小二乗法

　方程式を用いて数学的に販売予測を行う方法です。過去の実績値と計算値の誤差を算出し、その差の二乗の和が最小になるようにします。

② 短期傾向の予測

　短期予測では、通常、月別の販売予測を行います。短期予測では、季節や気候、社会的行事などによる季節変動を受けるため、季節変動を指数化した季節指数を用いて計算します。

・月別平均法

　過去数年間の月別売上高を集計し、それを12で割った月平均売上高で、月別の集計値を割って季節指数を算出した上で、月別の売上高予算を求める方法です。毎年の季節変動パターンが類似しており、一時的変動が少ない場合に、簡便な月別平均法が用いられます。

・連環比率法

　過去の売上高実績のうち、季節変動以外の、一時的変動やトレンドなどの趨勢変動を取り除いて季節指数を求めた上で、月別の売上高予算を求める方法です。具体的には、月ごとに前月に対する変化率を計算し、その前月比の平均値を季節変動値とみなした上で、季節指数を算出します。

過去問 トライアル解答　　**ウ**

☑チェック問題

　ある小売店の平成20年度の営業実績は次のとおりであった。

・売上高　　　　　　　1,500万円
・売上原価　　　　　　1,050万円
・期首在庫高（売価）　600万円
・期末在庫高（売価）　400万円
・売価値入率　　　　　40％
この小売店の平成20年度のGMROIは、150％である。　　　　⇒○

2 商品予算計画
在庫高予算

学 習 事 項 | 基準在庫高法，百分率変異法，週間供給法，在庫販売高比率法，平均在庫日数

このテーマの要点

在庫高予算は、月初の計画在庫高

売上高予算が策定されたのち、在庫高予算を編成します。売上高は景気動向や季節変動などで常に変動するため、それに応じて在庫高を適切にコントロールする必要があります。

通常小売業は、年間の販売力の推移に応じて在庫を確保しておき、売上が少ない月には平均より少なめに、売上が伸びる月には平均より多めに仕入を行います。そのため、月初予定在庫高もこのような視点に基づいて算定します。変動を考慮し、より適切な月初在庫の確保を行うため、基準在庫高法、百分率変

＜商品予算計画の計画プロセス＞

売上高予算
↓
在庫高予算
↓
減価予算
↓
値入高予算
↓
仕入高予算

※青網掛け部分が今回の学習対象

異法によって月初予定在庫高の算出を行います。また、1週間を基準とした売上高予算に基づき月初在庫高を算出する週間供給法、当月の売上高予算に対する比率から算定する在庫販売高比率法、および平均在庫日数について学習します。

過去問 トライアル	平成25年度　第28問
	百分率変異法
類題の状況	H23-Q29　H20-Q36　H19-Q27

ある小売店では、当月売上高予算600万円、年間売上高予算6,000万円、年間予定商品回転率が8回転である。この場合に、百分率変異法による月初適正在庫高として、最も適切なものはどれか。

ア　600万円

イ　750万円

ウ　800万円

エ　825万円

オ　850万円

1 基準在庫高法

基準在庫高法とは、「年間平均在庫高−月平均売上高」を基準在庫高として、各月の計画売上高の増減に対応する算定方法です。各月の売上高予算に基準在庫高を加算して月初の在庫高を見積もります。

月初在庫高予算（売価）＝当月売上高予算＋※基準在庫高

※基準在庫高＝年間平均在庫高−月平均売上高予算

$$=\frac{年間売上高予算}{年間予定商品回転率}-\frac{年間売上高予算}{12}$$

この方式では、年間予定商品回転率が12回を超える場合は基準在庫高がマイナスとなってしまうため利用できません。実際には、年間予定商品回転率が6回以下の買回品などに利用される方法です。

2 百分率変異法

百分率変異法とは、基準在庫高法と同じく月初の在庫高を見積もる方法ですが、当月在庫高と月平均在庫高の変動率は、当月売上高予算と月平均売上高予算の変動率の半分であるという前提として求める算定方法です。

$$月初在庫高予算（売価）＝年間平均在庫高×1/2\left[1+\frac{当月売上高予算}{月平均売上高予算}\right]$$

この方式では、年間予定商品回転率が12回を超えても利用できます。年間予定商品回転率が6回以上の最寄品などに利用される方法です。

3 週間供給法

週間供給法とは、1週間を基準とした売上高を計画し、予定商品回転率によりあらかじめ決定された何週間かの売上高予算と等しくなる在庫量を準備する方法です（1年間を52週間で計算します）。回転率が高い商品であるほど、在庫保持量が少なくてよいため、月初在庫高予算が低くなります。

$$月初在庫高予算（売価）＝週間売上高予算×\frac{52}{予定商品回転率}$$

4 在庫販売高比率法

在庫販売高比率法とは、当月売上高予算に対して、在庫高を特定の比率で維持することを前提とした方法です。比率には、該当月初在庫高を該当月売上高予算で割ったものを使用しており、実際によく使われています。

$$月初在庫高予算（売価）＝当月売上高予算×\frac{該当月初在庫高}{該当月売上高予算}$$

5 平均在庫日数

平均在庫日数とは、現在の在庫が何日分の販売額に相当するかを示すものです。
　売価基準の平均在庫日数＝平均在庫高（売価）÷1日平均売上高
　原価基準の平均在庫日数＝平均在庫高（原価）÷1日平均売上原価
　※1日平均売上高は、年間売上高を365日で割って求めます。

⚷ Keyword

▶ OTB（Open To Buy）
　在庫コントロールの手法であり、任意の時点であとどれくらい発注できるかを算出するものです。

OTB	売上高予算までの金額
現状の在庫高	期末在庫高予算

過去問 トライアル解答　**エ**

☑チェック問題

　期首商品棚卸高600万円、期末商品棚卸高400万円、年間売上高3,000万円の場合に、商品回転率を求めると、6回転である。　　　　　　　　⇒◯

MEMO

3 商品予算計画
値入高予算と仕入高予算

学 習 事 項 値入高予算，仕入高予算，売価値入率，原価値入率，初回値入率，実現値入率，減価予算

このテーマの要点

値入高予算と仕入高予算の確定により、商品予算計画が完成

　値入とは、商品の売価と仕入原価の差額です。値入高予算の策定は、商品の販売価格を決定することであり、利益計画の基礎となります。

　仕入高予算は、売上高予算と在庫高予算に基づいて編成されます。目標売上高に必要な在庫高が決定され、目標在庫高に必要な仕入高が決定されます。

＜商品予算計画の計画プロセス＞

```
┌─────────────┐
│  売上高予算   │
└─────────────┘
       │
┌─────────────┐
│  在庫高予算   │
└─────────────┘
       │
┌─────────────┐
│  減価予算     │
└─────────────┘

┌─────────────┐
│  値入高予算   │
└─────────────┘
       │
┌─────────────┐
│  仕入高予算   │
└─────────────┘
```

※青網掛け部分が今回の学習対象

過去問 トライアル	平成26年度　第28問
	値入率
類題の状況	R02-Q30　H30-Q28(1)(2)　H28-Q31　H27-Q28　H25-Q27 H22-Q28　H22-Q29　H20-Q36　H19-Q27

　仕入単価80円で1,000個仕入れた商品の販売価格を売価値入率20％で設定した。この商品を800個販売したところで、売れ行きが悪くなってきた。そこで、残りの200個を当初の販売価格から10％値下げしてすべて販売した。この結果の粗利益率（小数点第2位を四捨五入）として、最も適切なものはどれか。

　なお、消費税は考慮しないものとする。

ア　15.4％

イ　16.4％

ウ　17.4％

エ　18.4％

オ　19.4％

1 値入高予算

① 売価値入率と原価値入率

値入率には、売価値入率と原価値入率があります。売価値入率とは、売価に対する値入額の比率です。一方、原価値入率は、原価に対する値入額の比率です。

【8 - 3 - 1　売価値入率と原価値入率】

$$売価値入率(\%) = \frac{値入額}{売価} \times 100$$

$$原価値入率(\%) = \frac{値入額}{原価} \times 100$$

一般的には、売価値入率が利用されることが多く、売価値入率のメリットは、在庫や商品予算などと売価基準で連動できるため、販売に重点を置いた経営管理がしやすい点です。一方、原価値入率のメリットは、取得原価を基本とした会計処理と相性がよいことや計算が簡単な点です。

② 初回値入率と実現値入率

値入高予算は、商品の販売前に策定されるため、計画値と実際値には通常、開きが発生します。当初策定された値入率を初回値入率、実際に販売された結果としての値入率を実現値入率といいます。

【8 - 3 - 2　初回値入率と実現値入率】

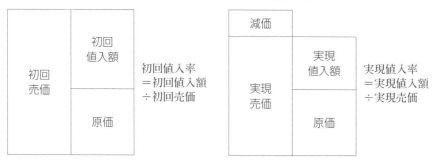

2 仕入高予算

仕入高予算は、期待する売上高、想定される減価、期末に必要とされる在庫高を考慮した上で加算する一方、期首に想定される在庫高分を控除することによって算定します。

仕入高予算（売価）＝売上高予算＋減価予算＋期末在庫高予算（売価）
　　　　　　　　　－期首在庫高予算（売価）

また、仕入高予算を図表で表すと、次のようになります。

【8 - 3 - 3　仕入高予算】

	売上高予算
仕入高予算	減価予算
期首在庫高予算	期末在庫高予算

🔑 Keyword

▶　減価予算

　予想される値下げや値引き、商品減耗をあらかじめ見込んでおくことです。一定程度、減価は避けられないため、当初から減価を見込む方が堅実です。なお、減価予算の種類と原因は次の①から③の通りです。

① 値下げ
  ・仕入の失敗
  ・価格設定の失敗
  ・流行や天候などによる需要減
  ・特売などの販売政策
② 商品減耗
  ・汚損や破損
  ・盗難、万引き
  ・伝票処理上のミス
  ・商品検品のミス
③ 値引き（割引）
  ・各種割引

過去問 トライアル解答　　**エ**

☑チェック問題

　1,800円で仕入れた商品を売価値入率25％で販売する場合、販売価格は2,400円である。　　　　　　　　　　　　　　　　　　　　　　　　　⇒◯

4 商品計画
ストアコンセプトと品揃え

学習事項 ストアコンセプト，業種と業態，商品ミックスと品揃え，インターネット通信販売

このテーマの要点

ストアコンセプトが商品ミックスの道標になる！

ストアコンセプトとは、どのようにターゲット顧客を捉え、どのような商品・サービスを、どのように提供していくかという、店舗の基本理念を示したものです。不特定多数のマス・マーケティングから、地域に根付いたエリア・マーケティング、顧客1人ひとりの価値観に対応するワントゥーワン・マーケティングへと変革が進む中、ストアコンセプトに基づく魅力的な店作り、品揃え、顧客対応の重要性が増しています。

ストアコンセプトを明確にしていくには、その企業や店舗のドメインを明確にすることが重要です。そのため、商圏の性別・年齢・所得・家族構成などのデモグラフィック変数、

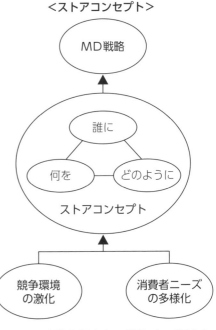

<ストアコンセプト>

ライフスタイル・価値観などのサイコグラフィック変数を調査し、「誰に」、「何を」、「どのように」提供するかの視点で、自店のポジショニングを行うことが重要になります。

過去問 トライアル	平成15年度　第20問
	店舗計画
類題の状況	R04-Q28(1)(2)　R03-Q29　R03-Q30　R02-Q33　R01-Q31 H30-Q27　H28-Q30　H20-Q30

店舗計画に関する記述として、**最も不適切なもの**はどれか。

ア 一度に見ることのできる間口のユニット寸法は異なるが、通常90cmで考えれば

よい。

イ 巡回性を高めるため、店内各所に顧客の目を引くマグネットポイントを設ける。

ウ 店舗戦略の基本理念を表すものがストア・コンセプトである。

エ 店舗の外観（ファサード）はパラペットのことである。

1 ストアコンセプト

ストアコンセプトとは、その名の通り店舗の基本理念を表す言葉です。「誰に」、「何を」、「どのように」の視点でターゲットとなる顧客層を定め、魅力的な品揃えを行い、利便性やショッピングの楽しさを高めるなど、商品の品揃えやサービス向上を図る上で道標となるものです。

【8-4-1 ストアコンセプト】

	誰に（Who）	何を（What）	どのように（How）
コンビニエンスストア	近隣の住民に	飲食料品、日用雑貨品などの商品を	年中無休で24時間いつでも提供する
地酒専門店	お酒や料理の好きな顧客層に	全国各地のおいしい地酒を	専門知識を持った店員が、提案型対面販売で提供する

ターゲットとなる顧客層の仮説立てには、単に年齢層や所得水準などのデモグラフィック変数だけでなく、ライフスタイルや顧客の価値観などのサイコグラフィック変数を重視することが重要になります。

【8-4-2 デモグラフィック変数とサイコグラフィック変数】

	分類	変数の例
デモグラフィック変数	人口動態	年齢層、家族構成、既婚／未婚
サイコグラフィック変数	心理的動向	低価格志向、ブランド志向、アウトドア志向

2 業種と業態

業種とは、一般的に事業の種類であり、生産者側の立場で「何を売るか」によって小売業を分類します。典型的なものに、「肉屋」、「酒屋」など"屋号"の付く店舗があります。

業態とは、店舗を運営形態という概念から分類するものです。前述したストアコンセプトと関連が深く、「どのように販売するか」から店舗を分類します。

8
仕入管理と販売

【8 - 4 - 3　業種店と業態店】

	業種店	業態店
比較例	薬屋・薬局	ドラッグストア
品揃え	薬の販売が中心	薬だけでなく、日用品や食料品など生活用品関連全般を販売

3 商品ミックス

　商品ミックスとは、ストアコンセプトに沿った商品の品揃えを意味しており、ライン（品揃えの幅）とアイテム（品揃えの深さ）で表します。一般的に、ラインが広いほど総合度が高く、アイテムが深いほど専門性が高い品揃えになります。

　広くて深い品揃えができれば消費者の様々なニーズに対応できますが、小売店は売場面積に限りがあるため、ある程度の選択と集中が必要になります。ラインが広いほど顧客の多様なニーズにワンストップで対応できますが、他店との差別化を訴求しにくくなります。また、アイテムが深いほど他店で取り扱っていないような商品を扱うことができ商圏が広がりますが、顧客のワンストップニーズに対応しにくくなります。

　よって、上記のトレードオフを考慮した上で、ストアコンセプトに沿った品揃えを行うことが求められます。

【8 - 4 - 4　商品ミックスの例】

		総合度（ラインの広さ）	
		狭い	広い
専門性 （アイテム の深さ）	浅い	顧客の最小限のニーズを満たす品揃え（駅売店など）	近隣顧客の幅広いニーズに対応する品揃え（コンビニエンスストア、スーパーなど）
	深い	あるカテゴリーに特化した品揃え（専門店など）	広域の顧客の幅広いニーズに対応する品揃え（百貨店など）

4 インターネット通信販売

　近年では、インターネットやスマートフォンの普及により、インターネット通信販売を利用した無店舗型の販売形態が増えています。インターネット通信販売の主な特徴は下記の通りです。

　＜メリット＞

　①実店舗を設けずに運営ができるため初期投資を抑えることができる。

　②インターネットを通じて遠隔地の消費者と取引ができ、実店舗より商圏が広い。

　③売場面積の制約を受けないため、幅広い品揃えが可能になる。

④ドロップシッピング型の販売を行う場合、在庫を持たずに商品の販売をすることができる。

＜デメリット＞

①競合が多く、また消費者が他店との価格の比較を行いやすいため、価格競争に陥りやすい。

②消費者が商品を実際に手に取って確かめられないため、品質面の訴求が難しい。

③梱包や発送の手間がかかり、また送料を自社負担する場合は収益性が低下する。

✒ Keyword

▶ **スクランブルド・マーチャンダイジング**

ワンストップショッピングに対応するために、従来の業種や商品構成にとらわれず、消費者ニーズや用途に適合した品揃えを行い、関連販売を組織的に行うことです。「多角化商品計画」と訳され、ドラッグストアなどにおける菓子や飲料販売などが該当します。

▶ **クロス・マーチャンダイジング（CMD）**

消費者ニーズにあわせ、同時購買や追加購買を促進するために、関連性の高い商品を組み合わせて陳列することです。ＩＳＰ（インストアプロモーション）の手法の１つであり、関連購買促進による客単価の増大を目的としています。

▶ **ビジュアル・マーチャンダイジング（VMD）**

小売店内において、生活のシーンの演出や視覚的な訴求陳列に重点を置く仕組みのことです。ストアコンセプトに基づき、商品の見せ方や売り方に対して独自のビジュアル戦略をとることで、消費者の衝動買いを促進させ、売上増大を図ります。

▶ **ロングテール**

販売量の少ないニッチな商品群を多数取り扱うことにより、全体の売上を大きくするビジネスモデルのことです。商品アイテムを販売量順にグラフに並べた場合に、販売量の少ない多くの商品が、動物の尻尾のように横長となることが名前の由来です。実店舗では、売場面積の制約があるため売れ筋商品中心の品揃えになりますが、インターネット通信販売の場合、多くのアイテムを少量ずつ販売することができ、ロングテールを形成しやすくなります。

▶ **ドロップシッピング**

ネットショップに注文が入った時点で、メーカーや卸売業から直接消費者に商品の発送を行う販売形態のことです。これによりネットショップの運営者は在庫を持たずに商品の販売を行うことが可能になります。

8
仕入管理と販売

☑チェック問題

　陳列のストーリー訴求やカラー・コンディショニングなどによって、陳列棚全体の視認性を高めることができる。　　　　　　　　　　　　　　　⇒○

▶　ビジュアル・マーチャンダイジングなどで、商品の利用シーンやストーリー性を訴求し、魅力度を高めることは、視認性を高める上で有効な手段である。その際、カラー・コンディショニングなどを用いれば、さらに訴求力が増す。

5 仕入方法と取引条件
仕入方法と取引条件

学 習 事 項　大量仕入と当用仕入，集中仕入と分散仕入，委託仕入・買取仕入・消化仕入，割引とリベート

このテーマの要点

「利は仕入にあり」適切な仕入が利益を生む！

仕入とは、適切な商品を、適切な時期に、適切な量を、適正な価格で取り揃えるための活動です。「利は仕入にあり」と言われるほど、仕入は店舗の売上高や利益額への貢献、在庫管理コストへの影響が大きい活動です。そのため、需要予測や販売計画に合わせて仕入計画を立て、販売機会損失を防止しつつ、不良在庫を増やさないようコントロールすることが重要です。仕入方法は、商品を仕入れるタイミングや数量、取引条件などで分類されます。

また、日本独特の商慣行としてリベート（割戻し）があります。リベートは、販売促進目的の報奨金などの名目で、メーカーが流通業者（卸売業や小売業）に売上代金の一部を事後的に割り戻すことですが、不透明な取引形態と指摘されることもあり、リベートを廃止するメーカーや業界が増加しています。

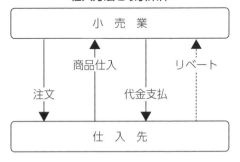

<仕入方法と取引条件>

時期	随時仕入／定期仕入／市況仕入
数量	大量仕入／当用仕入
仕入先	仕入先集中／仕入先分散
所有者	委託仕入／買取仕入／消化仕入（売上仕入）
その他	小売本部集中／店舗分散／小売店単独／他店共同

過去問 トライアル	平成24年度　第39問
	消化仕入等
類題の状況	R01-Q30　H28-Q27　H19-Q33　H18-Q29

　消化仕入（あるいは売上仕入）についてのシステム化計画に関する記述として、最も適切なものはどれか。

ア　売れ残った在庫を返品することができるために、返品処理の設計が必要となる。

イ　日次などの締め処理の中で、売上計上分だけを仕入として処理する必要がある。

ウ　納品段階で、入庫処理や仕入計上を行うために、在庫や買掛金の管理システムが必要となる。

エ　販売手数料が得られるために、売上や原価の処理システムを設計する必要がない。

1 仕入方法

　仕入方法は、商品を仕入れるタイミングや数量などによって分類されます。

①仕入のタイミングによる分類

【8-5-1　仕入のタイミングによる分類】

	随時仕入	定期仕入	市況仕入
仕入のタイミング	必要に応じた都度仕入	定期的に仕入	市況価格に応じて仕入
特徴	在庫リスク低減。数量割引を得がたくコスト割高	仕入先との安定取引を維持しやすい	仕入コスト低減。価格変動の影響を受けやすい

②仕入数量による分類

【8-5-2　仕入数量による分類】

	大量仕入	当用仕入（随時仕入）
仕入の数量	仕入数量をまとめて一度に大量の商品を仕入れる	販売状況に応じて、必要な商品を必要な量だけ仕入れる
特徴	仕入回数の減少、数量割引により仕入コストを低減できるが、在庫リスクや在庫保管コストが増大する	少量多頻度の仕入で、在庫リスクと保管コストを低減できるが、数量割引等の大量仕入によるメリットが得られない

③仕入先による分類

・仕入先集中：商品を特定の仕入先から仕入れる（取引条件の向上、コスト低減）。

・仕入先分散：商品を複数の仕入先から仕入れる（リスク分散、多様な品揃え）。

8
仕入管理と販売

④ 所有権や契約による分類

【8-5-3　所有権や契約による分類】

委託仕入	供給先（卸売業やメーカー）と商品の販売委託契約を結び、商品を仕入れる方法。委託された商品を店頭に置き販売するだけで、販売時に仕入先から顧客に直接、所有権が移転されるため、商品に関する売上・仕入が発生しない。販売後に売上の何割かを販売手数料として供給先から得る。
買取仕入	小売店が商品を買い取って仕入れる方法。アパレル以外の商品では最も一般的な仕入形態である。小売業は在庫リスクを抱えることになるが、努力次第で利益率向上を見込むことができる。
消化仕入（売上仕入）	店内に陳列する商品の所有権を供給先に残しておき、商品が売れると同時に所有権が移転する仕入れ方法。会計上、売上と仕入が同時に計上される。百貨店などで見られる仕入方法である。

⑤ その他の仕入分類

【8-5-4　その他の仕入分類】

本部集中仕入	各店舗分を本部一括で仕入れる。大量仕入によるコスト低減が可能となる。
店舗分散仕入	各店舗の判断で仕入を行う。店舗ごとの柔軟な品揃えを行うことが可能となる。
単独仕入	自社のみで仕入を行う。柔軟な品揃えを行うことが可能となるが、仕入コストは割高となる。
共同仕入	小売店が共同で仕入を行う。コストを低減することができるが、品揃えが画一化される。

2 取引条件（仕入活動における商慣行）

① 割引

仕入価格から一定の金額を差し引くことです。

【8-5-5　割引】

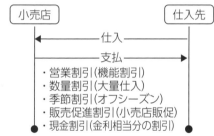

・営業割引（機能割引）
・数量割引（大量仕入）
・季節割引（オフシーズン）
・販売促進割引（小売店販促）
・現金割引（金利相当分の割引）

② リベート（報奨金・販売奨励金）

取引量に応じて、仕入れ先が取引高の一部を小売店に、後で割り戻すことです。

【8-5-6　リベート】

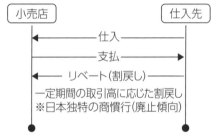

一定期間の取引高に応じた割戻し
※日本独特の商慣行（廃止傾向）

⚷ Keyword

▶ ネット調達

　IT化の進展によって、インターネット上で商品仕入を行うネット調達が増加しています。

▶ グリーン購入法

　地球温暖化などの環境問題への意識が高まる中、環境負荷が少ない製品やサービスの購入を促進するための法律が制定され、循環型社会形成に向けた活動が活発化しています。

過去問 トライアル解答 **イ**

☑チェック問題

　消化仕入（あるいは売上仕入）についてのシステム化を行う際、日次などの締め処理の中で、売上計上分だけを仕入として処理する必要がある。　　　　　⇒○

▶ 　商品の売上と同時に所有権を移転して仕入を計上するため、日次などの締め処理中に売上計上分の仕入処理を行う必要がある。

6 価格設定と販売促進
価格設定

学 習 事 項　価格政策，商品と価格との関係，価格設定方法

このテーマの要点

価格設定にストアコンセプトが表れる！

商品の売価を決定する価格設定は、企業の経営方針やストアコンセプトに基づいて、中長期的に継続して利益を得るための重要な活動です。企業は、自社のストアコンセプトを明確に印象づけることが重要です。そのため、サービス差別化と威光価格による非競争価格政策を採用したり、逆に、ＥＤＬＰ（エブリディ・ロープライス）に代表される低価格を売りにした価格戦略を打ち出したりと、戦略に基づいた価格設定が行われます。

＜価格設定＞

価格設定

- プライスゾーン
- 心理的な考慮
  - ・端数価格（8、9を使った価格）
  - ・慣習価格（ジュースは130円）
  - ・威光価格（高い＝名声）　など
- 市場価格（市中価格）
- 原価（コスト）志向
  - ・マークアップ法
  - ・コストプラス法など
- 価格の変更
- 非価格競争VS価格競争

ストアコンセプト

経営方針

商品の販売価格は、自社の販売戦略、競争企業の動き、ターゲット顧客の状況など、様々な要因を考慮して常に見直しをかけていく必要があります。価格設定には、原価を基準にした方法、消費者心理面を考慮した方法、採算度外視した目玉商品を設定するロスリーダー戦略など、様々な方法があります。

特売による自店への顧客吸引も価格設定活動の１つです。また、季節の変わり目の洋服バーゲンや、食料品店での見切り販売など、不良在庫を売り切る取り組みが行われますが、このような値下げ販売のことをマークダウンといいます。

過去問トライアル	平成25年度　第30問 小売業の価格設定と価格政策
類題の状況	R04-Q30　R03-Q27　H29-Q31　H27-Q29　H23-Q30　H20-Q35

小売業の価格設定と価格政策に関する記述として、最も不適切なものはどれか。

ア　慣習価格政策は、すでに一般的に浸透している価格を設定する手法である。
イ　コストプラス方式の価格設定は、価格が市場の実情に合わない場合がある。
ウ　マーケットプライス法は、全国共通の価格を設定する手法である。
エ　名声価格政策は、意識的に高価格を設定することによって、高品質であることを連想させる手法である。

1 価格政策

価格政策は、自社の商品価格を決定する前提となるもので、経営戦略、マーケティング戦略に基づいて決定されます。価格競争への対応政策としては、主に次の対応方針があります。

- 非価格競争政策：原則的に価格競争は行わない。
- 競争的価格政策：積極的に価格競争を仕掛けないが、他店価格に応じて価格対応を行う。
- 略奪的価格政策：積極的に価格競争を仕掛け、顧客獲得を図る。

2 商品と価格との関係

価格を表現するキーワードには、プライスゾーン、プライスライン、プライスポイントがあります。これらは価格の３大要素というものであり、品揃え、価格設定、売上確保、在庫に大きく影響します。

①プライスゾーン

商品価格の下限と上限の幅、いわゆる商品の価格帯のことです。ターゲット顧客に対応した価格を設定し、プライスゾーンの範囲内で品揃えを行います。

【8-6-1　プライスゾーン】

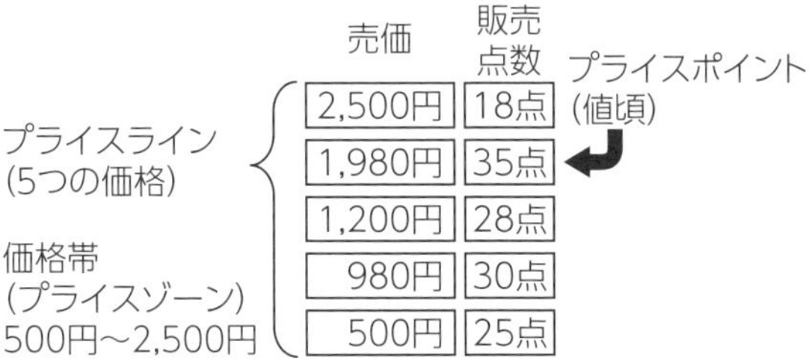

② プライスライン

　プライスゾーン内において、よく売れる価格を意識して価格設定を行う政策のことです。商品の端数を8などに一律揃える「端数価格戦略」を採用したり、価格間の金額の幅を揃えたりすることで、価格がシンプルとなり、顧客が商品の価値を理解しやすくなります。また、仕入管理や在庫管理の単純化を図ることが可能となります。一方で、一度プライスラインを設定してしまうと、仕入原価の高騰を、売価に反映することが難しくなる、というデメリットがあります。

③ プライスポイント

　売上高の一番大きい、あるいは販売数量が一番多い価格のことです。ターゲット顧客が、どの価格でどの商品を買いたがっているのかという、いわゆる値頃価格を示すものであり、プライスポイントを意識して品揃えを充実させる必要があります。プライスポイントを把握することで、ターゲット顧客のニーズの把握が可能となります。

3　価格設定方法

① 仕入原価を基準にした価格設定

- マークアップ法：売価＝仕入価格＋粗利額（または仕入価格×仕入値入率）
- コストプラス法：売価＝仕入価格＋流通・販売経費＋粗利額

② 顧客心理を考慮した価格設定

　消費者心理をつかんで購買を促進する価格設定には、主に下表の方法があります。

【8-6-2　心理的価格設定】

端数価格	98円など、価格末尾に端数を用いて割安感を出す。
慣習価格	缶飲料は130円など、同一の商品カテゴリーで成立（一般化）している価格を採用する。
威光価格	名声価格とも呼ばれ、ブランドイメージや高級感を維持するために、意図的に高価格を設定する。
プライスライン政策（段階価格政策）	商品を少数のランクに分け、ランクごとに統一価格を設定する。例として、眼鏡店での3ラインの価格設定がある。
ロスリーダー政策	採算度外視した目玉商品（ロスリーダー）によって来店客数の向上をねらう。他商品および関連購買で利益をねらう。
EDLP（Every Day Low Price）	すべての商品を毎日安売りする方法。EDLPでは常に低価格で商品を販売し、特売や販売プロモーションをほとんど行わない。

③売価の変更

• 特売

粗利益率を下げて、通常の売価を一定期間引き下げることです。通常、来店客の増加などを目的に行われる価格政策です。

• 値下げ（マークダウン）

最初に付けた売価を変更（減価）することです。季節品販売や営業時間の終盤などに価格を引き下げる例などが該当します。

♂ Keyword

▶　ドロシーレーンの法則

特定少数の商品を特売するより、多くの商品価格を少しずつ引き下げた方が、顧客が安いと感じるという法則のことです。

▶　値入

仕入価格に対して一定の利益を上乗せして売価を決定することです。上乗せする利益のことを値入額といい、仕入価格に対する値入額の割合を仕入値入率といいます。

過去問 トライアル解答　　**ウ**

☑チェック問題

市場価格法とは、商圏内の競争価格の主導権を確保する水準で決定する方法である。　　　　　　　　　　　　　　　　　　　　　　　　　　　⇒×

▶　市場価格法とは、消費者のニーズに合わせて価格を設定する方式である。商圏内において主導権を確保する水準で価格を設定する方式は、略奪的価格政策である。

8
仕入管理と販売

価格設定と販売促進
7 販売促進

学習事項 インストアマーチャンダイジング，インストアプロモーション，スペースマネジメント，カテゴリーマネジメント

このテーマの要点

ＩＳＭは客単価の向上がねらい！

小売業が売上を向上させるために行う活動を販売促進といいます。販売促進には、店舗の外で行うものと店舗の中で行うものがありますが、それぞれに多様な手法が存在します。店舗の外で行う販売促進には、新聞チラシやダイレクトメール（ＤＭ）などがあり、来店者数の向上に効果を発揮しています。

客単価の向上に効果を発揮するインストアマーチャンダイジング（ＩＳＭ）は、店舗内で行う販売促進活動全般を指し、ＰＯＰなどの店内広告や演出販売などのインストアプロモーション（ＩＳＰ）と陳列・棚割などのスペースマネジメントに分類できます。

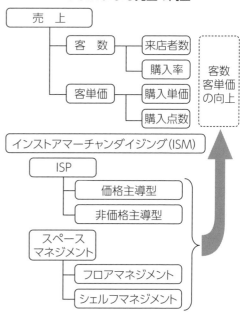

＜ＩＳＭによる売上の向上＞

店舗外、店舗内における販売促進は、いずれも顧客の来店頻度や客単価を向上し、長期的に売上と利益を最大化することを目的とした重要な活動です。

過去問 トライアル	平成26年度　第31問
	インストアマーチャンダイジング
類題の状況	R05-Q29(1)(2)　R05-Q29(再)　R04-Q29　H30-Q30　H28-Q32 H27-Q30　H27-Q31　H25-Q29　H24-Q28　H22-Q26 H21-Q26　H21-Q27　H20-Q30　H20-Q33　H19-Q22 H19-Q31

インストアマーチャンダイジングに関する次の文中の空欄ＡとＢに入る語句の組み合わせとして最も適切なものを下記の解答群から選べ。

　客単価を上げるためには、インストアマーチャンダイジングを実践することが有効である。たとえば、　A　ためにはマグネットポイントの配置を工夫することが重要である。また、棚の前に立ち寄った客の視認率を上げるためには　B　ことが重要である。

〔解答群〕
ア　A：買上率を高める　　　　B：CRMを実施する
イ　A：買上率を高める　　　　B：プラノグラムを工夫する
ウ　A：客の動線長を伸ばす　　B：CRMを実施する
エ　A：客の動線長を伸ばす　　B：プラノグラムを工夫する

1　インストアマーチャンダイジング（ISM）

　インストアマーチャンダイジング（ISM：In Store Merchandizing）とは、小売店頭で実施される商品計画などの諸活動のことであり、店頭での販売促進をそのねらいとしています。インストアマーチャンダイジングを大別すると、店頭における販売促進活動であるインストアプロモーション（ISP：In Store Promotion）と、売場スペースをコントロールするスペースマネジメントに分けることができます。

【8-7-1　ISMの体系】

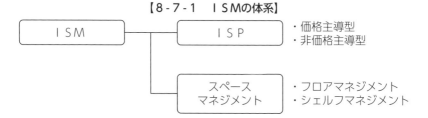

2　インストアプロモーション（ISP）

　ISPとは、特定の商品に付加的な店内刺激を加えることによって購買の促進を図る活動です。言い換えれば、小売店内における販売促進活動のことであり、さらにISPは価格主導型と非価格主導型に分類することができます。

【8-7-2　ISPの分類】

	価格主導型	非価格主導型
例	値引き、特売、バンドル販売、ポイント制度（ポイント還元）	POP、サンプリング、ノベルティ、クロス・マーチャンダイジング
特徴	即効性が高い反面、安易な値引きによって採算性が低下する危険がある	非計画購買の促進、商品カテゴリーの商品単価向上を重視する

3 スペースマネジメント

スペースマネジメントとは、商品のスペースや陳列位置をコントロールすることで売場生産性を高め、売上と利益を最大化することを目的とする活動です。売場スペースを最大限に活用するためのフロアレイアウト計画、商品の棚割に関するプラノグラム、ＩＳＰで分類したクロス・マーチャンダイジングが主な取り組みになります。これらの施策が下記の要素に働きかけ、客単価（来店顧客当たりの売上高）の向上につながります。例えば、ＰＯＰが視認率と買上率に、クロス・マーチャンダイジングが立寄率と買上個数の向上に影響を与えます。

【8 - 7 - 3　客単価向上施策の内訳と具体例】

客単価＝動線長×立寄率×視認率×買上率×買上個数×商品単価

動線長	ワンウェイコントロール、ゾーニングの工夫、顧客の回遊性の向上、店内の視認性の向上
立寄率	品種、品群などのグルーピング（例：焼肉とタレ）、棚割の魅力性向上
視認率	棚割やエンド陳列の工夫、ディスプレイやＰＯＰの工夫
買上率	店内プロモーション、ＰＯＰ、エンド陳列の工夫、ついで買い向上、試食・試飲、サンプル配布
買上個数	クロス・マーチャンダイジング、メニュー提案、カテゴリー陳列、まとめ買い促進、計画購買の促進
商品単価	店内加工度の向上、接客技術の向上

【8 - 7 - 4　スペースマネジメントの体系】

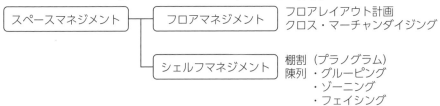

スペースマネジメントでは、究極的には、売上と利益の最大化が、より多数の消費者の満足度向上につながることを目指します。言い換えると、消費者に受け入れられている商品を、消費者が見やすい位置に、見やすい陳列で配置する、ということが目的となります。

4 カテゴリーマネジメント

カテゴリーマネジメントとは、商品カテゴリーを1つの戦略的ビジネスユニット（SBU：Strategic Business Unit）と捉えて、消費者への価値の提供を通じて、事業成果を高めることを目的とした管理手法です。言い換えると、商品カテゴリー単位で目標や戦略を定め、消費者に価値を提供することを通じて目標を達成する取り組みです。消費者行動に基づいて、商品の価格や品揃え、プロモーションなどを決定するISMの活動が、カテゴリーマネジメントの成果を向上させる手段として役立てられています。

5 購買行動の分類

小売店における消費者の購買行動は大きく計画購買と非計画購買に分かれます。購買実績（点数、金額）を向上させるには、計画購買を促進するのか、もしくは非計画購買を促進するのかというように、その目的によりとるべき方法やマーケティング上の施策が異なります。

例えば、計画購買の比率の高い店舗やカテゴリーにおいては、店外マーケティング活動や宣伝広告活動を重視し、非計画購買の比率の高い店舗やカテゴリーにおいては、店舗内で様々な情報提供をしていく必要があります。

✂ Keyword

▶ クロス・マーチャンダイジング

関連するカテゴリーの商品を1箇所に陳列する方法です。関連購買（非計画購買）の促進を目的とした販売促進方法です。

▶ POP（Point Of Purchase advertising）

購買時点広告のことで、商品陳列位置での説明パネル、ポスターなどがPOPに該当します。最近では、デジタルサイネージ（ディスプレイを利用した電子POPシステム）の利用が進んでいます。

▶ 参照価格

消費者が妥当だと考える価格のことです。参照価格には内的参照価格と外的参照価格の2種類があり、内的参照価格は、消費者の過去の経験から構成される価格、外的参照価格とは、消費者が購買環境から感じる価格のことです。

8 仕入管理と販売

▶ 想起購買

　非計画購買の一種で、家庭内の在庫切れなど、店頭で商品やPOPを見て必要性を思い出し購入する購買行動のことです。

▶ 関連購買

　非計画購買の一種で、他の購入商品との関連性から店舗内で必要性を認識し、商品を購入する購買行動のことです。

▶ 条件購買

　非計画購買の一種で、来店時には明確な意図を持っていないが、値引きなどの条件により、店頭で購入意向が喚起され、商品を購入する購買行動のことです。

▶ 衝動購買

　非計画購買の一種で、商品の新規性や衝動により、商品を購入する購買行動のことです。

過去問　トライアル解答　エ

☑チェック問題

　インストアプロモーション（ISP）には価格主導型ISPと非価格主導型ISPがある。価格主導型ISPの例として、クロス・マーチャンダイジングとサンプリングがある。　　　　　　　　　　　　　　　　　　　　　　　　　⇒×

▶ クロス・マーチャンダイジングとは、単品商品単位ではなく、関連品を含めた品揃えと演出で販売され、関連購買を促進し、来店客の購入点数の増加を図る販売促進策である。例えば、肉売場で焼肉用の肉とタレを近くに陳列するなどである。クロス・マーチャンダイジングは非価格主導型ISPに分類される。

　サンプリングとは、店頭で、消費者に無料で商品を配布し、実際に体験してもらうことで、需要を喚起し購買に結び付けようとするISPの手法である。例えば、化粧品の試供品の配布などである。サンプリングは非価格主導型ISPに分類される。

第 **9** 分野

物流とサプライチェーン

物流とサプライチェーン

1 各テーマの関連

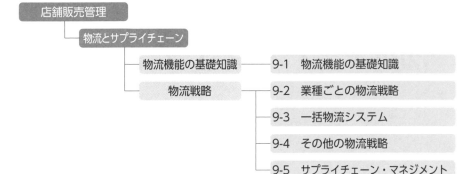

店舗販売管理
　物流とサプライチェーン
　　　物流機能の基礎知識 ── 9-1　物流機能の基礎知識
　　　　　物流戦略 ── 9-2　業種ごとの物流戦略
　　　　　── 9-3　一括物流システム
　　　　　── 9-4　その他の物流戦略
　　　　　── 9-5　サプライチェーン・マネジメント

　物流とサプライチェーンのテーマでは、流通活動の一部であるモノの流通、つまり、商品の物理的な移動や管理に関する流通活動について学習していきます。物流機能には、輸配送だけでなく荷役や在庫管理などの様々な機能がありますので、物流機能の基礎知識でそれらの基本機能と、配送センターなどの物流ネットワークの形態について学習した上で、物流戦略で卸売業を中心とした物流の課題と物流戦略の方向性を理解していきます。

　「9−1　物流機能の基礎知識」では、流通の役割と物流の基本機能である、輸配送、保管、荷役、ピッキング、包装、在庫管理などを学習し、物流ネットワークがどのように構築されているのかを理解します。「9−2　業種ごとの物流戦略」で、取引最小化機能、集荷分散機能、需給調整機能、情報収集機能など、主に卸売業における物流の課題と戦略について学習します。「9−3　一括物流システム」、「9−4　その他の物流戦略」では、一括物流センターの類型と共同輸送などについて学習します。特に、一括物流センターの類型として、DC／TCの特徴を理解しておくことが重要です。また、小売業やメーカーの物流戦略として、その特徴や問題点、今後の方向性、その他の物流に関連するキーワードを理解しておきましょう。「9−5　サプライチェーン・マネジメント」では、原材料の調達から、生産、物流、販売までの全体最適化を図るサプライチェーン・マネジメント（SCM）の

効果について理解を深めていきましょう。

2 出題傾向の分析と対策

❶出題傾向

#	テーマ	H26	H27	H28	H29	H30	R01	R02	R03	R04	R05
9-1	物流機能の基礎知識	1	2	2	1	1	3	2	3	1	3
9-2	業種ごとの物流戦略			1							
9-3	一括物流システム			1	2	1	1	1		1	1	1
9-4	その他の物流戦略	1		1	3	1		1	1	2	2
9-5	サプライチェーン・マネジメント	1									

❷対策

　物流とサプライチェーンのテーマは、各年3～6問程度が出題される頻出分野です。以前は一括物流システムからの出題が多く見られましたが、近年は物流分野全体から、幅広く出題される傾向があります。特に、地球温暖化などへの対策の重要性が高まっている昨今の背景を踏まえ、環境負荷低減の取り組みや、静脈物流、モーダルシフトなど、環境に配慮した対策を問う出題が増加している傾向があります。また、物流業務の効率化、複数の企業を横断した全体最適化など、ＳＣＭやロジスティクスに基づいた出題も見られます。

　学習の方法としては、テキストの理解に加え、過去問題に注力することが効果的です。過去問題の取り組みに際しては、直接問われているポイントだけでなく、問題中の他の選択肢の解説を理解することに注力し、徐々に理解の幅を広げることが大切です。また、ＳＣＭにおけるブルウィップ効果や、物流センターを管理するシステムであるWMS、ディマンドチェーン・マネジメント（DCM）、ユニットロードシステムなど、比較的新しいキーワードも理解しておきましょう。全般的には、出題内容に大きな変化がある分野ではありません。そのため、問われているテーマが同じでも、問いかけ方を変化させた問題が出題される可能性がありますので、過去問題に繰り返し取り組んで、対応力を高めることが重要かつ効果的です。

9

物流とサプライチェーン

物流機能の基礎知識
物流機能の基礎知識

学 習 事 項 物流機能，物流チャネル，拠点ロケーション

このテーマの要点

物流拠点の配置が商品供給を最適化する！

流通には、生産と消費の物理的なギャップ（距離と時間）を埋め、需要と供給のバランスを調整する役割があります。様々な商品が生産され消費者に届けられる過程で、物流は流通活動の1つの機能として、商品を適正な時間に、適正な場所に輸配送する機能を担っています。

物流機能は、生産地／消費地、生産量／消費量、生産時期／消費時期などの調整を行い、価格の安定化、品質の維持、供給量の安定化に貢献します。

＜物流機能の位置付け＞

生産地 — 生産者

商流 — 物流機能

物流
・輸送・配送
・需給調整
・流通時期調整

消費者 — 消費地

・生産地／消費地　……物理的な移動（輸送・配送）
・生産量／消費量　……生産地在庫、流通在庫
・生産時期／消費時期　……冷凍保存、品質管理

過去問トライアル	平成23年度　第35問
	物流センターの荷役作業
類題の状況	R05-Q35　R05-Q32(再)　R05-Q35(再)　R04-Q32　R03-Q33 R03-Q34　R03-Q37　R02-Q36　R02-Q38　R01-Q34 R01-Q35　R01-Q37　H30-Q35　H29-Q38　H28-Q34 H28-Q38　H27-Q34　H27-Q38　H26-Q34　H25-Q35 H20-Q27

物流センター内の荷役作業に関する記述として、最も適切なものはどれか。

ア　出荷件数をパレート分析した結果、Aランクとなった商品を出荷口に近い場所に保管することが効率的である。

イ　取り扱い品目の入れ替わりが頻繁な場合、ハンディ端末による荷役作業は適さない。

ウ　納品対象となる品目が特定品目に集中している場合は、シングルピッキング方式が適している。

エ　フリーロケーションによる保管管理を行う場合、作業効率は向上するが保管効率は低下する。

1　物流機能

物流には、大きく分けて下記の5大機能があります。

【9-1-1　物流5大機能】

輸送（配送）	物理的な移動のことで、短距離・短時間・小口のものを配送といいます。
保管	物資を適正な状態（冷凍保存など）で在庫し、生産と消費の時間的調整と売場在庫の最適化を行います。
荷役	物資の積み込み、保管・在庫管理、集品、出庫などの作業、出荷指示に応じて行うピッキングなどの荷扱い作業のことです。
流通加工	顧客の要望に応じて値付け、セット組みなどを行う加工作業のことです。例として、商品販売単位の容器入れ替え、ラベル貼り、タグ付けなどがあります。
包装（工業包装）	輸送・配送に適した単位に商品をまとめ、商品保護に適した包装を行うことです。

また、ITを活用した受発注・在庫管理・データ連携などの「情報機能」によって、物流5大機能の最適化を図る企業が増えています。

❶輸送（配送）

輸送（配送）とは人や物を移動させることにより、場所的・時間的価値を生み出す経済行為のことです。輸配送費が物流コストの大半を占めるため、輸送の改善は

物流改善の中心的なテーマとなっています。代表的な改善策として、「輸配送のロットの拡大」があります。「輸配送のロット」の拡大を図ることで、積載率を向上させ、輸配送回数を削減することで、輸配送費の削減を図ります。

①共同輸配送

　複数企業が提携して輸配送を行うことで、実車率の向上（空車回転率の低減）と積載率の向上を図る取り組みです。

【9-1-2　共同輸配送の代表例と、メリット、デメリット・課題】

代表例	・問屋街で行われる卸売業の共同配送や共同出荷 ・百貨店への納品を一括して集荷し、納品をする納品代行 ・コンビニエンスストアへの納品配送を集約する共同配送
メリット	・混載による積載率向上、車両台数の削減に伴う輸配送費の削減 ・納品集約化に伴う同時納品などの納品サービスレベルの向上 ・車両削減に伴う環境負荷軽減
デメリット・課題	・競合相手への販売情報の漏洩 ・共同輸配送で対応できない、取引先固有や緊急時への対応策の策定 ・各社の配送条件の統一、および現状の物流体制の変更などへの対応

②巡回集荷・巡回配送（ミルクラン方式）

　牛乳業者が地域内の酪農家を巡って牛乳を集める方式になぞらえ、1つの車両で、複数の発荷主・着荷主のところを回って配送荷物を集荷、あるいは配送する方式です。1つの取引先だけでは十分な輸配送ロットに達しなくとも、複数の荷主を巡回して集荷することで、積載効率を上げ、輸配送費の削減を図ります。

③ダイヤグラム配送

　特定の届け先に継続的に配送する場合、あらかじめ配送ルートを設定して巡回する配送方法で、一定の輸配送ロットを確保します。配送量に日々大きな変動がない場合は、到着時刻をあらかじめ定める固定ダイヤグラム配送、配送先や配送量に変動がある場合は、配送ルートのみを決定しておく変動ダイヤグラム配送を検討します。

❷保管

物資を適正な状態（冷凍保存等）で在庫し、生産と消費の時間的調整と売場在庫の最適化を行います。

①ロケーション管理

　保管する間口に棚番（ロケーション番号）を設定し、品物と保管されている間口を管理する手法のことです。ロケーション管理を行うことで、ピッキング時に品物を頼りに探すのではなく、棚番をもとにピッキング作業を行うことで、作業の熟練度を排除することができます。

【9-1-3　ロケーション管理】

固定ロケーション管理	品物ごとに保管場所を固定して管理する方法です。入出荷作業時の判断が容易となり、また出荷頻度に応じた作業場所を設定することで作業スピード向上が期待できます。その反面、品物ごとの保管場所が固定的なため、入出荷量に応じた間口の柔軟な変更が行いにくく、スペースが有効活用しにくいです。
フリーロケーション管理	品物ごとの保管場所を固定せず、入出荷状況などに応じて間口を自由に設定して管理する方法です。よって、入出荷状況に応じて空いたスペースなどを有効活用しやすく保管効率を高めやすいです。その反面、品物の場所が適宜変更となるため作業効率が低下しやすく、情報システムとの連動が求められます。

②ＷＭＳ（Warehouse Management System）

　倉庫や物流センターを効率的に運用するための管理システムのことで、配車計画や保管計画、ピッキングなどの活動を情報システムで一括管理し、全体の流れをマネジメントします。

❸荷役

　物資の積み込み、保管・在庫管理、集品、出庫などの作業、出荷指示に応じて行うピッキングなどの荷扱い作業のことです。

①ピッキング

　物流拠点内での出荷指示に対して、ピッキングリストをもとに品物を在庫から集品することです。

【9-1-4　ピッキング方式】

シングルピッキング（オーダーピッキング、摘み取り方式）	出荷指示があった商品を、出荷先別に、在庫商品棚から商品を集品する方式であり、仕分けは不要となります。出荷先数が少なく、出荷アイテム数が多い場合に適しています。
トータルピッキング（バッチピッキング、種まき方式）	複数の出荷オーダーを商品ごとにまとめて合計数を集品し、後で仕分けを行う方式です。出荷先数が多く、出荷アイテム数が少ない場合に適しています。一度にピッキングするため、作業動線の短縮が可能ですが、仕分け作業に熟練度が必要となります。

【9-1-5　シングルピッキングとトータルピッキング】

❹流通加工

　顧客の要望に応じて値付け、包装などを行う加工作業のことです。例として、商

品販売単位の容器入れ替え、ラベル貼り、タグ付け、小分け納品などがあります。

①小分け納品

野菜や魚類等を商品販売単位にカットして、小分けする納品形態です。このような流通加工の機能を持った倉庫をＰＣ（流通加工センター（プロセスセンター））といいます。

⑤ 包装（工業包装）

輸送・配送に適した単位に商品をまとめ、商品保護に適した包装を行うことです。工業包装とは物品を輸送、保管することを主目的として施す包装の総称のことです。一方で、商業包装とは小売を主とする取引に、商品の一部として、または商品をまとめて取り扱うために施す包装のことであり、工業包装とは区別されます。工業包装は、輸送包装、荷造包装ともいいます。

2 物流チャネルと拠点ロケーション

物理的に商品が流れる（移動する）流通経路のことを**物流チャネル**といいます。メーカー倉庫や物流センターなどの**物流拠点**を含め、生産地から消費者に至るすべての拠点・経路を意味します。また、物流チャネルが複数の企業、地域、配送エリアなどをまたいでネットワーク状に構築されたものを**物流ネットワーク**といいます。

【9-1-6 物流チャネルと物流ネットワーク】

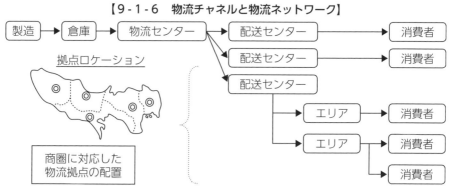

物流ネットワークの構築によって、以下の効果を期待することができます。

- 物流センターの集約・共同物流による効率化とコスト削減
- 商品別・物流量別・時期別・顧客別等による物流ルート設定
- 物流拠点ごとの在庫適正配分と納品リードタイムの短縮

物流拠点の配置には、物流コストと物流サービスのトレードオフを考慮して検討する必要があります。都心部から離れた場所に倉庫や物流センターを設置すると、土地や家賃などのコストは下がりますが、短納期での配送が難しくなります。

　また、物流センターには、在庫を持たずにクロスドッキングなどの流通加工を行う通過型（トランスファー・センター：ＴＣ）、在庫を保持する在庫型（ディストリビューション・センター：ＤＣ）と、両機能を持ったものがあります。

過去問 トライアル解答　　ア

☑チェック問題

　物流センター内の荷役作業において、納品対象となる品目が特定品目に集中している場合は、シングルピッキング方式が適している。　　　　　⇒×

▶　トータルピッキングが適しているため不適切である。シングルピッキングは、出荷先ごとのオーダーに沿って出荷品目をピッキングする方式であり、出荷先数が少なく、品目が多い場合に適している。反対にトータルピッキングは、出荷品目ごとのオーダーの総量をまとめてピッキングし、出荷ごとに仕分ける方式であり、品目が少なく、出荷先が多い場合に適している。

9

物流とサプライチェーン

第9分野　物流とサプライチェーン

2 物流戦略
業種ごとの物流戦略

学習事項 卸売業の物流戦略，物流戦略の課題・方向性，小売業・外食産業の物流戦略

このテーマの要点

業種・業態ごとの物流戦略を理解する

物流戦略は、業界・業種・業態ごとに様々な取り組みが行われています。卸売業や小売業では、物流効率化のための一括物流システム、クロスドッキング、共同輸送（配送）などが進められているほか、3PL（サードパーティロジスティクス）と呼ばれる物流関連業務のアウトソーシングが拡大しています。

外食産業では、セントラルキッチンで加工調理した食材を効率的に店舗に配送する仕組みを取り入れるなど、企業全体のオペレーション効率化、コスト低減に向けた戦略を採用しています。

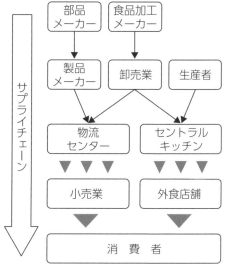

＜業種・業態ごとの物流戦略（代表例）＞

また、物流業務や店頭業務の効率化だけでなく、食品業界であれば「食の安全とトレーサビリティ向上」など、物流面での取り組みはますます重要になっています。

近年は、生産から物流、消費者への販売までを「供給の連鎖」として捉え、関係する企業全体での最適化を目指した、SCM（サプライチェーン・マネジメント）の導入が拡大しています。

過去問 トライアル	平成18年度　第25問
	共同物流
類題の状況	H28-Q36　H23-Q36　H21-Q34

物流効率化の手法として、複数の荷主による「共同物流」が注目されている。「共同物流」の説明として、<u>最も不適切なもの</u>はどれか。

ア　共同物流は共同輸送の分野において多く実施されている。

イ　共同物流では、通常、物流委託対象事業者が減少するのでなく増加する。

ウ　共同物流により納品サービスレベルの向上が期待できる。

エ　共同物流により物流コストの低減が期待できる。

1 メーカーの物流戦略

① メーカー物流の特徴と問題点

- 製品や食品の安全性への関心が高まり、トレーサビリティの向上が重要
- 調達物流のウェイトが大きく、需要動向を把握し品切れを防止することが重要
- 物流システムの対象が広い（調達物流、生産物流、販売物流、返品物流）
- メーカーから小売へチャネルパワーがシフト

② メーカー物流の方向性

原料メーカー・卸売業・小売業などを含めた物流業務の全体最適化のため、ＳＣＭ（サプライチェーン・マネジメント）の取り組みが行われています。

2 卸売業の物流戦略

[1] 卸売業の物流機能

卸売業はメーカーと小売業の間に入り、両社を結び付け、調整し、効率化することを役割としています。卸売業には、主に以下の機能があります。

① 取引最小化機能／集荷分散機能

卸売業がメーカーと小売の間に入ることで取引経路が最小化され、輸送回数が減ることによる物流コストの削減や環境問題への対応を図ることができます。

【9-2-1　取引最小化と集荷分散機能】

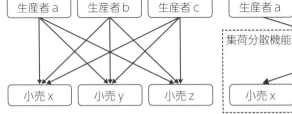

② 集中貯蔵機能

卸売業がハブとなって集中的に在庫を保有することで、メーカー、小売業の在庫を削減でき、さらには卸売業を含むサプライチェーン全体の在庫量を最適化するこ

9

物流とサプライチェーン

とが可能となります。

③ 需給調整機能

　商品を保管することにより、供給タイミングと需要が発生する時期ギャップを埋める役割を担います。

④ 配送・保管などの物流機能

　輸送（配送）および在庫の保管・包装・流通加工などの物流機能を担います。

⑤ リスクヘッジ機能

　卸売業が小売店と掛け取引を行うことで、メーカーの代金回収リスクを軽減させることができます。

⑥ 情報収集・提供機能

　メーカーに対して小売業側の情報提供を行う役割や、メーカー側の情報を小売業側に提供することなどによって小売業の経営や販売の支援（リテールサポート）を行う役割を担います。

[2]　卸売業の物流戦略の課題

① 物流コストの改善

　右図の通り、卸売業は、粗利益の1／2～1／3が物流費で失われており、物流コストの改善が必要となります。

② 物流効率化とサービス向上

　物流効率化による物流コスト削減とサービス向上を実現する必要があります。

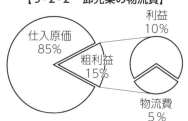

【9-2-2　卸売業の物流費】

仕入原価 85%
粗利益 15%
利益 10%
物流費 5%

③ 情報化投資の必要性

　物流業務効率化と、メーカー、小売業に対して有効な情報を提供するためにも、システム化投資を適切に、かつ継続して行う必要があります。

[3]　卸売業の物流戦略の方向性（市場標的と機能強化）

　卸売業が物流戦略を策定するに際して、物流を作業と捉え、機能ごとの部分最適やコストダウンを図る取り組みのみではおのずと限界に到達してしまいます。したがって、経営戦略と結び付けて検討し、物流機能の全体最適や物流サービスのレベルアップを図る戦略が有効です。そのための方向性として、市場標的と機能強化の2軸の組み合わせが有効です。

　市場標的とは、ターゲット市場を細分化し、いくつかのターゲットに絞って物流戦略を考えることです。機能強化とは、例えば細かい時間指定が可能な高度な納品サービスや、情報システムを利用した輸送・配送状況の照会など、他社との差別化が可能となる機能を強化し、競争力を高める考え方です。

【9-2-3　卸売業の物流戦略の方向性】

市場標的	大型小売業（百貨店、スーパーなど）
	特定業務用使用者（外食チェーンなど）
	小規模な小売業・業務用使用者
	特定メーカーの販売代理店
機能強化	納品業務に特化、高度な納品サービス提供
	総合的な物流システムによる、低コストサービス
	情報システムを整備した、リテールサポートの強化
	顧客を組織化したチェーン・オペレーション
	卸売機能以外の機能を付加（ＰＢ商品開発など）

3　小売業・外食産業の物流戦略

　GMS（総合スーパー）などのスーパー・チェーン、コンビニエンスストア、外食チェーンでは、それぞれの業種・業態に合わせた物流システムを構築し、物流および店舗業務の合理化、コスト削減に取り組んでいます。

【9-2-4　小売・外食産業の物流戦略】

業種・業態	物流戦略	主なねらい
スーパー・チェーン	・一括物流システム ・クロスドッキング ・３ＰＬ	・ピッキング精度の向上 ・配送効率の向上 ・店舗運営の業務効率化
コンビニエンスストア	・共同輸送（配送） ・温度帯別納品 ・多頻度小口配送	・店舗運営の業務効率化 ・店舗在庫削減 ・品切れ防止
外食チェーン	・セントラルキッチン	・大量仕入によるコスト低減・配送効率の向上 ・店舗での調理加工単純化

9 物流とサプライチェーン

過去問 トライアル解答 ▶

☑チェック問題

　仕入先から小売物流センターへの１回当たりの納品量が多く納品頻度が低い場合は、当該センターから仕入先を巡回し、集荷する方法が適している。　⇒×

▶ 　納品量が多く納品頻度が低い場合ではなく、納品量が少なく納品頻度が高い場合は、仕入先を巡回し、集荷する方法が適している。巡回集荷を行うことで、積載率を向上させ、物流費用削減を図ることができる。

3 物流戦略
一括物流システム

学 習 事 項 一括物流センター，DCとTC

このテーマの要点

一括物流が納品サービスを向上させる！

「9-2 業種ごとの物流戦略」で説明した、物流戦略の課題として、高い物流コスト、物流効率化とサービス向上、情報化投資の必要性に対する対応策として、一括物流システムがあります。

一括物流システムには、主にDC（在庫型物流センター）とTC（通過型物流センター）があり、DCやTCの中には、流通加工や値付けなどを行うPC（プロセスセンター）の機能を併せ持つ場合もあります。一括物流によって、従来個別に管理されていた物の流れと

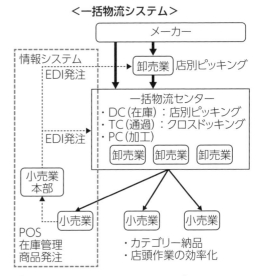

＜一括物流システム＞

情報を一元的に管理し、物流業務および店頭作業の効率化を図ることができます。

過去問トライアル	平成21年度　第31問
	一括物流について
類題の状況	R05-Q34(再)　R04-Q34　R03-Q35　R01-Q36　H30-Q34 H29-Q37　H28-Q36　H28-Q37　H27-Q36　H24-Q32 H22-Q32　H20-Q26　H18-Q26　H17-Q21

小売店舗への一括物流に関する記述として、<u>最も不適切なものはどれか</u>。

ア 一括物流とは、従来、卸売業などがそれぞれ行っていた小売店舗への物流を一括納品管理する、特定小売業用の物流センターを活用した物流システムである。

イ 一括物流を導入する目的としては、一般的に小売店頭作業の軽減におくことが多い。

ウ 通過型物流センターでは、物流センターで店別の仕分けを行う場合がある。

エ 通過型物流センターは在庫型物流センターに比べて、小売業からの受注後納品

完了までのリードタイムは短くなる傾向にある。

1 一括物流（一括納品）

　一括物流（一括納品）とは、主には小売店が保有する物流センターにいったん納品し、必要な商品を取りまとめて、店舗に配送する仕組み、あるいはシステムです。従来個別に管理されていた卸売業の納品物流を小売業側の情報システムで運営・管理することで、モノと情報を一元化することができます。

【9-3-1　一括物流導入によるメリット】

・各店舗で行っていた入荷・検品作業を物流センター側に集約することによる効率性向上、および店舗側の入荷・検品業務の削減
・陳列単位、あるいはカテゴリー単位にグルーピングして配送することによる店舗側の作業効率化
・店舗への車両台数削減による、環境負荷軽減、および物流コストの削減
・一括発注実現による発注業務の効率化

2 DCとTC

①DC（ディストリビューション・センター、在庫型物流センター）

　商品在庫を持ち、店舗からの発注を受けるごとに商品をピッキングして配送します。

②TC（トランスファー・センター、通過型物流センター）

　商品在庫を持たず、卸売業などから納品された商品を、店舗別に仕分けを行って配送します。

- ベンダー仕分型

　卸売業などのベンダーが店別にピッキングを行い、物流センターに納品します。物流センターでは店舗別に荷合せし、店舗別に一括配送します。

- センター仕分型

　物流センター側で店別にピッキングや仕分けを行います。ベンダーは受注オーダーの総数を物流センターに納品します。

9 物流とサプライチェーン

【9-3-2　DCとTCの物流フロー】

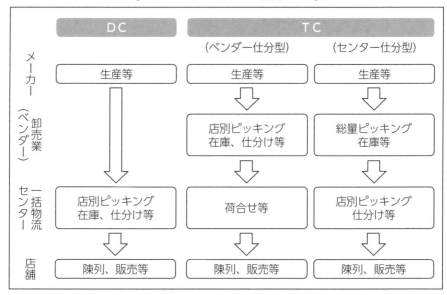

【9-3-3　DCとTCの比較】

	DC	TC
納品までの リードタイム	在庫が手元にあるため、ＴＣに比べて短く設定することができます。	在庫が手元になく、ベンダーからの納品が必要であるため、ＤＣより長くなります。
カテゴリー納品、 小分け納品	カテゴリーごと、あるいは必要な小分け単位に在庫からピッキングできるため、対応しやすい。	在庫がないため、ＤＣに比べて対応しにくい。特にベンダー仕分型は、物流センターで再仕分けする二度手間が発生します。
メーカー直納	対応しやすい。	対応がやや難しい。
取扱品数	在庫スペースに限りがあるため、取扱商品の絞り込みが必要となります。	在庫を保持しないため、取扱商品を増やすことができます。
日配品の取扱い	鮮度などの問題から、デイリーフーズなどの日配品は取り扱うことが難しい。	日配品の取扱いが可能です。

⚡ Keyword

▶ カテゴリー納品

　店舗の売場構成や商品カテゴリーに合わせて荷揃えを行って納品する方式です。あらかじめ店舗や売場別に配分されているので、店舗側は商品陳列時間を短縮することができます。

▶ 物流センターの運営費（センターフィー）

　日本の商習慣上、小売店が持つ物流センターの運営費（センターフィー）は、主に卸売業などのベンダーが負担しています。つまり、ベンダーがチェーンストアなどの大規模小売店が運営する物流センターに商品を一括して納入する際、その物流施設の使用料や小売業側が実施する各店舗への配送費として、ベンダーが小売業側に支払います。運営費用負担の妥当性や、運営費収入を前提とした運営体制に伴う小売業側の物流センター効率化の意欲低減などが課題や問題として挙がっています。

過去問 トライアル解答　エ

☑チェック問題

　小売業の専用センターで共同配送を行うと、店舗への配送頻度を高めてサービスレベルを高めることができるが、物流コストは増加する。　⇒×

▶ 小売業の専用センターで複数ベンダーの荷物を混載し、共同配送することで積載効率が高まる。よって物流コストは減少する。また、共同配送と店舗への配送頻度に直接的な関連はない。

9
物流とサプライチェーン

物流戦略
その他の物流戦略

学習事項　３ＰＬ，グリーンロジスティクス，その他の物流戦略

このテーマの要点

ロジスティクス（戦略的な物流）を理解する

近年では、経営的な視点から物流戦略を捉えることの重要性が高まっています。既に普及しているロジスティクスという概念は、単なる物流（physical distribution）という意味に加えて戦略性を帯びた意味合いを持ちます。

つまり、企業内の従来の縦割り経営を改革し、購買、生産、販売、物流といった各部門のデータを全社で共有させ、市場が必要とするものを必要なときに、必要な量を供給することを目指すとともに、それをローコストで行っていく取り組みがなされています。

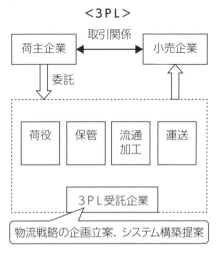

また、３ＰＬといった概念も普及しており、物流業務のアウトソーシングも行われています。３ＰＬとは、「荷主に対してロジスティクス改革を提案し、包括的にロジスティクスサービスを受託する業務」として定義されており、受託業者は荷主が自ら行うよりも優れた付加価値を荷主にもたらすことが要求されます。

過去問 トライアル	平成25年度　第34問
	グリーン物流パートナーシップ会議
類題の状況	R05-Q33　R05-Q33(再)　R04-Q33　R04-Q36　R03-Q36 R02-Q37　H30-Q33　H29-Q35　H29-Q36　H29-Q38 H28-Q35　H26-Q36　H24-Q38　H23-Q37　H22-Q14 H21-Q30　H21-Q32　H20-Q26

地球温暖化対策として、物流活動にともなうCO_2排出量の削減に向けた荷主企業と物流事業者が連携した取り組みを推進するために、グリーン物流パートナーシップ会議が行われている。荷主企業と物流事業者の環境負荷低減の取り組みに関する記述として、最も適切なものの組み合わせを下記の解答群から選べ。

a 配送の小口化
b 複数の荷主による共同輸送
c 輸送および物流拠点の分散化
d 輸送コンテナの大型化

〔解答群〕

ア aとb
イ aとc
ウ bとc
エ bとd
オ cとd

1 3PL（3rd Party Logistics：サードパーティロジスティクス）

　企業の物流機能全般を、物流サービス向上や物流コスト削減を目的として一括して外部の専門業者にアウトソーシングするサービスです。単に輸送や保管といった個別業務を委託するのではなく、総合的に物流システムの設計・運営・管理を長期的な契約関係のもとで委託します。

- アセット型
　輸送手段や倉庫など、自社の物流資産を活用して物流改革提案や業務受託を行います。

- ノンアセット型
　自社の物流資産を持たないが、コンサルティング、マネジメント能力を活かし、荷主企業のニーズに応じて物流業者を選定・管理し、物流改善の提案・遂行を行います。

2 グリーンロジスティクス

　グリーンロジスティクスとはグリーン物流ともいい、二酸化炭素の排出量削減、梱包資材の削減などによる、環境負荷の少ない物流を行うことです。モーダルシフト、低燃料車の導入、エコドライブの推進、複数の荷主による共同配送、輸送コンテナの大型化、などを行うことがグリーンロジスティクスに該当します。

❶ モーダルシフト

　トラックによる貨物輸送を、より環境負荷の少ない輸送機関（船や鉄道など）に切り替えることです。

9
物流とサプライチェーン

メリット	・二酸化炭素の排出抑制や騒音低減などの環境負荷軽減 ・出荷ロット拡大による輸送効率の向上 ・長距離区間の一括大量輸送によるコスト削減
デメリット	・貨物の積み直しや、遠回りの輸配送になることに伴うリードタイムの長期化

❷ リバースロジスティクス（静脈物流）

　廃棄物を回収し、再利用する場所に輸配送する物流のことです。一般的な物の流れである「調達→生産→流通→使用・消費」を動脈物流というのに対して、「使用者・消費者から回収→再資源化、あるいは廃棄」という逆の流れをとることから静脈物流と呼ばれます。３R（リデュース、リユース、リサイクル）を実施する物流です。

3　その他の物流戦略

❶ ユニットロード

　複数の品物を輸送しやすいように、適切な単位にまとめることです。代表的なものに、パレタイズ貨物やコンテナ貨物があります。貨物をユニットロードにすることで、荷役の機械化や、発地点から着地点までの保管や輸送の一貫化が可能となります。

【9-4-2　ユニットロード導入のメリット】

・発地点から着地点までの荷姿一貫化による、複合一貫輸送の実現、およびそれに伴う輸送効率の向上 ・荷役の機械化による、荷役作業の自動化、省力化 ・所定の機械や器具を使用したユニット化による、物品の破損や紛失の防止、包装費の節約

❷ 一貫パレチゼーション

　パレットに積んだまま、発送から到着の荷卸しまでを一貫して行うことをいい、輸送作業の効率化、時間の短縮化が期待できます。しかし、積載効率や保管効率の低下や、パレットの回収・管理の手間が発生するデメリットがあります。また、パレット回収の困難さを解決するために考えられたのがパレットプールシステムです。**パレットプールシステム**では、１つのパレットを複数の荷主が共同して利用することで、パレットの有効活用を図ります。

③ クロスドッキング

複数の仕入れ先から入荷した貨物を物流センターに格納・保管することなく、直接仕分けして、出荷先ごとに取りまとめて配送することをいい、主にTC（通過型物流センター）で用いられます。

④ ハブ・アンド・スポークシステム

中心となる拠点（ハブ）に荷物をいったん集中させ、ハブ間で輸送した後に各地域の拠点（スポーク）に分散させる方式です。荷物をある地点からある地点に直接配送する**ポイント・トゥ・ポイントシステム**に比べて、輸送コストや積載効率を向上させることができます。

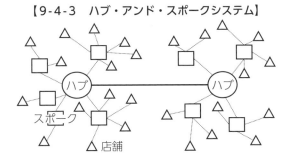

【9-4-3　ハブ・アンド・スポークシステム】

⑤ 物流ABC（Activity Based Costing）

ABC（Activity Based Costing）とは「活動基準原価計算」のことです。もともとは製造部門における間接費をアクティビティ（活動）に基づいて計算する方法であり、物流ABCはこれを物流分野に適応したものです。顧客別採算管理、拠点内作業の効率化などに役立てることができます。

- アクティビティ原価

段ボールケース梱包や行き先別仕分けといった活動（アクティビティ）ごとにかかる労務費や資材費などのコストの総称です。

- アクティビティ単価

活動（アクティビティ）ごとに1処理当たりにかかる労務費や資材費などのコストです。アクティビティ原価を処理量で除することによって求められます。

9

物流とサプライチェーン

【9-4-4　物流ＡＢＣの例】

アクティビティ名	月間処理量		人件費 （円）	機械設備費 （円）	資材消耗品費 （円）
	数量	単位			
ピッキング準備	3,000	行	27,000	0	3,000
ケースピッキング	500	ケース	100,000	20,000	0
ピースピッキング	5,000	ピース	125,000	20,000	5,000
段ボール箱梱包	100	箱	6,000	0	10,000
行き先別仕分け	600	ケース	60,000	0	0
荷札貼付	600	枚	12,000	0	3,000
合　計	－	－	330,000	40,000	21,000

【例】「ケースピッキング」における活動基準原価

アクティビティ原価：人件費＋機械設備費＋資材消耗品費

＝100,000＋20,000＋0＝120,000円

アクティビティ単価：アクティビティ原価÷月間処理量

＝120,000÷500

＝240円／１ケース

⚲ Keyword

▶　複合一貫輸送

　複合輸送は、特定の貨物が、船舶、鉄道、自動車、航空機など種類の異なる２つ以上の手段によって輸送されることです。また、一貫輸送は、輸送手段が変わる際においても、貨物を開封せず輸送することです。複合一貫輸送は、複合輸送と一貫輸送を併せ持つ輸送方法であり、コンテナなどユニットロードの普及に伴い普遍化しています。

▶　トレーサビリティ

　商品などの生産、加工、保管、流通などの過程を記録し、その履歴を追跡できるようにすることです。物流の分野ではＲＦＩＤ（ＲＦタグ、ＩＣタグ）やバーコードによる管理が進んでいます。

▶　ＫＰＩ（Key Performance Indicator）

　業務プロセスを監視・改善するための重要業績評価指標のことです。物流業務では、作業コストや輸送コスト指標がＫＰＩに該当します。

過去問 トライアル解答

☑チェック問題

モーダルシフトにより、環境負荷の軽減が期待される。　　　　⇒○

▶ モーダルシフトの目的として、二酸化炭素の排出削減などが挙げられている。

5 物流戦略
サプライチェーン・マネジメント

学習事項 サプライチェーン・マネジメント, ブルウィップ効果, DCM

このテーマの要点

サプライチェーンの全体像を理解する

製品の生産から販売において
は、関係する多くの企業間で、
物の流れである**物流**、販売情報
などの**情報流**、契約やお金の流
れである**商流**が、供給側から需
要側および需要側から供給側に
流れています。**サプライチェー
ン**は、これらの大きな流れを供
給の連鎖（チェーン）として捉
えたものです。

サプライチェーン・マネジメン
ト（SCM）は、このサプラ
イチェーンの全体最適化を実現

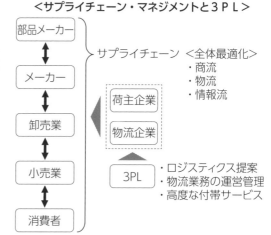

＜サプライチェーン・マネジメントと3PL＞

するための管理手法です。SCMには、供給側である製造業から発展したものと、
需要側である小売業から発展したものがありますが、リードタイム短縮や在庫削
減、コスト削減、顧客満足度向上など、同じような目的を持っています。

本テーマでは、SCMの全体像と効果、DCMなどの関連するキーワードの理
解を深めましょう。

過去問 トライアル	平成24年度　第33問
	サプライチェーンにおけるブルウィップ効果とその抑制
類題の状況	H26-Q36　H22-Q33　H22-Q34　H21-Q15　H21-Q29 H20-Q12　H20-Q25

　サプライチェーンにおけるブルウィップ効果に関する記述として最も適切なものはどれか。

ア　ブルウィップ効果は、卸売業者から小売業者へ納品する頻度を減らすことで抑制できる。

イ　ブルウィップ効果は、サプライチェーンにおいて情報共有が進むと抑制できる。

ウ　ブルウィップ効果は、サプライチェーンの中で特に小売店に大きな影響を与える。

エ　ブルウィップ効果は、メーカーから最終消費者までの流通経路が短いほど効果が大きい。

1 SCM（サプライチェーン・マネジメント）

① SCM

　サプライチェーンとは、資材や原材料の調達、生産、物流、消費者への販売までの商流・物流・情報流を1つの大きな供給のチェーン（鎖）として捉えたものです。SCMは、サプライチェーン全体を管理し、企業ごとに部分最適化されていた業務の流れを全体最適化することを目的として、「物の流れ」、「情報の流れ」、「キャッシュの流れ」をサプライチェーン全体の各企業と共有していきます。

【9-5-1　サプライチェーン】

部品メーカー
↕
製造メーカー
↕
卸売業
↕
小売業
↕
消費者

物の流れ　情報の流れ　キャッシュの流れ

9
物流とサプライチェーン

② SCMの効果

- 業務効率化、合理化、在庫の削減、コスト削減が可能となります。
- 需要予測、配送計画、販売計画などを円滑に実施することができます。
- リードタイムの短縮につながります。
- カテゴリーマネジメントの導入が容易になります。
- 商慣習の標準化が進展します。

2 DCM（ディマンドチェーン・マネジメント）

　DCMは、消費者の需要情報（ディマンド情報）を基点として、商品の供給体制を最適化する考え方です。物や情報の流れはSCMと変わりませんが、SCMがメーカーや流通業者の効率化を指向しているのに対し、DCMは、「顧客基点」で顧客満足度向上を指向しています。

✍ Keyword

▶　ブルウィップ効果

　小売業など需要側（川下側）から発生する需要変動が、供給側（川上側）に伝達されるにつれて安全在庫分が加算され、最終的には大きな流通在庫になることです。ブルウィップとは、家畜用に使う鞭のことで、少しの力で鞭を打つだけで、しなりが増幅して大きな力が生じる様子から名付けられています。ブルウィップ効果を抑制する方法として、サプライチェーン全体を通して情報共有を図るSCMの導入が有効です。

▶　流通在庫

　卸売業者や小売業者など、商品の流通過程にある業者が保有する在庫のことです。SCMを構築することで、各流通段階でのリアルタイムの在庫数を共有することによって、流通在庫の最適化を図ることができます。

▶　エシェロン在庫

　製造業、卸売業、小売業といった各流通段階において、ある時点から見てその地点を含む川下側の在庫の総量のことです。例えば、ある卸売業（一次問屋）から見て、その卸売業の在庫を含み、川下側にある二次問屋や小売業の保有する在庫の総和を表します。

過去問 トライアル解答　**イ**

☑チェック問題

エシェロン在庫とは、ある流通段階から見て川上側の在庫の総和のことである。 ⇒×

▶ 川上側ではなく、川下側の在庫の総和であるため誤りである。流通段階においては、生産者側を川上というのに対し、消費者側（販売側）を川下という。

販売流通情報システム

販売流通情報システム

1 各テーマの関連

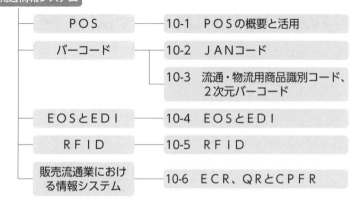

店舗販売管理

販売流通情報システム

POS	10-1 POSの概要と活用
バーコード	10-2 JANコード
	10-3 流通・物流用商品識別コード、2次元バーコード
EOSとEDI	10-4 EOSとEDI
RFID	10-5 RFID
販売流通業における情報システム	10-6 ECR、QRとCPFR

　販売流通情報システムのテーマでは、POSやバーコード、EDIなど、流通業で利用される情報システムに関する基礎知識を学習します。最初に、小売店を中心に広く利用されているPOS（Point Of Sales）の構成要素とメリットについて学習します。バーコードでは、店頭の商品包装に印刷されPOSで使用されるJANコードをはじめ、その他のバーコードの種類と用途について解説します。POSで収集された売上情報や発注情報は、その後、EOSとEDIによる商品受発注などに利用されます。発注した商品の物流活動では、RFIDを利用した効率化やトレーサビリティへの活用が進んでいます。販売流通業における情報システムでは、その他の関連キーワードを解説します。

　「10－1　POSの概要と活用」では、POSの構成要素とメリットについて学習します。特に、メリットは、ハードメリットとソフトメリットの分類を整理しておくことが重要です。店頭の商品包装に印刷されているバーコードには、代表的なものにJANコードがあります。他に、流通・物流で使用される集合包装用商品コードやGS1-128、2次元バーコードなどがあり、その主な特徴と用途を「10－2

ＪＡＮコード」、「10－3　流通・物流用商品識別コード、2次元バーコード」で解説しています。「10－4　ＥＯＳとＥＤＩ」では、電子受発注システム（ＥＯＳ）と電子データ交換（ＥＤＩ）を中心に、企業間の電子取引の概要を学習していきます。従来型ＥＤＩと、近年普及が進んでいるインターネットＥＤＩがあり、その分類と特徴を理解することが重要です。ＲＦＩＤは、近年急速に普及している電子マネーなどに利用される技術で、物流分野でも活用範囲が広がっている重要ポイントです。

2 出題傾向の分析と対策

① 出題傾向

#	テーマ	H26	H27	H28	H29	H30	R01	R02	R03	R04	R05
10-1	ＰＯＳの概要と活用	1	2	1	2	2	3	1	1	2	3
10-2	ＪＡＮコード	1	1	1		1	1	1	1	1	2
10-3	流通・物流用商品識別コード、2次元バーコード				1		2	1	1	1	2
10-4	ＥＯＳとＥＤＩ	1							1	1	
10-5	ＲＦＩＤ	2	1	1				1			
10-6	ＥＣＲ、ＱＲとＣＰＦＲ										

② 対策

　販売流通情報システムのテーマは、各年3～5問程度が出題されています。ＩＴを中心とした新しいキーワードもあり、普段身近でない受験者にとっては内容を整理するのが大変かもしれません。しかし、「経営情報システム」科目とも関連する分野ですので、並行学習で効率的に進められる部分もあります。

　近年の傾向としては、ＲＦタグのトレーサビリティへの活用、ＷＥＢ-ＥＤＩ、ＧＳ1（Global Standard 1）、ＧＴＩＮに関連した出題が増加しています。ＧＳ1およびＧＴＩＮに関しては、ＧＳ1-ＪＡＰＡＮ（一般財団法人流通システム開発センター内に設置）のホームページで最新情報が公開されています。

　学習の方法としては、テキストの理解と過去問題に注力することはもちろんのこと、新しいキーワードを収集し、整理しておくことが重要です。過去3年前後の問題から近年のキーワードを拾い出し、理解の幅を広げるようにしましょう。また、集合包装用商品コードが14桁に統一されるなど、標準化の動きは重要なポイントになります。ＰＯＳに関連した部分は、出題内容に大きな変化がある分野ではありませんが、ＰＯＳ導入の直接的効果だけでなく、ＰＩ値（顧客の平均購入点数の指標）など、ＰＯＳデータの分析に関する出題も多くなっています。基本的な分析手法は、テキストおよび過去問題でしっかり理解してください。

POS
POSの概要と活用

学 習 事 項　PLU, NonPLU, POSのメリット・活用方法, POSデータの分析手法, セルフレジの動向

このテーマの要点

店舗の生産性向上に活用されるPOSシステム

POSシステムとは、主に小売店で利用される販売時点情報管理システムのことです。POSターミナル、ストアコントローラ、PLUなどで構成されています。POSシステムは、商品についたバーコードをPOSターミナルで読み込み、単品単位の販売情報を収集・蓄積するシステムで、レジ業務の省力化、店舗運営の合理化、売上情報の正確な収集に利用されます。

＜POSシステムの概要と活用＞

POSシステム			
	POSターミナル	→	直接的な効果 ・レジ待ち時間短縮 ・売上情報収集の正確化 ・店舗運営の合理化
価格表示 ↑			コーザルデータ ・チラシの有無 ・天候、気温 ・地域催事、競合店の有無
PLU	ストアコントローラ		
販売情報収集・蓄積 ↓			POSデータの活用 ・売れ筋／死に筋分析 ・PI値(購入点数の指標) ・バスケット分析 ・ABC分析
販売情報	本部サーバ		

店舗運営の合理化・売上向上・店舗生産性の向上

また、蓄積された販売情報は、マーチャンダイジング (商品政策)、ISM (インストアマーチャンダイジング)、ISP (インストアプロモーション) など、店舗の売上向上対策に活用されます。

過去問 トライアル	平成24年度　第40問
	商品販売データの分析
類題の状況	R05-Q38⑴⑵　R05-Q40　R04-Q39⑴⑵　R03-Q39　R02-Q44 R01-Q39　R01-Q40　R01-Q43　H30-Q39⑴⑵　H29-Q40⑴⑵ H28-Q39　H27-Q40　H27-Q41　H26-Q27　H25-Q41 H23-Q28　H23-Q39　H23-Q41　H23-Q42　H22-Q37 H21-Q35　H19-Q26　H19-Q36　H18-Q39　H17-Q19

商品の販売データの分析に関する記述として、最も不適切なものはどれか。

ア いったん「売れ筋」商品と位置づけられた商品であっても、条件が変われば「死に筋」商品になる可能性がある。

イ いわゆる「ロングテール現象」とは、インターネット通信販売などにおいて、「死に筋」商品の売上をすべて合計すると大きな売上が得られるという現象を指す。

ウ 小売店舗の売場面積は限られているために、交差比率の低い「死に筋」商品を排除することが重要である。

エ 販売数量を期待できないが、他の商品の販売促進効果が期待できる商品群を「見せ筋」ということがある。

1 POSの概要

POSシステム（Point Of Sales system）は、商品についたバーコードをPOSターミナルで読み込み、単品単位の販売情報を収集・蓄積・分析するシステムです。POSシステムを構成するハードウェア、主要な機能は次の通りです。

① POSターミナル（POSレジ）

店頭のコンピュータ・ターミナルのことです。バーコードやポイントカード／クレジットカードの読み取り、精算、販売情報の収集などを行います。

② ストアコントローラ

店舗のPOSターミナルを管理するコンピュータのことで、PLUなどのマスタファイルの管理や売上管理、店舗の売れ筋分析、受発注などを行います。また、本部システムへの販売情報送信や、クレジット会社との与信確認機能などを持つストアコントローラもあります。

③ PLU（Price Look Up）とNonPLU

PLUとは、JANコードなどに対応した価格、商品名を、PLUマスタとしてあらかじめストアコントローラに登録し、POSターミナルで表示させる機能です。商品コードを読み取った際にPLUマスタを参照し、売場レジでの精算処理を行います。

NonPLUはPLUと異なり、価格情報を商品コードの中に埋め込んで管理する方法です。生鮮食品のように一品一品の金額が異なる商品に利用されます。

10

販売流通情報システム

2　POSのメリット

　POSシステムを利用することによるメリットには、店舗オペレーションの効率化につながる直接的なもの（ハードメリット）と、蓄積した情報活用によるもの（ソフトメリット）があります。

【10-1-1　POSのメリット】

直接的なメリット（ハードメリット）	情報活用メリット（ソフトメリット）
レジ業務の省力化・待ち時間の短縮	マーチャンダイジングへの活用（商品政策、売価政策、品揃え計画など）
売上情報収集の正確化・迅速化	スペース・アロケーション（売場レイアウト計画）への活用
店舗運営の合理化（値付けなど）	プラノグラム（グルーピング、フェイシングなどの棚割計画）への活用
電子マネーなどへの対応	ISP（店内広告、バーゲン、ポイント制度）への活用と効果測定
従業員の不正防止	商品管理、作業改善、物流計画への活用

3　POSの活用方法

　POSデータは、あくまで「何が何個売れた」という販売時点の情報のみであり、背景や要因がわからなければソフトメリットを十分に得ることができません。下記のデータなどと紐づけ分析することで、効果性の高いソフトメリットを得ることができます。

❶外部データの活用

　RDS（流通POSデータベースサービス）など、外部のPOSデータを活用し、自店のPOSデータと突合することで、売れ筋／死に筋情報の収集、消費者ニーズに対応した売り場づくりや在庫の適正化などに反映することができます。

❷顧客データの活用

　会員カードやポイントカード、スキャンパネルデータなどから顧客情報を収集し、POSデータと突合することで次のような分析が可能となります。

【10-1-2　ＰＯＳデータと顧客データから可能となる分析内容】

購入者属性分析	「消費者がどんな商品を購買したのか」を分析し、マーケット・ターゲットの確認、商品の再ポジショニング、品揃えコンセプトの見直しなどを行います。非購入者の属性分析も可能となります。
購入量分析	大量購入者／少量購入者に対応したプロモーション活動に結び付けます。
購入間隔分析	顧客属性ごとの購入間隔を把握し、顧客の購入間隔に準じたプロモーションの実現を行います。
商品競合関係分析（ブランド・スイッチ分析）	顧客がどのような条件で、購入する商品を変更するかを分析し、アップセル（より高額な上位商品に変更して買ってもらう）などのプロモーションへつなげます。

4　ＰＯＳデータの分析手法

❶ＡＢＣ分析

　売上高や売上個数などを基準に、商品をＡ・Ｂ・Ｃの３つのグループに分類し、各グループに応じた商品管理を行う分析手法のことです。「売上高の高い少数の商品が、全体の利益に大きく貢献する」という考えを基本にしています。

❷バスケット分析

　何と何の商品が一緒に購入される可能性が高いかを分析することで、商品ごとの相関関係を分析する手法です。それにより関連陳列やセット販売などへの適用を図り、客単価の向上を目指します。

❸ＰＩ（Purchase Incidence）値分析

　レジを通過する一定客数（通常は1,000人）当たりの購買指標のことで、当該商品がどれくらいの割合で購入されているかを示す指標です。例えば、1,000人のうち、100人が商品Ａを購入すれば、商品ＡのＰＩ値は0.1となります。

　　数量ＰＩ＝総販売点数÷レジ通過客数（1,000人単位）

　　金額ＰＩ＝総販売金額÷レジ通過客数（1,000人単位）

　ＰＩ値分析の結果を用いて、商品のライフサイクルの判断、店舗間のＰＩ値比較による売り場改善、当該商品の販売数量などの予測分析などを行います。

❹ＲＦＭ分析

　最終購入日（Recency）、購入頻度（Frequency）、購入金額（Monetary）の頭文字をとった顧客ランク付けの手法で、これらの３変数をもとに顧客優先順位を付けていく方法です。優良顧客を選別し、優良顧客に対して手厚いプロモーションを行います。

⑤ＬＳＰ（Labor Scheduling Program）分析

　店舗での必要な作業量を算出し、要員配置を計画することです。ＰＯＳデータから来店者や販売数量を予測し、最適な要員配置を計画することができます。

● OnePoint　データ分析における指標

　ＰＯＳデータを用いて、関連購買の傾向を分析する指標として、サポート（支持度）、コンフィデンス（信頼度）、リフトが用いられます。これらは、以下に示したベン図を用いるとイメージしやすくなります。

サポート （支持度）	集合全体のうち、設定したルールに該当する集合の割合を示す指標 例）全体の顧客のうち、２つの商品を同時購買した顧客の割合
コンフィデンス （信頼度）	ある条件が発生したときに、特定の結果が生じる割合を示す指標 例）商品Ａの購入者のうち、商品Ｂも同時購入した顧客の割合
リフト	関連購買の比率を表す指標 例）商品Ａを購入して商品Ｂを購入した顧客の割合は、全体のうち商品Ｂを購入した顧客の割合の何倍か

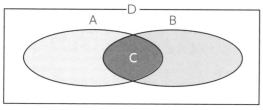

全体の顧客：D
商品Ａの購入者：A
商品Ｂの購入者：B
商品Ａと商品Ｂの購入者：C

サポート：C÷D
コンフィデンス：C÷A
リフト：（C÷A）÷（B÷D）

5　セルフレジの動向

① セルフレジ

　セルフレジとは、来店したお客が自ら精算を行うレジシステムのことです。国内では2003年に最初の試験導入が行われ、その後、食品スーパーや量販店などを中心として導入が進んでいます。セルフレジでは、レジ担当者が操作するレジと同様にバーコードをスキャンさせ、その後、精算機によって支払いを完了する流れになります。

② セルフレジのメリットとデメリット

　セルフレジには、主に以下に示すメリットとデメリットがあります。導入コストの低下や早期回収が進めば、今後、中小のスーパーにおいても導入が進展する可能性があります。

【メリット】
- レジ要員の人件費やスケジュール管理のコストを削減できる
- レジ待ち時間の不公平感を減らすことができる
- 電子マネーやクレジットカードの利用率上昇が見込め、現金管理が軽減される
- 購入者から見た購入商品のプライバシーが守られる

【デメリット】
- セルフレジの導入コストが高い
- 人的な接点が減り顧客サービスの低下につながる可能性がある
- 高齢者など、セルフレジに対応できない購買者が存在する

✧ Keyword

▶ ＲＤＳ（流通ＰＯＳデータベースサービス）

全国の小売業からＰＯＳデータを収集し、メーカー、卸売業、小売業にマーケット情報を提供するサービスです。商品の最新販売動向が、地域別、業態別、カテゴリー別に整理されており、商品戦略や販売戦略の策定、価格設定などに活用することができます。

▶ コーザルデータ

販売に影響を与える要因のことで、チラシの有無、天候、地域イベント、競合店の有無などがあります。

▶ プラノグラム

棚割、もしくは棚割管理システムのことで、ＰＯＳシステムの情報を活用することで販売効率を高めたグルーピング、ゾーニング、フェイシングを検討できるようになります。

▶ スキャンパネルデータ

任意の顧客をパネラーとして、パネラーの購買活動を継続的に捉え、購買履歴を、顧客属性などとともに、スキャナを通して記録したデータのことです。顧客の購入量分析、購入間隔分析に用いられます。

▶ 売れ筋／死に筋管理

単品単位の売れ行き状況を把握して、品揃えや仕入数量の見直しに活用します。ＰＯＳからは自店の情報のみしか得られないため、市場動向の把握や新たな市場機会の発見を行うにあたって、自店以外の情報を収集する必要があります。

10
販売流通情報システム

▶ ＦＳＰ（Frequent Shoppers Program）

　ＲＦＭ分析などによって階層化した顧客に対して、その階層別にプロモーションを行う手法です。優良顧客には手厚いプロモーションを行うことで、顧客固定化を図ります。

過去問　トライアル解答　▶　**ウ**

☑チェック問題

　ＰＩ値は、顧客ロイヤルティの分析に役立てることができる。　　　　⇒×

▶　　顧客が店舗や商品にどれくらい信頼、愛着があるかどうかを示す顧客ロイヤルティを計測するには、繰り返し来店する頻度、繰り返し商品を購入する頻度などから分析する必要がある。ＰＩ値はレジを通過する一定客数（通常は1,000人）当たりの購買指標を示すものであり、顧客ロイヤルティの分析に役立てることはできない。

2 バーコード
JANコード

学習事項 JANコード，JANシンボル，ソースマーキング，インストアマーキング

このテーマの要点

バーコードの基本、JANコードを理解する！

JANコードは、日本の共通商品コードであり、流通情報システムの基盤として、POSシステム、受発注システム、在庫管理システム、および公共料金の支払いなどに広く利用されています。JANコードは、国際的には、GTIN-13（標準タイプ）、GTIN-8（短縮タイプ）として、主にヨーロッパで利用されるEANコード、アメリカ・カナダで利用されるUPCコードと互換性のある、国際的な共通商品コードです。JANコードは、JANシンボル（バーコード）として商品などに印字され、POSシステムや

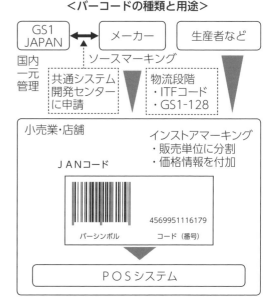

＜バーコードの種類と用途＞

受発注システムなどに利用されています。なお、バーコードとは、コード（英数字）および文字情報を複数のバー（棒線）で表現したもので、流通業に限らず幅広い業種・業務で利用されています。

過去問 トライアル	平成25年度　第38問
	JAN（Japanese Article Number）コード
類題の状況	R05-Q36　R05-Q36(再)　R04-Q37　R03-Q38　R02-Q39 R01-Q41　H30-Q37　H28-Q41　H27-Q39　H26-Q38 H23-Q42　H22-Q35　H22-Q36　H21-Q35　H20-Q37 H19-Q37　H18-Q35

JANコードに関する記述として、<u>最も不適切なもの</u>はどれか。

ア 実際の製造が海外で行われる商品であっても、日本の企業のブランドで販売される場合は、日本の国コードが用いられる。

イ 商品が製造または出荷される段階で、製造業者または発売元が商品包装にJANコードをJANシンボルにより表示することを、ソースマーキングという。

ウ ソースマーキングにより、商品の供給責任者がどこの企業か、何という商品かを識別することができる。

エ ソースマーキングのコード体系は、価格処理の違いにより、PLU方式とNonPLU方式に区分される。

1 JANコード

JANコードは、主にPOSシステムで利用される商品識別コードで、国際的にはEANコード（European Article Number）と呼ばれ、下図のように体系が決められています。日本には、先頭2桁の国コードに45と49が割り当てられています。JANコードには、標準タイプの13桁と、小物商品にのみ利用できる短縮タイプの8桁があるため、JANシンボルも13桁と8桁の2種類の体系があります。

また、JANシンボルの印刷・貼り付け方法には、メーカーで行うソースマーキングと、小売業で行うインストアマーキングがあります。

【10-2-1 JANシンボルの体系】

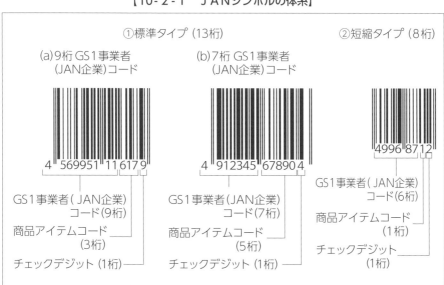

※1 標準タイプ（13桁）にはGS1事業者コード10桁のものもあります。
※2 短縮タイプには1商品ごとに8桁のワンオフキーもあります。

10 販売流通情報システム

【10-2-2　ソースマーキングとインストアマーキング】

ソースマーキング	メーカーなどが製造段階でＪＡＮコードを商品包装に印刷または貼り付ける方法です。
インストアマーキング	生鮮食品や量り売り商品など、製造段階でＪＡＮコードを印刷できない商品に利用される方法です。ソースマーキングと区別をつけるために、国コードの部分（最初の2桁）に02、20～29を用います。流通加工機能を持つ物流センター（ＰＣ：プロセスセンター）でも、ラベルを貼り付けることがあります。

【10-2-3　ＪＡＮコードに関する留意点】

(1)　ＪＡＮコードは、商品の供給責任者、および当該事業者が供給する商品を識別するものであり、原産国、および製造委託先の事業者を示すものではありません。
(2)　ＪＡＮコードの設定単位は、消費者の購入単位（レジの通過単位）となります。したがって、ケースなどの集合包装単位で販売される商品は、ＪＡＮコードの設定対象となります。
(3)　キャンペーン、販促による増量など、商品の重さ、内容量、入り数、成分などを変更する場合は、ＪＡＮコードを変更する必要があります。
(4)　ＧＳ１事業者コードは永久貸与ではなく、1年ごとの更新手続きが必要となります。

【10-2-4　ＪＡＮシンボルに関する留意点】

(1)　ＪＡＮシンボルは、モジュールの大きさに対して基本寸法が定められていますが、基本寸法から0.8倍から2.0倍の範囲で縮小、拡大ができます。
(2)　印刷のスペースがとれないときには高さを削ることができます。ただし、この方法はＪＩＳに規定されておらず、読み取り技術が向上している日本国内のみに有効です。
(3)　シンボルの刷り色は白地に黒いバーが最も望ましいとされています。黒白以外の色も使用可能ですが、読取率が低下する赤系の色をバーに使うことはできません。
(4)　ＪＡＮシンボルの印刷のチェックは、検証機という、チェック専用の機器を使用して行います。携帯機器などのバーコードリーダーで代替することはできません。

🔑 Keyword

▶ ＵＰＣ（Universal Product Code）コード

　ＵＰＣコードはアメリカ・カナダで利用されている商品識別コードです。ＪＡＮコードと互換性があります。

▶ ＧＴＩＮ

　ＧＳ１が推奨する国際標準の商品識別コードで、ＪＡＮコード／ＥＡＮコードの13桁（ＧＴＩＮ-13）や８桁（ＧＴＩＮ-8）、ＵＰＣコードの12桁（ＧＴＩＮ-12）、ＩＴＦシンボルで表示される集合包装用商品コード（ＧＴＩＮ-14）が対象となります。14桁で表記するため、ＪＡＮコード、ＵＰＣコードなどは、14桁に揃えるために先頭に「０」を埋めます。

過去問 トライアル解答　**エ**

☑チェック問題

　増量による価格変更がなく、期間限定であれば、従来のJANコードをそのまま利用する。　　　　　　　　　　　　　　　　　　　　　　⇒×

▶ 増量によって見た目や形状が変更になっても、ＪＡＮコードが同じ場合、入荷や出庫、販売管理などのシステム上、従来商品と区別ができないため、支障をきたす可能性がある。したがって、従来商品と商品特性が異なる場合は、ＪＡＮコードを変更しなければならない。

10
販売流通情報システム

3 バーコード
流通・物流用商品識別コード、2次元バーコード

学 習 事 項 | 商品識別コード・バーコードシンボルの体系、集合包装用商品コード、ITFシンボル、GS1-128、ASN、SCMラベル、2次元バーコードなど

このテーマの要点

JANコード以外も体系的に理解する

GS1が定めている国際標準の商品識別コードには、単品商品を識別するJANコードのほかに、段ボールなどの集合包装（物流単位）で使用される集合包装用商品コードがあり、ITFシンボルとして段ボールなどに印刷・貼付されます。また、GS1-128は、流通・製造・物流・サービス分野における商品関連情報や企業間取引情報をコード番号で体系化したもので、コード128というバーコードシンボルで表現されます。

＜バーコードの主な用途＞

・集合包装用商品コードとITFシンボル

・物流業務
・段ボール等の集合包装

一致型
不一致型

・SCMラベル

・物流業務
・ASNとの照合
→入荷検品効率化

・QRコード（2次元バーコード）

・大容量
・漢字が使用可能
・誤り訂正機能
・全方向読み取り

・部品などの現品札
・携帯端末での利用

さらに、バーコードには情報を縦と横の両方向で表現する2次元バーコードもあります。2次元バーコードは、自動車産業などのかんばん方式における「かんばん」への表示・利用が進んでいるほか、携帯端末での利用が拡大しています。

本テーマでは、JANコード以外のバーコードの種類と、バーコードに関連するキーワードの理解を深めましょう。

過去問 トライアル	平成25年度　第39問
	集合包装用商品コード（GTIN-14）
類題の状況	R05-Q37　R05-Q37(再)　R04-Q38　R02-Q40　R01-Q37 R01-Q38　H29-Q41　H25-Q7　H25-Q43　H22-Q38 H20-Q41　H19-Q38　H18-Q35

集合包装用商品コード（GTIN-14）のコード体系に関する記述として、<u>最も不適切なもの</u>はどれか。

ア かつて日本では国内用として16桁の集合包装用商品コードを業界標準として定めて利用してきたために、切り替えが必要になった。

イ 企業間の取引単位である集合包装に対して設定されているため、チェックデジットを持たないコード体系である。

ウ 集合包装の入数違いなどを識別するために、「1」から「8」までの数字がインジケータとして用いられる。

エ 集合包装の内容物である単品単位を識別しているJANコードからチェックデジットを除いた12桁を使用し設定したコード体系を、日本では「一致型」と呼ぶ。

1 商品識別コード・バーコードシンボルの体系

　商品識別コード、およびバーコードシンボルには、JANコード・JANシンボル以外にも様々な種類が存在し、利用用途によって使い分けられています。1次元のバーコードは、バーシンボル（棒線のパターン）と英数字からなるコードで構成され、下記の特徴があります。

【10-3-1　商品識別コード・バーコードシンボルの種類】

商品識別コード	JANコード	集合包装用商品コード	GS1-128
バーコードシンボル	JANシンボル	ITFシンボル	コード128
桁数	13桁、8桁	14桁	可変
利用用途と表示単位	小売店・POS 商品包装に表示	物流用バーコード 集合包装に表示	物流（SCMラベル） 商品・集合包装に表示
バーコードシンボルの特徴	数字のみ	数字のみ	数字のほか、アルファベットや記号の使用が可能

2 集合包装用商品コード

　集合包装用商品コードは、国際標準ではGTIN-14と呼ばれ、企業間の取引単位である集合包装（ケース、段ボールなど）に設定され、主に受発注や納品、入出荷、仕分け、棚卸管理などに使われます。

(1) 集合包装用商品コードの先頭1桁はインジケータと呼ばれ、1～8の値で内箱／外箱などの梱包形態の違いを表し、2桁目以降は、JAN企業コードを含む12桁＋チェックデジットが表記され、合計14桁で構成されます。

(2) JAN企業コード、商品アイテムコードがそのまま使用できるため、集合包装用商品コードの利用に関しては、GS1事業者コードの貸与事業者は、申請、登録などの手続きは不要です。

10 販売流通情報システム

　ＩＴＦシンボルは、集合包装用商品コードをバーコードシンボルで表示する場合に用いられる14桁のシンボルであり、国際標準化されています。ＩＴＦとは、Inter-leaved（さし挟んだ）Two of Five（5本のバーのうち2本のバーが太いという意味）の略称です。

　ＩＴＦシンボルには、集合包装内の単品商品と同じＪＡＮコード（チェックデジットを除く12桁）を設定する一致型と、単品商品と異なるＪＡＮコードのアイテムコードを設定する不一致型があります。

【10-3-2　ＩＴＦシンボルの体系】

● OnePoint　ＩＴＦシンボルの一致型と不一致型

　ＩＴＦシンボルには、全体14桁の内部に単品と同じＪＡＮコードを含む一致型と、異なるコードを使用した不一致型があります。不一致型は以下の場合に用いられます。

(1) 集合包装の形態のまま、単品として消費者購入単位にもなる場合

(2) 集合包装用商品コードを使った階層識別を行わない取引単位に対して設定したＧＴＩＮ-13をもとに、ＩＴＦシンボルをマーキングする場合

(3) 一致型でインジケータ1～8を使い切り、9番目以降の荷姿に対し集合包装の必要性が発生し、識別が必要な場合

上記いずれのケースにおいても、先頭に'0'を設定する必要があります。

4 GS1-128

GS1-128は、流通・製造・物流・サービス分野における商品関連情報と企業間取引情報をコード番号で体系化したものです。バーコードシンボルには、コード128を用います。データの先頭には、アプリケーション識別子（2桁～4桁）を設定し、商品パッケージ、段ボールなどに印字され、SCM（Shipping Carton Marking）ラベルとして利用されています。

【10-3-3　GS1-128で取り扱う商品関連情報と企業間取引情報】

商品関連情報	製造日、賞味期限、有効期限、使用期限、製造番号、ロット番号など
企業間取引情報	注文番号、梱包番号、請求先企業コード、出荷先企業コードなど

GS1-128は、コンビニエンスストアなどにおける公共料金の代理収納のための払込票への印字や、「国産牛肉トレーサビリティ法」に準拠した食肉業界の標準物流ラベルとして利用が進んでいます。

5 ASN、SCMラベル

ASN（Advanced Ship Notice：事前出荷明細）は、納品前にオンライン（EDI）を使って送付する納品データのことです。SCMラベル（Shipping Carton Marking Label）は、納品する段ボールなどの集合包装に貼り付けたバーコードのラベルのことで、納品先でASNとSCMラベルを照合することにより、検品業務の簡素化が可能になります。

【10-3-4　ASNとSCMラベル】

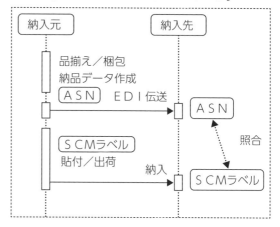

10
販売流通情報システム

6 2次元バーコード

2次元バーコードとは、ＪＡＮコードなどのように情報が横方向だけでなく、横方向と縦方向の2次元方向に情報を持つバーコードのことです。2次元バーコードには、①データ容量が大きい、②表示エリアが小さい、③データの誤り検出・訂正機能がある、④360°全方向から読み取りが可能、などの特徴があります。日本では、漢字も使用できるタイプの普及が進んでいます。

【10‐3‐5　2次元バーコードの例】

←3隅に表示されているファインダパターンと呼ばれる印によって、全方向からの読み取りを可能にします。

🔑 Keyword

▶ ＧＬＮ（Global Location Number）

国内・国際的な企業間取引において、各企業を識別できる国際標準の企業コードのことです。

▶ ＧＳ１データバー

2010年から部分的な運用が開始された、最も新しいＧＳ１標準の1次元バーコードシンボルです。新しい符号化理論を用いており、従来のＪＡＮシンボルなどと比較すると、同じ量のデータをより小さいスペースで表現できます。また、ＧＳ１‐128同様、アプリケーション識別子を使用してＧＴＩＮ以外のデータを表現することも可能です。

▶ ＳＣＭラベル

納品する段ボールなどの集合包装に貼りつけたバーコード付きラベルのことで、物流用途に用いられます。

▶ アプリケーション識別子

ＧＳ１‐128に内包され、データの内容、長さ、および使用可能な文字など種類や意味を表す識別コードのことです。

▶ GDS（Global Data Synchronization）

　製造業、小売業、卸売業が取り扱う商品情報や企業情報などの標準化活動のことで、具体的には、企業間で商品マスタデータなどの同期化を図る活動などのことです。

過去問 トライアル解答　　　イ

☑チェック問題

　情報の量が多く、シンボルラベルの面積をできるだけ小さくする場合には、2次元シンボルより1次元シンボルを用いる。　　　　　　　　　　　⇒×

▶　情報量が多く、シンボルラベルの面積を小さくできるのは、1次元シンボルではなく、2次元シンボルである。1次元シンボルは、JANシンボルやITFシンボルなど、情報が横（水平）方向にのみ表示されるシンボルである。一方、2次元シンボルは水平と垂直の2方向に情報を保持するシンボルのことである。2次元シンボルの特徴として、データ容量が大きい、表示エリアが小さい、データの誤り検出・訂正機能がある、360°全方向から読み取りが可能、という以外にも、1次元シンボルより汚れに強い、レーザマーカでの読み取りに適している、などのメリットがある。

10
販売流通情報システム

4

EOSとEDI

EOSとEDI

学習事項 EOS, EDI (Web-EDI, XML-EDIなど)

このテーマの要点

ＥＤＩの標準化動向を理解する

ＥＯＳ／ＥＤＩは、20年以上前から企業間の取引に利用されていますが、近年は、公衆回線などを使った従来型ＥＤＩ（レガシーＥＤＩ）から、インターネットＥＤＩへの移行が進んでいます。

本テーマでは、企業間の電子データ交換（ＥＯＳ／ＥＤＩ）の概要と、インターネットＥＤＩの分類・特徴を解説します。

・ＥＯＳ：電子受発注システム
　（Electronic Ordering System）
・ＥＤＩ：電子データ交換
　（Electronic Data Interchange）

<EOSとEDIの位置付け>

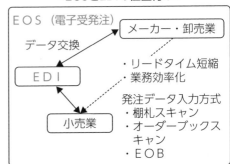

過去問トライアル	平成22年度　第38問
	ＥＤＩと物流情報システム
類題の状況	R05-Q39(再)　R03-Q41　H30-Q40　H26-Q39　H23-Q40 H21-Q36　H20-Q38　H20-Q42　H19-Q40　H18-Q36 H17-Q23

入荷検品業務の簡素化・効率化を狙いとして、EDIと連動させた物流情報システムの流れに関する次の文中の空欄に最も適切なものの組み合わせを下記の解答群から選べ。

まず、納入側は、品揃え、梱包などが終わった時点で、納品データ（事前出荷明細データ）を作成する。次に、商品を出荷する前に、納入側から小売側に納品データがEDIで伝送される。このことで、小売側は検収予定の商品を事前に把握できるようになる。このとき、事前に伝送される出荷明細データを＿＿A＿＿という。さらに、納入側は、納品用折りたたみコンテナなどに混載された商品を識別するために

B ラベルを貼付する。小売側では、 A と B ラベルとを照合することで、入荷検品作業の簡素化・効率化、納品書の削減を実現することができる。なお、出荷される商品が混載ではなく単品ケースの場合は、 C シンボルが印刷された段ボールを用いることになり、 B ラベルは不要である。

〔解答群〕

ア　A：ASN　　　B：BMS　　　C：JAN
イ　A：ASN　　　B：SCM　　　C：ITF
ウ　A：SKU　　　B：SCM　　　C：JAN
エ　A：SKU　　　B：BMS　　　C：ITF

1 EOS（Electronic Ordering System：電子受発注システム）

EOSとは、企業間のオンライン受発注システムのことです。EOSを導入することにより、従来の紙媒体での発注と比べ、発注から納品までのリードタイム短縮や多頻度納品などの低コスト化が可能となります。EOSの効率的・効果的な利用のために、EDIの標準化が進められています。

2 EDI（Electronic Data Interchange：電子データ交換）

EDIとは、通信回線を使用して企業間の取引情報を電子データで交換することです。異なる企業同士が、通信回線とコンピュータを通じてやりとりするため、各業界や標準化団体が、**標準規約**や**通信プロトコル**の標準化を進めています。

①標準規約

EDIの標準規約として、以下の4つの階層ごとの取り決めが必要となります。

【10-4-1　EDIの標準規約体系】

情報伝達規約 （通信プロトコル）	コンピュータ間のプロトコル（通信手順）利用に関する取り決めを行います。
情報表現規約 （ビジネスプロトコル）	交換するデータの記述方法・フォーマットに関する取り決めを行います。
業務運用規約	送受信スケジュール、データの保存期間、連絡体制など、業務運用とシステム運用に関する取り決めを行います。
取引基本規約	責任範囲や支払方法など、EDI取引に関する企業間の契約に関する取り決めを行います。

②従来型EDI

従来型EDIとは、公衆通信回線にプロトコル変換やデータ処理などの付加価値を付けたVAN（Value Added Network）と呼ばれる情報通信網を介して提供され

るEDIです。EDI普及の初期から一般的に利用され、標準化も進んでおり、主にVAN事業者でサービスが提供されています。具体的には、全銀手順、JCA手順などの標準的な通信手順と、CIIやEDIFACTといった標準メッセージを利用しています。

【10-4-2　主な通信プロトコル（公衆回線用）】

JCA手順（J手順）	公衆通信回線向けに設定された流通業界で最も歴史のある通信プロトコルです。固定長で、漢字や画像データは利用できません。
JCA-H手順（H手順）	J手順を高速化した通信プロトコルです。漢字や画像などの通信が可能で、かつ可変長での通信を可能としています。
全銀手順（Z手順）	銀行間通信、ホームバンキング用の通信プロトコルです。また、インターネット回線での利用を可能にしたものが全銀TCP／IPです。

3　インターネットEDI

インターネットの普及に伴い、近年は従来型EDIからインターネットEDIへの移行が進んでいます。国内では、流通システム開発センターが、消費財流通業界向けの流通ビジネスメッセージ標準®（流通BMS®）を策定しています。

❶インターネットEDI（Not XML-EDI）

TCP／IPのネットワーク、またはインターネット技術を利用したEDIです。後述のXML-EDIと識別するために、HTML技術を利用するものを対象とします。

従来のVAN型EDIでは必要であった通信ソフトなどが不要であり、取引量の少ない多数の企業とのEDIを、安価に導入できるメリットがあります。一方で、Webブラウザを利用する場合には、取引先ごとに画面インターフェースが異なる多画面化という事象が発生し、業務が煩雑になるデメリットがあります。また、各社ごとの独自フォーマットで構築されることが多く、取引先が増えるにつれて業務効率性が下がる可能性が高まります。

【10-4-3　主な通信プロトコル（インターネット回線用）】

イ ン タ ー ネ ッ ト	ebXML MS	国連のUN／CEFACTと民間団体のOASISが策定した標準で、アジア圏での利用が拡大しています。企業のサーバ同士を接続するモデルで、複数拠点への送信や、複数のサーバ間での多種のデータ交換が可能です。
	EDI INT AS 2	EDI INTが策定した国際的な標準の1つで、米国ウォルマートが推奨しています。セキュリティ機能や相手先への受信確認が可能な点が特徴であり、取引量が多く、リアルタイムなデータ送受信を行いたい企業向けの通信プロトコルです。
	JX手順	サーバとクライアント（パソコンなど）間の通信制御手順で、パソコンからサーバへの接続により処理が開始され、データの送受信ができます。取引量が少なく、低コストでインターネットEDIを実現したい企業向けの通信プロトコルです。

【10-4-4　インターネットEDIの特徴】

Web-EDI （Not XML-EDI）	HTTPを介して画面操作により直接データを入力する方式です。導入・運用が簡便で中小企業にとって導入しやすい、というメリットがあります。一方で、多画面化の発生や、社内システムとの連携に人手が必要となることがある、などのデメリットがあります。
ファイル転送型	WebサーバにCSV形式などのファイルをアップ／ダウンロードするなど、インターネットを経由してファイルの送受信を行う方式です。従来のVAN-EDIの回線がインターネット経由に変更となるイメージです。回線費用がVAN-EDIより安価、自社のシステムとの自動連携が可能というメリットがあります。一方、自社でサーバを構築する場合は専門知識が必要、標準化に向けた取り組みが必要、などの課題があります。
E-Mail型	電子メールに、EDIメッセージを添付してデータ交換を行う方法です。自社のシステムとの自動連携が可能、ソフトウェアの導入が簡便、というメリットがありますが、E-Mail型対応ソフトの導入が必要、E-Mailの到着が不安定（遅延、欠落）という課題やデメリットがあります。

②XML-EDI

　XMLを利用したメッセージを、TCP／IPのネットワーク、またはインターネット技術を介して授受するEDIです。

　XMLのタグを利用することにより、異なる企業や異なるシステムの間でのデータ交換が容易となり、多画面化などを回避できるため、業務効率化が可能となる、社内システムと柔軟に連携でき、拡張性を確保することができる、などのメリットがあります。一方で、XMLの柔軟性の高さから、ある程度の標準化を図らないと

10

販売流通情報システム

かえって非効率、高コストになる、また、自社でサーバを構築する場合は専門知識が必要になる、という課題やデメリットがあります。

𝒪 Keyword

▶　XML（eXtensible Markup Language（拡張可能なマークアップ言語））
　利用者が個々のデータに、「品名」や「金額」など、特定の意味を持たせた属性情報（タグ）を定義でき、データと一緒に格納・保存できるデータ記述言語です。

▶　統一伝票
　業界ごとに伝票の標準化を行って業務効率化を図るもので、印刷コストの削減や、情報システム標準化などのメリットがあります。

▶　EOB（Electronic Ordering Book）
　紙媒体のオーダーブックの内容を電子化した携帯端末を用い、商品を選択して発注する方法です。

過去問 トライアル解答 ▶　**イ**

☑チェック問題

　XML形式でデータ交換を行う場合、ブラウザ操作などの人手を介する必要がある。　　　　　　　　　　　　　　　　　　　　　　　　　　⇒×
▶　XML形式のデータ交換では、XMLを用いることで、「品名」や「価格」などのデータ属性情報（タグ）をユーザ定義することができる。そのため文書内の情報をシステムで解釈することができ、システム間連携を、人手を介さず自動で行うことができる。人手を介す必要があるのはHTML形式であり、ブラウザを介して人間が作業しないと処理が進まない。

5 R F I D

R F I D

学習事項 R F I D，R F タグの活用

このテーマの要点

利用シーンが拡大する R F I D

R F I D (Radio Frequency
IDentification) とは、無線通信
による非接触型の自動識別技術の
ことです。タグ（荷札）と呼ばれ
る I C チップに保存されたデータ
を、リーダ／ライタを通して直接
触れずに読み取ります。バーコー
ドに代わる商品識別・管理技術と

＜R F I D と I C タグの位置付け＞

I C タグ（電子タグ）

| 接触型 I C タグ | → | ・クレジットカード
・個人認証カード |

| 非接触型 I C タグ
・アクティブ型（遠距離）
・パッシブ型（近距離） | R F I D
・電子マネー
・個体認識
・トレーサビリティ |

して研究が進んでいましたが、最近ではそれにとどまらず、交通系・流通系電子
マネーや、S C M、食品などのトレーサビリティ分野などで活用が広がっています。
　本テーマでは、R F I D で利用される R F タグ（ I C タグ）の種類、およびメリッ
トと留意点についての概要を把握し、あわせて、タグを利用したトレーサビリティ
について理解を深めましょう。

過去問 トライアル	平成26年度　第40問
	R F タグ（ I C タグ）のコード体系
類題の状況	R03-Q42　H28-Q40　H27-Q43　H26-Q42　H24-Q34 H24-Q35　H22-Q36　H22-Q39　H21-Q37　H20-Q28 H19-Q41　H18-Q37

　物流情報システムの一環として I C タグの利用が徐々に広がってきている。複数
企業が I C タグを利用する際のコード体系に関する記述として、最も適切なものは
どれか。

ア 他の企業との間でコードの重複が生じないように、なるべく複雑で独自のコー
　ド体系を採用することが望ましい。

イ 独自のコード体系を採用することで、競争優位性を獲得・維持することができ
　る。

ウ 他の企業の商品コードを読み取った場合にコードを判別できるように、コード
　体系の標準化が要請されている。

エ　目標とする対象物以外のデータを読み込んでしまう場合があるために、自社の
みで識別可能な独自のコード体系による運用が望ましい。

1 ＲＦＩＤ (Radio Frequency IDentification)

　ＲＦＩＤとは、ＩＤ情報を埋め込んだＲＦタグ（ＩＣタグ）（ＲＦＩＤタグ、無線
ＩＣタグ、電子タグ）からの近距離無線通信を活用した認証技術のことであり、Ｊ
ＩＳでは、「誘導電磁界または電波によって、非接触で半導体メモリのデータを読
み出し、書込みのために近距離通信を行うものの総称」（JIS X 0500）と定義され
ています。利用するためには、ＲＦタグとＲＦタグの情報を読み書きするリーダ／
ライタ、情報を管理するコンピュータシステムなどを用います。実際の活用例とし
ては、ＳｕｉｃａやＥｄｙなどの電子マネー、個体認識によるトレーサビリティへ
の利用などがあり、次世代の自動認識システム技術として注目されています。

【10-5-1　ＲＦタグの種類】

アクティブタグ	電池を内蔵し、タグ自体から電波を発信します。通信距離は最大数十mで、児童の登下校管理、キーレスエントリーなどで利用されています。 小型化が困難であり、電池の寿命を迎えると利用できなくなります。
パッシブタグ	電池を内蔵せず、リーダからの電波を受信することで電力が供給され、電波を反射します。通信距離は最大数mで、電子マネーなどに利用されています。 小型化が容易で、半永久的に使用することができます。
セミパッシブタグ	電池を内蔵しますが、タグ自体から電波は発信せず、電波を反射することでデータの送受を行います。

【10-5-2　ＲＦタグのメリットと留意点】

メリット	留意点
・商品に触れることなく認識できる。 ・複数商品を一括で読み取ることができる。 ・障害物があっても認識できる。 ・大容量の情報を扱うことができる。 ・耐久性（振動、汚れ、磨耗など）や対環境性（温度、湿度、霜など）に優れている。 ・小さくて、コストが安い。	・ＲＦタグが壊れた場合を想定して、バーコード併用などの対策を考慮する。 ・取り扱うデータ量が大きいため、情報システムへの負荷を考慮する。 ・情報流出・漏洩などの問題があるため、商品販売時にＲＦタグを外すか、情報を削除するなどの対策を行う必要がある。

10

販売流通情報システム

	ＲＦタグ （パッシブタグ）	1次元バーコード	2次元バーコード
情報量	大容量 （10キロバイト超）	小容量 （数十バイト）	中容量 （数キロバイト）
文字種類	英数字、漢字	英数字	英数字、漢字
読み取り距離	数m	数十cm	数十cm
被覆	可能	不可	不可
複数一括読み取り	可能	不可	不可
追加書き換え	可能	不可	不可
汚れ耐性	強	弱	中（誤り訂正）
コスト	高価	安価	安価

2　ＲＦタグの活用

ＲＦタグは、バーコードに代わる商品識別・管理技術にとどまらず、社会のＩＴ化・自動化を推進する上での活用が広がっています。代表的な活用例としてトレーサビリティとＳＣＭを取り上げます。

❶ トレーサビリティ

トレーサビリティとは、商品や食品などの生産や流通に関する履歴情報を追跡可能な状態とすることであり、それを消費者に提供することにより安全性を証明できます。ＲＦタグは微小（0.1mm四方の製品も実用段階）で、かつ書き込みも可能であることからトレーサビリティへの活用が進んでいます。

トレーサビリティの効果

問題が発生した際に、

① 商品を特定した迅速な回収ができる

② 問題の発生箇所の速やかな特定ができる

③ 安全な他の流通ルートを確保し、安定的に供給することができる

等があります。

また、個々の生産者・食品事業者が、「何を」「いつ」「どこから」入荷し、「どのような生産や加工」を行い、「どこへ」出荷したか、を記録・保存するため、様々な情報提供が可能になり、在庫管理や物流管理の業務効率化にも効果があります。

❷ ＳＣＭ

ＲＦタグを利用することで、サプライチェーン上のリアルタイムでの在庫把握、検品や棚卸作業の業務効率化に伴うリードタイム短縮などが可能となります。一方で、ＲＦタグを有効に活用するためには、ＲＦタグに含まれる情報項目の標準化や

RFタグ利用のシステムの標準化を図る必要があります。

⚷ Keyword

▶ EPC

Electronic Product Codeの略で、RFタグに格納される個体識別のための
シリアル番号を含むIDのことで、EPC globalが標準化を推進しています。

▶ EPC global

RFID技術を使った世界標準システムを推進する国際団体です。

過去問 トライアル解答 **ウ**

☑チェック問題

RFIDを用いることで、トレーサビリティの情報管理ができるようになる。
⇒○

▶ トレーサビリティは、生産・流通履歴の追跡調査性を指し、対象とする物品
（および、部品、原材料）にIDを付与して、「いつ」「どこで」生産され、「ど
のような」経路で流通してきたかを「いつでも」把握し、「いま」どこにある
のか、「次は」どこへ行くのかを捉える仕組みである。情報管理にはRFID
技術が活用されている。

10

販売流通情報システム

6 販売流通業における情報システム
ＥＣＲ、ＱＲとＣＰＦＲ

学習事項 ＥＣＲ, ＱＲ, ＣＰＦＲ, ＣＡＯ, ＶＭＩなど

このテーマの要点

ＥＣＲからＣＰＦＲに進化する製販連携

本テーマでは、販売流通業の情報システムとして、ＥＣＲ、ＱＲ、ＣＰＦＲについて学習していきます。ＥＣＲ (Efficient Consumer Response)、ＱＲ (Quick Response)、ＣＰＦＲ (Collaborative Planning Forecasting and Replenishment) は、いずれも取引にかかわる企業間の全体最適化を追求した情報システムで、ＳＣＭ (サプライチェーン・マネジメント) およびＤＣＭ (ディマンドチェーン・マネジメント) の考え方が基本になっています。これらが、どのような業界や業種で使われている用語で、どのような点が異なるのか理解を深めていきましょう。

＜全体最適化の進展＞

過去問トライアル	平成18年度　第39問
	流通情報システム（ＥＣＲなど）
類題の状況	H24-Q43　H22-Q31　H18-Q24

流通情報システムに関する説明文と英文字略語の組み合わせとして、最も<u>不適切</u>なものを下記の解答群から選べ。

＜説明文＞

a　スーパーマーケットなどのレジに設置されているＰＯＳ端末では、製品パッケージに印刷されたバーコードを読み取ると同時に、店舗内に設置されたコンピュータから価格情報などを突き合わせることにより、精算処理を行っている。

b　受発注作業を正確かつ効率良く行うことを目指した、オンライン受発注の可能なシステムである。

c　ネットワーク内で伝送されるデータの蓄積、データのフォーマット変換等を提供する通信サービス事業である。

d　通信回線を介して、商取引のためのデータをコンピュータ間で交換するシステムである。その際、当事者間で必要となる各種の取り決めは、標準的な規約を用いる。

＜英文字略語＞
1　ＰＬＵ　(Price Look Up)
2　ＥＤＩ　(Electronic Data Interchange)
3　ＥＣＲ　(Efficient Consumer Response)
4　ＶＡＮ　(Value Added Network)

〔解答群〕
ア　aと1　　　イ　bと3　　　ウ　cと4　　　エ　dと2

1　ＥＣＲ　(Efficient Consumer Response)

　ＥＣＲとは、「効率的な消費者対応」ともいわれ、メーカー・卸売業・小売業・配送業者が枠を越えた協力関係を築き、消費者への価値の最大化と、流通過程の効率化の両面を実現するための取り組みです。基本的な考え方はＳＣＭと同様で、米国の加工食品業界で使われている用語です。

【10-6-1　ＥＣＲの定義】

需要動向管理 (ディマンド・マネジメント)	カテゴリーマネジメント、品揃え、販促活動、新商品導入などの需要動向管理のことです。消費者への需要を促進する活動の総称で、需要予測、販売予測、マーチャンダイジング戦略、などを対象にしています。
供給管理 (サプライ・マネジメント)	補充やロジスティクスなど供給プロセスを対象にした管理のことです。
実現可能技術	コード化やＥＤＩなどの情報技術を活用促進するため、通信規約などの技術的要素を対象としています。
統合技術	企業間の商取引や決済など、企業間ビジネスの手段や方法などを対象としています。

2　ＱＲ　(Quick Response)

　ＱＲ（クイック・レスポンス）とは、消費者に適切な商品を、適切な時間に、適切な量を、適切な価格で提供するために、小売業とメーカー、卸売業などが協力して効率化を図る取り組みのことです。米国のアパレル業界で実施されています。

10
販売流通情報システム

　ＣＰＦＲとは、メーカー、卸売業、小売業が共同事業者として対等なパートナーシップを構築し、需要予測から生産計画、および商品開発に至るまで共同で行う取り組みです。米国のＳＣＭ標準化団体であるＶＩＣＳでは、「インターネット技術とＥＤＩ技術を活用し、サプライチェーン間のコストを劇的に削減し、かつ消費者へのサービスレベルを大幅に向上させることを目的としたビジネスモデルである」と規定しています。

【10-6-2　ＣＰＦＲの概要】

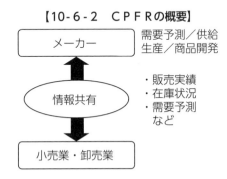

　ＣＰＦＲの成功企業例として、米国小売業のウォルマート・ストアーズを挙げることができます。ウォルマートは、顧客情報を取引先メーカーに積極的に公開し、共同で商品開発や店舗設計を行っています。また、需要予測情報、およびメーカーの生産計画を共有し、適正在庫の維持を図っています。

♂ Keyword

▶　ＣＡＯ (Computer Assisted Ordering：自動発注)
　コンピュータを使って自動的に発注することで、ＰＯＳデータを分析して適正な在庫量を保つように自動的に発注を行う仕組みです。

▶　ＣＲＰ (Continuous Replenishment Program：連続補充方式)
　小売業とベンダー（卸売業など）がＰＯＳで収集した実需を共有し、あらかじめ協定した在庫レベルに連続的補充を行う方式で、小売業の商品補充業務を効率化できるメリットがあります。

▶　ＶＭＩ (Vendor Managed Inventory：ベンダー主導型在庫管理)
　ベンダーが小売業の実需や在庫情報の提供を受け、それに基づいて商品補充の意思決定を統合的に行う（肩代わりする）方法です。ＣＲＰと似ていますが、ＶＭＩは小売業の在庫水準にベンダーが責任を負う点が異なります。

▶ DCM（Demand Chain Management）

　需要側（消費者など）から得られる情報を基点として、商品開発、生産・供給計画、流通、販売体制などを統合的に編成する情報管理システムの総称です。POSデータなどの情報を共有して需要予測を行い、生産管理や在庫管理を最適化するCPFRは、DCMの考え方に基づいています。

過去問 トライアル解答　

☑チェック問題

　CAOの導入により、店頭の品切れを減らすことができる。　　　　⇒○

▶　CAO（自動発注）は、発注点を割った商品を小売業が自動補充する仕組みのことである。CAOの導入により、発注漏れ回避による品切れの減少、発注作業の軽減、品目別の発注頻度の適正化、などの効果が期待できる。

索　引

2025年版 出る順中小企業診断士
FOCUSテキスト&WEB問題 **4** 運営管理

2014年 3 月25日　　第 1 版　　第 1 刷発行
2024年 7 月25日　　第11版　　第 1 刷発行

編著者●株式会社　東京リーガルマインド
　　　　LEC総合研究所　中小企業診断士試験部

発行所●株式会社　東京リーガルマインド
　　　　〒164-0001　東京都中野区中野4-11-10
　　　　アーバンネット中野ビル
　　　　LECコールセンター　　📧 0570-064-464
　　　　　受付時間　平日9：30〜20：00/土・祝10：00〜19：00/日10：00〜18：00
　　　　　※このナビダイヤルは通話料お客様ご負担となります。
　　　　書店様専用受注センター　　TEL 048-999-7581 / FAX 048-999-7591
　　　　　受付時間　平日9：00〜17：00/土・日・祝休み
　　　　www.lec-jp.com/

印刷・製本●倉敷印刷株式会社

LEC中小企業診断士講座のご案内

1次2次プレミアム1年合格コース

5月

| 1次本試験対策 | 1次ベーシック講座・答練 | 1次ステップアップ講座・答練 | 1次ステップアップ全国模試（全2日） |
| 2次本試験対策 | | 2次ベーシック講座・答練 | |

POINT 1　頻出テーマに絞りコンパクトに学習する！

1次試験は科目数も多く、その範囲は広大です。
一方で、過去の試験の出題を分析してみると、理解しておくべき重要な論点は、毎年のように出題されているのが分かります。LECでは、出題頻度で学習テーマを絞り込み、段階的に、試験までに万全な対策をとるカリキュラムを採用しています。

一般的な学習スタイル　　LECの学習スタイル

手を広げ過ぎて
間に合わない可能性が！　　学習範囲を
頻出テーマに凝縮！

これをかなえるのがLECのFOCUSテキスト

POINT 2　3ステップ学習でムリなく修得できる！

ベーシックで基礎知識を、ステップアップでは応用知識の上積みを、アドバンスで最新の出題傾向を踏まえた総仕上げを行います。3つの時期、段階に分けることで反復効果による知識定着を図りつつ、ムリなく知識を修得できます。

"Basic ▶ Step up ▶ Advance"
と順を追ってレベルアップ

3 Advance　直前対策期(60点)
2 Step up　応用力養成期(~60点)
1 Basic　基礎完成期(~50点)

POINT 3　早期の2次対策で1次との融合学習を狙う！

1次試験と2次試験を別の試験と考えがちですが、1次の知識をいかに応用できるかが、2次試験です。2次試験に関連性が強い1次試験科目の学習を終えた段階で、早期に2次対策を始めることで、1次試験の復習をしつつ、2次試験の学習期間が確保できるようになっています。

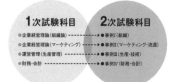

[1次と2次の融合学習]
融合学習を行うことにより、1次、2次ともに得点アップ！

1次試験科目	2次試験科目
企業経営理論(組織論)	事例I(組織)
企業経営理論(マーケティング)	事例II(マーケティング・流通)
運営管理(生産管理)	事例III(生産・技術)
財務・会計	事例IV(財務・会計)

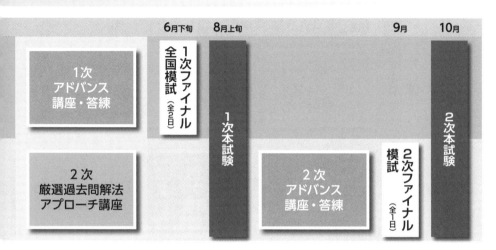

	6月下旬	8月上旬		9月	10月

1次アドバンス講座・答練

1次ファイナル全国模試〈全2日〉

1次本試験

2次厳選過去問解法アプローチ講座

2次アドバンス講座・答練

2次ファイナル模試〈全1日〉

2次本試験

POINT 4　受験を知り抜いた講師陣が合格へと導く!

1次試験は7科目あり、合格者の中でも得意、不得意があるのも事実です。LECでは実務家講師がそれぞれ専門の科目を担当します。また、2次対策はゼミ形式の講義で、受講生同士が互いに切磋琢磨できる環境になっています。講師自らが添削をするので、個々の改善点を見つけ出していきます。

POINT 5　充実のフォロー制度で合格に近づく!

通学には通信教材が付き、予習、復習がしやすくなっています。初級講座の1次重要科目に「Web講座講師フレックス制」を採用、また、生講義のzoom配信により、講師の選択の幅が広がり、2人目、3人目の講師で理解の深堀が可能です。「Web動画ダウンロード」「15分1テーマ講義スタイル」「ぽち問」でスキマ時間の活用、「教えてチューター」で質問など、多彩な学習環境を提供しています。

※本カリキュラムは、本書発行日現在のものであり、講座の内容・回数等が変更になる場合があります。予めご了承ください。

LEC中小企業診断士講座のご案内

2次上級合格コース ～テクニックじゃない！

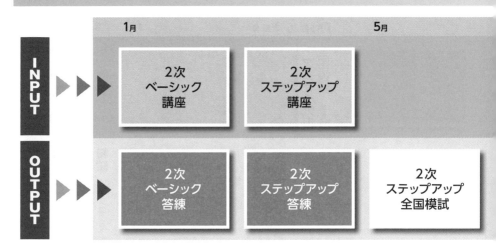

INPUT
- 2次ベーシック講座（1月）
- 2次ステップアップ講座（5月）

OUTPUT
- 2次ベーシック答練
- 2次ステップアップ答練
- 2次ステップアップ全国模試

POINT 1　LECメソッドを学ぶ

2次試験の解答は、いうなれば「経営診断報告書」です。与件文を「環境分析の資料」、設問文を「診断先企業の課題」として捉えることが肝要です。ベーシックレベルでは、①与件の整理・把握②問題点の深堀り③事例企業の方向性検討を中心に、LECオリジナルツール「事例整理シート」の使い方、「設問構造図」の考え方などを学びます。

①与件を整理・把握　②問題点を深掘　③方向性を立案

与件文 → 整理 → 分析 → 方向性

LECオリジナル「事例整理シート」

POINT 2　ストーリー展開と1.5次知識の整理を図る

与件文には、事例ごとに特徴が存在します。また、同じ事例においてもストーリー展開に合わせた切り口、着眼点が必要となります。ステップアップレベルでは、事例ごとのストーリー展開を分析、また、解答するうえで必要な1.5次知識（2次試験で必要な1次知識）のセオリー化を図ります。

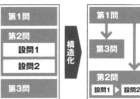

第1問／第2問 設問1 設問2／第3問
構造化 → ストーリー化 → 一貫性
第1問／第3問／第2問 設問1▶設問2

設問文　　LECオリジナル「設問構造図」

POINT 3　1次試験後の総仕上げ

ベーシックレベルでは「方向性の立案」、ステップアップレベルでは「切り口、着眼点の整理」を中心に学習してきました。アドバンスレベルでは、ベーシック、ステップアップの内容を再確認するとともに、直近の試験傾向から見られる注意点を盛り込みながら最後の仕上げを行います。

本質的な実力を養成する〜

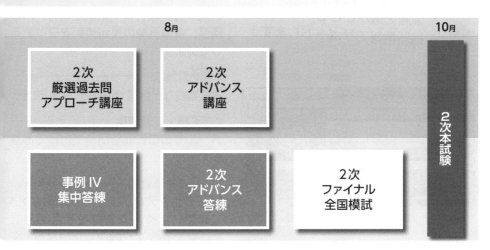

 事例Ⅳの
重点強化！

事例Ⅳは苦手とする受験生が多い一方で、学習量に比例して実力が伸びやすい科目です。
LECではこの科目を戦略科目と位置づけ、演習量を他の事例より増やすことで効率的に得点力を上げ、他の受験生との差別化を図ります。

 2次厳選過去問アプローチ講座
の更新！

「過去問に一度は触れたことがある」という学習経験者の方でも、その分析がまだまだ不十分なケースが少なくありません。本講座は、良質な過去問を厳選し、その問題のさまざまな評価の再現答案を見ることができるようになっています。どうすれば高評価を得られるのかを徹底的に分析・解明します。

 もちろん！LECの答練・模試は
すべてオリジナル新作問題！

カリキュラムを考慮しつつ、基本問題から最新傾向を踏まえた本試験レベルの問題までご用意しています。
過去のLECオリジナル問題や本試験問題から良問を厳選し、問題文、与件文、設問等を加筆修正した問題を出題する場合があります。触れたことがある問題であっても、試験での対応力がしっかり試せる問題になっています。

LEC Webサイト ▷▷▷ **www.lec-jp.com/**

情報盛りだくさん！

 資格を選ぶときも，
講座を選ぶときも，
最新情報でサポートします！

▷最新情報
各試験の試験日程や法改正情報，対策講座，模擬試験の最新情報を日々更新しています。

▷資料請求
講座案内など無料でお届けいたします。

▷受講・受験相談
メールでのご質問を随時受付けております。

▷よくある質問
LECのシステムから，資格試験についてまで，よくある質問をまとめました。疑問を今すぐ解決したいなら，まずチェック！

▷書籍・問題集（LEC書籍部）
LECが出版している書籍・問題集・レジュメをこちらで紹介しています。

充実の動画コンテンツ！

 ガイダンスや講演会動画，
講義の無料試聴まで
Webで今すぐCheck！

▷動画視聴OK
パンフレットやWebサイトを見てもわかりづらいところを動画で説明。いつでもすぐに問題解決！

▷Web無料試聴
講座の第1回目を動画で無料試聴！気になる講義内容をすぐに確認できます。

LEC 全国学校案内

*講座のお問合せ，受講相談は最寄りのLEC各校へ

LEC本校

北海道・東北

札 幌本校　☎011(210)5002
〒060-0004 北海道札幌市中央区北4条西5-1　アスティ45ビル

仙 台本校　☎022(380)7001
〒980-0022 宮城県仙台市青葉区五橋1-1-10　第二河北ビル

関東

渋谷駅前本校　☎03(3464)5001
〒150-0043 東京都渋谷区道玄坂2-6-17　渋東シネタワー

池 袋本校　☎03(3984)5001
〒171-0022 東京都豊島区南池袋1-25-11　第15野萩ビル

水道橋本校　☎03(3265)5001
〒101-0061 東京都千代田区神田三崎町2-2-15　Daiwa三崎町ビル

新宿エルタワー本校　☎03(5325)6001
〒163-1518 東京都新宿区西新宿1-6-1　新宿エルタワー

早稲田本校　☎03(5155)5501
〒162-0045 東京都新宿区馬場下町62　三朝庵ビル

中 野本校　☎03(5913)6005
〒164-0001 東京都中野区中野4-11-10　アーバンネット中野ビル

立 川本校　☎042(524)5001
〒190-0012 東京都立川市曙町1-14-13　立川MKビル

町 田本校　☎042(709)0581
〒194-0013 東京都町田市原町田4-5-8　MIキューブ町田イースト

横 浜本校　☎045(311)5001
〒220-0004 神奈川県横浜市西区北幸2-4-3　北幸GM21ビル

千 葉本校　☎043(222)5009
〒260-0015 千葉県千葉市中央区富士見2-3-1　塚本大千葉ビル

大 宮本校　☎048(740)5501
〒330-0802 埼玉県さいたま市大宮区宮町1-24　大宮GSビル

東海

名古屋駅前本校　☎052(586)5001
〒450-0002 愛知県名古屋市中村区名駅4-6-23　第三堀内ビル

静 岡本校　☎054(255)5001
〒420-0857 静岡県静岡市葵区御幸町3-21　ペガサート

北陸

富 山本校　☎076(443)5810
〒930-0002 富山県富山市新富町2-4-25　カーニープレイス富山

関西

梅田駅前本校　☎06(6374)5001
〒530-0013 大阪府大阪市北区茶屋町1-27　ABC-MART梅田ビル

難波駅前本校　☎06(6646)6911
〒556−0017 大阪府大阪市浪速区湊町1-4-1
大阪シティエアターミナルビル

京都駅前本校　☎075(353)9531
〒600-8216 京都府京都市下京区東洞院通七条下ル2丁目
東塩小路町680-2　木村食品ビル

四条烏丸本校　☎075(353)2531
〒600-8413　京都府京都市下京区烏丸通仏光寺下ル
大政所町680-1　第八長谷ビル

神 戸本校　☎078(325)0511
〒650-0021 兵庫県神戸市中央区三宮町1-1-2　三宮セントラルビル

中国・四国

岡 山本校　☎086(227)5001
〒700-0901 岡山県岡山市北区本町10-22　本町ビル

広 島本校　☎082(511)7001
〒730-0011 広島県広島市中区基町11-13　合人社広島紙屋町アネクス

山 口本校　☎083(921)8911
〒753-0814 山口県山口市吉敷下東 3-4-7　リアライズⅢ

高 松本校　☎087(851)3411
〒760-0023 香川県高松市寿町2-4-20　高松センタービル

松 山本校　☎089(961)1333
〒790-0003 愛媛県松山市三番町7-13-13　ミツネビルディング

九州・沖縄

福 岡本校　☎092(715)5001
〒810-0001 福岡県福岡市中央区天神4-4-11　天神ショッパーズ
福岡

那 覇本校　☎098(867)5001
〒902-0067 沖縄県那覇市安里2-9-10　丸姫産業第2ビル

EYE関西

EYE 大阪本校　☎06(7222)3655
〒530-0013　大阪府大阪市北区茶屋町1-27　ABC-MART梅田ビル

EYE 京都本校　☎075(353)2531
〒600-8413　京都府京都市下京区烏丸通仏光寺下ル
大政所町680-1　第八長谷ビル

スマホから
簡単アクセス！

LEC提携校

＊提携校はLECとは別の経営母体が運営をしております。
＊提携校は実施講座およびサービスにおいてLECと異なる部分がございます。

■■■ 北海道・東北

八戸中央校【提携校】　☎0178(47)5011
〒031-0035　青森県八戸市寺横町13　第1朋友ビル　新教育センター内

弘前校【提携校】　☎0172(55)8831
〒036-8093　青森県弘前市城東中央1-5-2
まなびの森　弘前城東予備校内

秋田校【提携校】　☎018(863)9341
〒010-0964　秋田県秋田市八橋鯲沼町1-60
株式会社アキタシステムマネジメント内

■■■ 関東

水戸校【提携校】　☎029(297)6611
〒310-0912　茨城県水戸市見川2-3092-3

所沢校【提携校】　☎050(6865)6996
〒359-0037　埼玉県所沢市くすのき台3-18-4　所沢K・Sビル
合同会社LPエデュケーション内

東京駅八重洲口校【提携校】　☎03(3527)9304
〒103-0027　東京都中央区日本橋3-7-7　日本橋アーバンビル
グランデスク内

日本橋校【提携校】　☎03(6661)1188
〒103-0025　東京都中央区日本橋茅場町2-5-6　日本橋大江戸ビル
株式会社大江戸コンサルタント内

■■■ 東海

沼津校【提携校】　☎055(928)4621
〒410-0048　静岡県沼津市新宿町3-15　萩原ビル
M-netパソコンスクール沼津校内

■■■ 北陸

新潟校【提携校】　☎025(240)7781
〒950-0901　新潟県新潟市中央区弁天3-2-20　弁天501ビル
株式会社大江戸コンサルタント内

金沢校【提携校】　☎076(237)3925
〒920-8217　石川県金沢市近岡町845-1　株式会社アイ・アイ・ピー金沢内

福井南校【提携校】　☎0776(35)8230
〒918-8114　福井県福井市羽水2-701　株式会社ヒューマン・デザイン内

■■■ 関西

和歌山駅前校【提携校】　☎073(402)2888
〒640-8342　和歌山県和歌山市友田町2-145
KEG教育センタービル　株式会社KEGキャリア・アカデミー内

■■■ 中国・四国

松江殿町校【提携校】　☎0852(31)1661
〒690-0887　島根県松江市殿町517　アルファステイツ殿町
山路イングリッシュスクール内

岩国駅前校【提携校】　☎0827(23)7424
〒740-0018　山口県岩国市麻里布町1-3-3　岡村ビル　英光学院内

新居浜駅前校【提携校】　☎0897(32)5356
〒792-0812　愛媛県新居浜市坂井町2-3-8　パルティフジ新居浜駅前店内

■■■ 九州・沖縄

佐世保駅前校【提携校】　☎0956(22)8623
〒857-0862　長崎県佐世保市白南風町5-15　智翔館内

日野校【提携校】　☎0956(48)2239
〒858-0925　長崎県佐世保市椎木町336-1　智翔館日野校内

長崎駅前校【提携校】　☎095(895)5917
〒850-0057　長崎県長崎市大黒町10-10　KoKoRoビル
minatoコワーキングスペース内

高原校【提携校】　☎098(989)8009
〒904-2163　沖縄県沖縄市大里2-24-1
有限会社スキップヒューマンワーク内

※上記は2024年6月1日現在のものです。

書籍の訂正情報について

このたびは，弊社発行書籍をご購入いただき，誠にありがとうございます。
万が一誤りの箇所がございましたら，以下の方法にてご確認ください。

1 訂正情報の確認方法

書籍発行後に判明した訂正情報を順次掲載しております。
下記Webサイトよりご確認ください。

www.lec-jp.com/system/correct/

2 ご連絡方法

上記Webサイトに訂正情報の掲載がない場合は，下記Webサイトの
入力フォームよりご連絡ください。

lec.jp/system/soudan/web.html

フォームのご入力にあたりましては，「Web教材・サービスのご利用について」の
最下部の「ご質問内容」に下記事項をご記載ください。

・対象書籍名（○○年版，第○版の記載がある書籍は併せてご記載ください）
・ご指摘箇所（具体的にページ数と内容の記載をお願いいたします）

ご連絡期限は，次の改訂版の発行日までとさせていただきます。
また，改訂版を発行しない書籍は，販売終了日までとさせていただきます。

※上記「2ご連絡方法」のフォームをご利用になれない場合は，①書籍名，②発行年月日，③ご指摘箇所，を記載の上，郵送
にて下記送付先にご送付ください。確認した上で，内容理解の妨げとなる誤りについては，訂正情報として掲載させてい
ただきます。なお，郵送でご連絡いただいた場合は個別に返信しておりません。

送付先：〒164-0001 東京都中野区中野4-11-10 アーバンネット中野ビル
株式会社東京リーガルマインド 出版部 訂正情報係

・誤りの箇所のご連絡以外の書籍の内容に関する質問は受け付けておりません。
また，書籍の内容に関する解説，受験指導等は一切行っておりませんので，あらかじめ
ご了承ください。
・お電話でのお問合せは受け付けておりません。

講座・資料のお問合せ・お申込み

LECコールセンター 📞 0570-064-464

受付時間：平日9:30～20:00/土・祝10:00～19:00/日10:00～18:00

※このナビダイヤルの通話料はお客様のご負担となります。
※このナビダイヤルは講座のお申込みや資料のご請求に関するお問合せ専用ですので，書籍の正誤に関
するご質問をいただいた場合，上記「2ご連絡方法」のフォームをご案内させていただきます。